Eines Morgens wachst du auf und fragst dich, ob dieses Land, in dem du dich immer zu Hause gefühlt hast, in dem du brav zur Wahl gehst und das du – trotz aller Kritik! – deine Heimat nennst, noch dein Land ist. Antidemokratische Ansichten scheinen weltweit wieder erschreckend anschlussfähig. Dem müssen wir ins Auge sehen, so Ece Temelkurans dringender Appell. Um dem politischen Zeitgeist entgegenzutreten und die Demokratie zu verteidigen, braucht es eine internationale Debatte, in die sich jede(r) einbringen sollte. Dieses Buch ist ein Ausgangspunkt dafür.

Ece Temelkuran, geboren 1973 in Izmir, ist Juristin, Schriftstellerin und Journalistin. Aufgrund ihrer oppositionellen Haltung und Kritik an der Regierungspartei verlor sie ihre Stelle bei einer der großen türkischen Tageszeitungen. Sie lebt heute in Zagreb. Ihr Roman *Was nützt mir die Revolution, wenn ich nicht tanzen kann* wurde in zweiundzwanzig Sprachen übersetzt. Auf Deutsch erschien von ihr zuletzt der Roman *Stumme Schwäne* (2017).

Ece Temelkuran

WENN DEIN LAND NICHT MEHR DEIN LAND IST

oder

SIEBEN SCHRITTE IN DIE DIKTATUR

Aus dem Englischen
von Michaela Grabinger

Hoffmann und Campe

Die Originalausgabe erschien 2019 unter dem Titel
How to Lose a Country. The Seven Steps from Democracy to Dictatorship
bei 4th Estate, London.

1. Auflage 2021

www.hoffmann-und-campe.de
Umschlaggestaltung: Sarah M. Hensmann © Hoffmann und Campe
Satz: Pinkuin Satz und Datentechnik, Berlin
Druck und Bindung: GGP Media GmbH, Pößneck
Printed in Germany
ISBN 978-3-455-01131-9

HOFFMANN UND CAMPE

Ein Unternehmen der
GANSKE VERLAGSGRUPPE

Für Umut,
dessen Name in meiner Muttersprache
»Hoffnung« bedeutet.

INHALT

EINLEITUNG

Wie kann ich Ihnen helfen?

Die Düsenjäger schneiden den dunklen Himmel in riesige geometrische Stücke, so als wäre die Luft eine feste Masse. Es ist der 15. Juli 2016, die Nacht des Putschversuchs in der Türkei. Ich versuche, die zitternden Fensterscheiben mit Kissen zu schützen. Offenbar wurde gerade die Brücke bombardiert, aber ich sehe kein Feuer. »Ist es jetzt so weit?«, frage ich mich. »Findet heute Nacht der Reichstagsbrand statt, der alles zerstört, was von der türkischen Demokratie und meinem Land übrig ist?«

Das Fernsehen zeigt, wie mehrere Dutzend Soldaten die Bosporusbrücke sperren und die verdutzten Zivilisten anblaffen: »Geht nach Hause! Das ist ein Militärputsch!«

Trotz ihrer riesigen Gewehre haben einige Soldaten schlicht Angst, und alle wirken hilflos. Im Fernsehen wird von einer Machtergreifung durch das Militär gesprochen, doch es ist kein Staatsstreich, wie wir ihn gewohnt sind. Ein Putsch setzt so gut wie immer ein Pokerface auf; keine Hektik, kein Verhandeln und bestimmt keine Bedenken, was den Einsatz schwerer Waffen betrifft. In den sozialen Medien wird die absurde Situation bereits sarkastisch kommentiert. Dieser Art von Humor geht es nicht unbedingt um den Lacherfolg; es ist eher ein Wettstreit in bitterer Ironie, was jedoch nur die Teilnehmer selbst normal finden. Die meisten Witze verhandeln die Möglichkeit, das Ganze könnte inszeniert sein, um statt des parlamentarischen Systems die Installierung jenes Präsidialsystems zu legitimieren, das Präsident Recep Tayyip Erdoğan schon seit langem fordert und das ihm noch mehr Macht verleihen würde, als er, der faktische Alleinherrscher des Landes, bereits hat.

Als der Himmel über Istanbul und Ankara kurz darauf voller Kampfjets ist, vergeht den Leuten ihr schwarzer Humor, und wir lernen die Sprache des Krieges in Echtzeit. Was ich für eine Bombe gehalten habe, war ein »Überschallknall«, das explosionsartige Geräusch, das entsteht, wenn Düsenflieger die Schallmauer durchbrechen – Fachausdruck dafür, dass die Luft in riesige Teile zerbirst und als Angst auf uns niederprasselt, als die Angst, wir könnten noch vor Sonnenaufgang unser Land verlieren.

Mittlerweile versuchen die Menschen in der Hauptstadt Ankara zu unterscheiden, wann sie nur einen Überschallknall hören und wann die echten Bomben, die das Parlament und die Geheimdienstzentrale treffen. Absurde Fernsehmeldungen legen sich wie ein Schleier auf die Katastrophe vor unseren Augen. Live wird gezeigt, wie Militärpolizisten auf der Suche nach dem längst in Vergessenheit geratenen Luftschutzkeller um das Parlamentsgebäude herumrennen und, als er endlich gefunden ist, keiner von ihnen weiß, wo sich der Schlüssel befindet, während draußen auf den Straßen Männer im Schlafanzug mit Kippe im Mund gegen Panzer treten und zu den Düsenjägern hinaufbrüllen.

Vielen fällt auf, wie ungewöhnlich es ist, dass sich die Fernsehmeldungen überschlagen. Noch jeder Staatsstreich der jüngeren türkischen Geschichte begann damit, dass die Armee Politiker in Gewahrsam nahm und die Informationsquellen dichtmachte – und zwar in den frühen Morgenstunden, nicht zur Hauptsendezeit. Bei diesem vom Fernsehen akribisch erfassten Staatsstreich dagegen appellieren die ganze Nacht hindurch auf allen Kanälen Regierungsvertreter an das Volk, auf die Straße zu gehen und sich dem versuchten Militärputsch zu widersetzen. Und obwohl das Internet sonst immer langsamer wird, sobald sich die Regierung in einer heiklen Situation befindet, ist es jetzt plötzlich so schnell wie noch nie. Doch die Hektik und Intensität der nächtlichen Ereignisse machen es den Skeptikern unmöglich, die seltsamen Details richtig einzuordnen.

Erdoğan meldet sich über FaceTime – seine Botschaften werden von CNN Türk übertragen – und fordert alle Bürger auf, in die Innenstadt zu kommen. Wie die meisten anderen erwarte auch ich nicht, dass die Regierungsanhänger tatsächlich auf die Straße gehen und sich dem Militär entgegenstellen werden. Seit der Gründung der modernen Republik durch Kemal Atatürk im Jahr 1923 ist die Armee traditionell die angesehenste Institution im Lande, wenn nicht gar die am meisten gefürchtete. Doch offenbar hat sich viel geändert seit dem letzten Militärputsch, 1980, als die Linken Widerstand leisteten und ins Gefängnis gesteckt und gefoltert wurden, denn Tausende folgen dem Aufruf des Präsidenten.

Kaum zeigt das Fernsehen, wie der Mob junge, verängstigte Soldaten erschlägt und erwürgt, tönt von allen Minaretten des Landes das endlos lange *Sela*-Gebet, das normalerweise auf Beerdigungen gesprochen wird. Man muss nichts über islamische Bräuche wissen, um dem schaurigen Klang anzuhören, dass es um etwas Unumkehrbares geht, dass hier ein Ende verkündet wird. Nach dem Sela werden die

Menschen in dieser Nacht von den Minaretten herab lautstark im Namen Gottes dazu aufgerufen, ihre Häuser zu verlassen und den Präsidenten, die Demokratie, die Nation zu retten. Als sich das Dröhnen der Kampfjets, die ekstatischen *»Allahu akbar«*-Rufe der Erdoğan-Anhänger und die Hilfeschreie der Soldaten in die Todesmelodie mischen, fällt mir das Gedicht ein, mit dem alles begann: »Die Minarette sind unsere Bajonette / Die Kuppeln unsere Helme / Die Moscheen unsere Kasernen / Und die Gläubigen unsere Soldaten.« Erdoğan hat es 1999 in einer öffentlichen Rede rezitiert, was ihm eine viermonatige Haftstrafe wegen »religiöser Hetze« einbrachte und ihn zuerst zum Märtyrer der Demokratie und dann zum skrupellosen Herrscher machte. Siebzehn Jahre später, in der Putschnacht, klingt das Gedicht wie eine sich selbst erfüllende Prophezeiung, wie ein Versprechen, das auf Kosten eines ganzen Landes eingelöst wurde.

Wir mussten im Lauf der Zeit lernen, dass in der Türkei jeder Putsch, egal von wem er ausgeht, auf die gleiche Weise endet. Frei nach dem berühmten Bonmot des früheren englischen Fußballspielers und späteren TV-Experten Gary Lineker, wonach Fußball ein simples Spiel von 120 Minuten Dauer ist, das am Ende immer die Deutschen im Elfmeterschießen gewinnen, findet jeder Putsch in der Türkei innerhalb einer 48-stündigen Ausgangssperre statt, und am Ende sitzen die Linken im Knast. Danach erfolgt die Entwurzelung einer weiteren Generation fortschrittlicher Menschen, weshalb die Seele des Landes dann noch mehr darbt als zuvor.

Als ich mich in dieser Nacht durch die regierungsfreundlichen Nachrichtensender zappe, wird schnell klar, dass alles abläuft wie gehabt. Fotos und Videos zeigen festgenommene Soldaten, die unter den Schuhen von Zivilisten nackt auf der Straße liegen – so wie die Linken nach dem Putsch von 1980 unter Armeestiefeln lagen –, während die Nachrichtensender und die Regierungstrolle in den sozialen Medien, die im Gegensatz zu uns ganz und gar nicht paralysiert sind, ihre Einschätzung der Geschehnisse vermelden: »Dank Erdoğans Aufruf hat das Volk die Demokratie gerettet.« In den Straßen ertönen immer mehr *»Allahu akbar«*-Rufe, begleitet von Maschinengewehrschüssen aus umherfahrenden Autos. Offenbar hat sich die Treue zur Armee nach den vielen Jahren unter der Herrschaft der AKP (Adalet ve Kalkınma Partisi, dt. Partei für Gerechtigkeit und Aufschwung) in eine quasireligiöse Verbundenheit mit Erdoğan verwandelt. Vor unseren Augen werden sein Gesicht und sein Name zum Sinnbild der neuen Türkei, in der wir morgen aufwachen. Inmitten von Chaos und Lärm arbeitet die sorgsam konstruierte Propagandamaschine wie geschmiert an der Vorbereitung des neuen politischen Reichs, das am Morgen entstehen wird. Und da ich Erdoğans Regime seit langem kritisiere, ist mir beim trostlosen Tagesanbruch vollkommen klar, dass es in dieser neuen Demokratie für Menschen wie mich keinen Platz geben wird.

Katastrophen haben eine betäubende Wirkung; wie Millionen andere im Land bin ich innerlich leer. Während die Hilflosigkeit mit dem wachsenden Unheil zunimmt, verdichtet sich die Kakophonie zu einer einzelnen Sirene, einem unablässig tönenden Refrain: »Du kannst nichts mehr tun, das ist das Ende.« Inzwischen berichten auch die internationalen Nachrichtensender. Für den Rest der Welt stellen die Ereignisse der Nacht die Anfangsszene eines Politthrillers dar, während sie in Wahrheit bereits Höhepunkt und Auflösung eines langen, anstrengenden Films sind, kaum zu ertragen für den, der ihn sich ansehen oder darin mitspielen muss. Und weil ich noch weiß, wie er begann – mit dem Auftritt eines Populisten –, würde ich, während die britischen und amerikanischen Moderatoren hektisch die Studioexperten befragen, am liebsten rufen: »Unsere Geschichte endet hier, aber eure beginnt erst!«

Ich erinnere mich genau an den Tag, an dem ich zum ersten Mal einen Sonnenaufgang sah. Eines frühen Morgens wurde ich vom Radio im Wohnzimmer geweckt, das mit voller Lautstärke lief. Meine Eltern saßen kettenrauchend vor dem Gerät und hörten zu, wie man einen Putsch ausrief. Je heller es draußen wurde, umso mehr verdüsterten sich ihre Mienen. An diesem 12. September 1980 sah ich in den klaren blauen Himmel und sagte mir: »Ach, das ist also ein Sonnenaufgang!« Ich war acht, und in jenen Minuten begann einer der schlimmsten Militärcoups der modernen Geschichte. Meine Mutter weinte leise in sich hinein. Das sollte sie in den Jahren nach diesem Sonnenaufgang noch oft tun.

Von jenem Tag an wuchs ich wie Millionen anderer Kinder, deren Eltern eine gerechte, gleiche und freie Türkei wollten, auf der Seite der Besiegten auf; als eine derer, die stets auf der Hut zu sein hatten und, wie meine Mutter immer sagte, wenn ich nicht die besten Noten nach Hause brachte, »klüger als die an der Macht« sein mussten, um es »denen« zu zeigen. In der Nacht des 15. Juli 2016 waren »wir« wie immer klüger als »die«, weil wir messerscharfe Analysen mit grandiosem Sarkasmus zu verbinden wussten. Doch gleichzeitig spielten auf jedem Platz in jeder Stadt des Landes wütende Menschenmengen das Finale aus – vielleicht nicht ganz so klug wie wir, dafür umso zerstörerischer.

Am 15. Juli 2016 war mein Neffe Max Ali genauso alt wie ich am 12. September 1980. Sein eineinhalb Jahre jüngerer Bruder Can Luka und er sind halb Türken, halb Amerikaner und leben in den Vereinigten Staaten. Nach einem wunderschönen Urlaub bei ihrer *babaanne* – meiner Mutter, ihrer Großmutter – sollten sie am 16. Juli die Heimreise in die USA antreten. Max Ali ist ein Riesenfan von *babaannes* Frühstück. Er gehört zu den wenigen Glücklichen dieser Welt, die türkische Frühstücksgelage kennen – die *babaanne* seiner Meinung nach als Einzige zu zelebrieren weiß. Die ganze Familie ist stolz darauf, dass er lieber zu Tomaten und türkischem Käse greift als zu Cheerios, die für meinen Vater nichts anderes als »Tierfutter« sind.
Hätten die beiden Jungs den Sonnenaufgang am Tag des Staatsstreichs nicht erlebt, hätten sich ihre Erinnerungen an ihre *babaanne* auf opulente Frühstücke beschränkt. Doch anstatt an diesem Morgen zum Flughafen zu fahren, sahen sie bei Tagesanbruch ihre *babaanne* vor dem Fernseher weinen und eine Zigarette nach der anderen rauchen. Meiner Mutter zufolge stellte ihr Max Ali dieselbe Frage wie ich sechsunddreißig Jahre zuvor: »Ist etwas mit der Türkei passiert?« Weil seine *babaanne* zu müde war, um ihm zu erzählen, dass in diesem Land jede Generation ihre eigene dunkle Erinnerung an einen Sonnenaufgang hat, gab sie ihm die gleiche Antwort wie mir sechsunddreißig Jahre zuvor: »Ach, das ist sehr kompliziert, mein Schatz.«

Wie und warum die türkische Demokratie von einem skrupellosen Populisten und seiner wachsenden Anhängerschaft in der Nacht des 15. Juli 2016 endgültig abgeschafft wurde, ist eine lange und komplizierte Geschichte. Dieses Buch will nicht schildern, wie wir unsere Demokratie verloren, sondern dem Rest der Welt helfen, Lehren aus dem Geschehen zu ziehen. Natürlich herrschen in jedem Land andere, ganz spezifische Umstände, und in manchen herrscht der Glaube, die eigene stabile Demokratie, die eigenen starken staatlichen Institutionen böten Schutz vor solchen »Komplikationen«. Doch die auffälligen Ähnlichkeiten zwischen dem, was die Türkei erlebt hat, und dem, was kurz darauf in der westlichen Welt begann, sind zu zahlreich, als dass man sie übersehen darf. Der politische Irrsinn, den wir als »erstarkenden Populismus« bezeichnen und in der einen oder anderen Form inzwischen alle erleben, bildet eine Art Muster aus. Und obwohl es viele Menschen im Westen noch nicht artikulieren können, wächst die Zahl derer, die spüren, dass auch sie bald einen düsteren Sonnenaufgang erleben könnten.

»Bestimmt schauen die Türken jetzt zu und lachen sich kaputt!«, twitterte ein Amerikaner in der Nacht von Donald Trumps Wahlsieg keine fünf Monate nach dem gescheiterten Putsch. Nein, wir haben uns nicht kaputtgelacht, sondern höchstens gequält den Mund verzogen, um mit unserem schiefen Lächeln die Verzweiflung darüber zu kaschieren, dass wir denselben deprimierenden Film nun noch einmal zu sehen bekamen, nur diesmal auf der gigantischen Leinwand der US-Politik. Mit dem gleichen Lächeln haben wir auf das Brexit-Referendum, auf die Wahlen in den Niederlanden und in Deutschland und immer dann reagiert, wenn irgendwo in Europa ein rechtspopulistischer Anführer mit dem hämischen, arroganten Grinsen auftauchte, das für die Chefs dieser Bewegungen typisch ist.

In der Nacht der amerikanischen Präsidentenwahl, am Tag der Bekanntgabe des Brexit-Ergebnisses und wann immer irgendwo ein Populist eine erstaunlich große Menschenmenge mit einer völlig unsinnig klingenden Rede zum Kochen brachte, fragten sich viele Menschen in ihrer jeweiligen Sprache: »Ist das noch mein Land? Sind das meine Mitbürger?« Nach fast zwanzig Jahren, in denen sie sich diese Frage gestellt und den allmählichen politischen und moralischen Verfall ihrer Heimat mit angesehen hatten, keimte in den Türken der gefährliche Verdacht, der Mensch wäre womöglich von Natur aus schlecht – ein Verdacht, der die endgültige Niederlage des menschlichen Geistes besiegelt. Es dauert lange und kostet große Anstrengung zu erkennen, dass schon die Frage an sich falsch ist. Dieses Buch möchte seine Leserinnen und Leser davon überzeugen, Zeit und Mühe zu sparen, indem sie den Horrorfilm, in dem sie sich seit einiger Zeit befinden, vorspulen. Und es möchte sie auf die wiederkehrenden Muster des Populismus aufmerksam machen, damit sie besser darauf vorbereitet sind als wir Türken damals.

Selbst wenn Trump oder Erdoğan morgen gestürzt würden oder Nigel Farage nie zum Meinungsführer aufgestiegen wäre, gäbe es die Millionen aufgehetzter Menschen weiterhin, und sie wären auch weiterhin bereit, den Befehlen ähnlicher Gestalten Folge zu leisten. Wir Türken haben die schreckliche Erfahrung gemacht, dass man den Anhängern solcher Leute auch im Privatleben nicht einmal dann entkommt, wenn man sich bewusst aus allem Politischen heraushält. Mit ihren eigenen Werten bewaffnet warten sie nur darauf, jeden zur Strecke zu bringen, der anders ist als sie. Man sollte besser früher als später akzeptieren, dass es sich dabei nicht nur um etwas handelt, was der Gesellschaft von den oft absurd anmutenden politischen Führerfiguren oder den digitalen Geheimoperationen des Kreml aufgezwungen wird, sondern dass das Ganze auch aus der Basis erwächst und sich die derzeitige Malaise nicht auf die Führungsetagen der Macht in Washington oder Westminster beschränken wird. Die haarsträubenden moralischen Vorstellungen der hohen Politik sickern bis ins kleinste Dorf und sogar bis in die bewachten Wohnsiedlungen hinein. So entsteht ein neuer Zeitgeist, ein historischer Trend, der die *Banalität des Bösen* in das Böse der Banalität verwandelt. Mag das Phänomen in jedem Land eine andere Gestalt annehmen – seine Auswirkungen betreffen uns alle.

»Wie können wir Ihnen helfen?«
Die Frau im Publikum faltet emphatisch die Hände, während sie mir die Frage stellt. Ihre ratlose Miene signalisiert eine Mischung aus Mitleid und echter Sorge. Nur zwei Monate nach dem fehlgeschlagenen Putsch sitze ich im September 2016 anlässlich einer Lesung aus meinem Buch *Euphorie und Wehmut: Die Türkei auf der Suche nach sich selbst* in London auf einem hell erleuchteten Podium und versuche insgeheim herauszufinden, was alles in der Frage steckt. Offensichtlich bin ich in den Augen dieser Frau ein bedürftiges Opfer, und offensichtlich hat sie großes Vertrauen in die Immunität ihres Landes gegen die politische Misere, die mein Land ruiniert hat. Vor allem aber ist sie trotz des Brexit-Votums fest davon überzeugt, Großbritannien könn-

te noch immer irgendwem helfen. Ihre fehlende Einsicht in die Tatsache, dass wir alle im gleichen politischen Irrsinn versinken, provoziert mich. Erst nach mehreren Sekunden gelingt es mir, alle diese Gedanken in eine nicht übermäßig aggressive Antwort zu packen. »Jetzt fühle ich mich wie ein Pandababy, das auf einen Internetpaten wartet.«

Weil zu diesem Zeitpunkt noch viele glauben, Donald Trump könne die Präsidentenwahl unmöglich gewinnen, weil so mancher noch allen Ernstes hofft, das Brexit-Referendum werde schon nicht zu einem tatsächlichen EU-Austritt führen, und weil die Mehrheit der Europäer die neuen Wortführer des Hasses als eine vorübergehende Erscheinung betrachtet, entlockt mein zynischer Scherz den Zuschauern nicht einmal ein Lächeln.

Nachdem der Rubikon überschritten ist, wage ich mich noch ein Stück weiter vor und sage: »Ob Sie es glauben oder nicht – das, was in der Türkei passiert ist, blüht Ihnen erst noch. Dieser politische Irrsinn ist ein globales Phänomen. Und deshalb gebe ich die Frage an Sie zurück: Wie kann ich *Ihnen* helfen?«

Damals beschloss ich, die politischen und sozialen Ähnlichkeiten diverser Länder zusammenzufassen, um das allen gemeinsame Muster des erstarkenden Rechtspopulismus sichtbar zu machen, und zwar mit Hilfe von Geschichten. Denn durch Geschichten lassen sich meiner Ansicht nach nicht nur menschliche Erfahrungen am besten vermitteln, sondern auch Krankheiten der menschlichen Seele am besten bekämpfen. Die Verwandlung des Populistenführers von einer Witzfigur in einen furchteinflößenden Autokraten vollzieht sich meiner Erkenntnis nach in sieben Schritten, mit denen er die gesamte Gesellschaft seines Landes von Grund auf korrumpiert. Diese sieben Schritte sind für jeden Möchtegern-Diktator leicht durchzuführen und werden aus diesem Grund von den Andersdenkenden ebenso leicht übersehen, wenn sie die Anzeichen nicht zu erkennen lernen. Die Beschäftigung mit den spezifischen Umständen der einzelnen Länder würde mehr Zeit erfordern, als wir uns leisten können; es gilt jeden dieser sieben Schritte zu erkennen, sobald er erfolgt, ein auf alle zutreffendes Muster zu beschreiben und herauszufinden, wie es gemeinsam zu durchbrechen wäre. Das gelingt nur, indem man die Erfahrungen der Länder, die dem Irrsinn bereits ausgesetzt sind, mit den Erfahrungen westlicher Länder verbindet, die ihm derzeit noch widerstehen. Jetzt ist Zusammenarbeit gefragt – und damit ein weltumspannendes Gespräch, zu dem dieses Buch in aller Bescheidenheit anregen möchte.

EINS

Gründen Sie eine Bewegung

»Der Hirsch muss auch mit! Er muss mit!«
Kreischend fordert die vierjährige Leylosh, dass wir auch den imaginären Hirsch auf der unendlich großen Rückbank unseres imaginären Autos verstauen, die bereits mit diversen anderen Tieren besetzt ist, darunter einem Dinosaurier, den wir zum Glück vor dem Erfrieren retten konnten. Wir sind auf dem Weg von Lewisburg, einer einst blühenden Kleinstadt hundert Kilometer nördlich von Harrisburg, Pennsylvania, zum Haus von Leyloshs Großmutter in Istanbul, wo wir die gemeinsam gebaute und anschließend auf einem Kinderherd gebratene Lego-Ente abliefern wollen. Leylosh kneift die Augen zusammen, um sie vor dem imaginären Wind zu schützen, und liefert mit tiefer Stimme den schaurig heulenden Winter-Soundtrack zu unserer beschwerlichen Fahrt: »Uuuuuhhhh!« Hin und wieder prüft sie mit einem schnellen Seitenblick, ob ich noch ganz bei der Sache bin, dreht sich, sobald meine Einbildungskraft den Test bestanden hat, zu unseren Passagieren um und versichert ihnen: »Keine Angst, bald sind wir bei der Oma. Heute ist kein Kindergarten.«
In einem wesentlich weniger spannenden Paralleluniversum wird sie in fünfzehn Minuten den Kindergarten betreten, während ich in einer Stunde in der Bucknell University,

einem Liberal Arts College, einen Vortrag über den wachsenden Populismus und meinen Roman *Stumme Schwäne* halten soll, in dem es auch um die Frage geht, wie die Türkei zum perfekten Fallbeispiel für dieses Thema werden konnte. Meine alte Freundin Sezi, Leyloshs Mutter und Dozentin an der Bucknell University, hat mich dazu überredet, weil die amerikanischen Intellektuellen ihrer Überzeugung nach von den Entwicklungen in der Türkei erfahren müssen, um auf die späteren Phasen der Trump-Regierung vorbereitet zu sein. Gerade habe ich Leylosh noch beigebracht, zu »küssen wie ein Fisch«; jetzt geht es zurück in mein wahres Leben, in dem ich wie der Engel mit dem Horn in Bruegels Gemälde *Der Sturz der rebellierenden Engel* die Traumtänzer alarmieren muss. Sezi sieht immer wieder auf ihre Uhr. Doch weder Leylosh noch ich haben große Lust, unser Fantasieauto zu verlassen, und genau genommen sind ihre Gründe nicht weniger politisch als meine.

Sezi ist Hammerklavierpianistin und Expertin für Musikinstrumente des 18. und 19. Jahrhunderts. Wahrscheinlich glaubt Leylosh, alle Mütter würden ihren Töchtern auf antiken Klavieren Chopin vorspielen, damit die Kinder ihr Frühstück essen, und es erscheint ihr bestimmt genauso normal, dass ihr Vater, ein Ethnologe, in regelmäßigen Abständen indigene Stämme im Amazonas-Regenwald aufsucht. Die Tagesstätte für die Sprösslinge der Universitätsmitarbeiter, Zufluchtsort für Kinder kosmopolitischer Wissenschaftler in einer amerikanischen Kleinstadt, wird von lauter Kindern wie ihr besucht – mindestens zweisprachig, regelmäßig zwischen den Kontinenten unterwegs und nicht ahnend, dass das von ihnen als normal empfundene Leben in Wirklichkeit ganz und gar nicht gewöhnlich ist.

»Früher ist sie immer gern hingegangen«, sagt Sezi. Doch seit einiger Zeit schreit Leylosh jeden Morgen »Nein, ich will nicht!«, und täglich gibt es Stress. Während sich die Kleine an der Tür unseres imaginären Autos festhält, um nicht in den Kindergarten gehen zu müssen, berichtet ihre Mutter, dass, neben vielen anderen Unannehmlichkeiten, die ihnen die USA bereiten, auch die Aversion ihrer Tochter mit dem Beginn von Trumps Präsidentschaft einsetzte. Sein Wahlsieg ist der Grund für die politischen Probleme der vierjährigen Leylosh.
Als sie am Morgen nach der Wahl mit ihrer Mutter im Kindergarten ankam, begrüßten die drei Erzieherinnen sie wie immer am Eingang. Neu war, dass sie dabei die Hände in die Hüften stemmten und süffisant grinsten. »›Tja, da müsst ihr jetzt durch!‹ sollte das wohl heißen«, sagt Sezi. »Alle drei sind Trump-Anhängerinnen und betreuen die Kinder von Leuten, die Bernie oder Hillary gewählt haben. Seitdem nehmen die Spannungen zu und wirken sich inzwischen auch auf die Kinder aus.« Sezi sucht nach den richtigen Worten. »Die drei haben sich von einem Tag auf den anderen so verändert, als würden sie plötzlich einer anderen Spezies angehören.«
»Eine kleine Stadt ist eine große Hölle«, besagt ein argentinisches Sprichwort, das auf die Welt von heute ganz besonders zutrifft, weil das Phänomen des erstarkenden Populismus viel mit der Provinz zu tun hat. Die erste Begegnung mit dieser soziopolitischen Strömung erfolgt oft in Kleinstädten, auch wenn die Leute dort sie meist nicht so exakt beschreiben können wie die Politanalysten und, selbst wenn sie es können, mit ihren Befürchtungen weitgehend auf taube Ohren stoßen. Das mobilisierende Narrativ der neuen politischen

Richtung speist sich aus einer provinziellen Lebens- und Weltsicht, die zu archaisch ist, um von kosmopolitischen Menschen verstanden zu werden. Aus Sicht der Großstadt, wo die nachbarliche Überwachung ausgestorben ist, wirken die kleinen Veränderungen in der Provinz zwar irritierend, aber folgenlos. Erst wenn der Rechtspopulismus in der Provinz längst spürbar geworden ist, wird er von politischen Experten und den großen Medien auch diagnostiziert.

Sezi nennt weitere Beispiele dafür, wie sich der Umgang miteinander in ihrer Kleinstadt seit Trumps Wahlsieg verändert hat – Beispiele, die Großstadtbewohnern wahrscheinlich unerheblich erscheinen: Restaurantgäste, die demonstrativ grinsen, sobald einer dieser *linken Akademiker* das Lokal betritt, Schilder mit der Aufschrift »Make America Great Again«, die noch Monate nach der Wahl in den Vorgärten stehen, und so weiter. Während Sezi die Beispiele aufzählt, wirkt sie, als wollte sie einen seltsamen Geruch beschreiben. »Als wäre es schon lange da gewesen, als hätte da schon lange etwas leise gebrodelt. Und als hätte Trumps Sieg etwas ausgelöst, eine dunkle Kraft entfesselt.«

Ja, es wurde etwas entfesselt in der westlichen Welt. In einer ganzen Reihe von Ländern wabert ein unsichtbares, geruchloses Gas von der Provinz in die Großstädte, ein Gas, das aus Ressentiments besteht. Endzeitstimmung liegt in der Luft und macht sich breit. Das *Volk* verlässt die Kleinstädte und begibt sich in die Metropolen, um endlich *Herr über sein Schicksal* zu sein. Jetzt wird alles anders, heißt es. Jetzt entsteht ein neues *Wir*, dem Sie, die besorgten Leserinnen und Leser dieses Buchs, höchstwahrscheinlich nicht angehören. Ich weiß noch gut, wie sich das plötzliche Ausgeschlossensein damals anfühlte.

»Wir sind anders – wir sind keine Partei, sondern eine Bewegung.«

Im Herbst 2002 nimmt eine erst im Jahr zuvor gegründete Partei an den türkischen Parlamentswahlen teil. Es ist die Partei für Gerechtigkeit und Aufschwung (AKP), die sich eine lächerlich wirkende Glühbirne zum Emblem gewählt hat. Ich reise in meiner Funktion als politische Kolumnistin durchs ganze Land und versuche, der Nation in abgelegenen Städten und kleinen Dörfern vor dem Urnengang auf den Puls zu fühlen. In einer zentralanatolischen Kleinstadt treffe ich mich in einem Café mit Vertretern anderer, herkömmlicher Parteien. Etwas abseits stehen drei Männer und warten mit arrogant hochgezogenen Augenbrauen ungeduldig auf das Ende meines Interviews. Als ich sie zu uns bitte, lehnen sie höflich ab, wobei sie mir das Gefühl geben, in einem unsichtbaren Sumpf zu sitzen, von dem sie nicht beschmutzt werden wollen. Kaum haben die anderen den Tisch wenig später verlassen, nähern sich mir die drei mit aller Eleganz, zu der anatolische Machos fähig sind. »Wir sind eine Bewegung, die Bewegung der Tugendhaften«, sagt einer. »Wir sind mehr als eine Partei. Wir werden dieses korrupte System von Grund auf verändern.« Vor lauter Stolz sieht er mich beim Sprechen kaum an.

Die beiden anderen nicken zustimmend, während ihr extrem lässig wirkender Wortführer Phrasen wie »dysfunktionales System«, »neue, politisch unverdorbene Vertreter des Volkes« und »eine neue, würdevolle Türkei« abfeuert. Das unerschütterliche, auf vagen, aber umso festeren Überzeugungen basierende Selbstvertrauen der Männer erinnert mich an die jungen revolutionären Linken aus diversen Ländern, über die ich jahrelang geschrieben habe. Etwas

Kraftvolles, Mystisches geht von ihnen aus und elektrisiert die Atmosphäre des Cafés in dem trostlosen Kaff. Das Kinn gereckt wie die jungen Roten Garden auf maoistischen Propagandaplakaten gleichen sie Abgesandten einer höheren moralischen Sphäre. Als sich die anderen Kleinstadtpolitiker darüber lustig machen, dass die Männer beharrlich auf der Unterscheidung zwischen ihrer Bewegung und den anderen Parteien bestehen, scheinen die drei aus den herablassenden Bemerkungen Kraft zu ziehen wie Angehörige einer religiösen Sekte, deren Führungszirkel durch Demütigungen noch stärker zusammengeschweißt wird.

Am Ende seiner Ansprache klopft der Wortführer leicht, aber nachdrücklich mit der Faust auf den Tisch. »Wir sind das türkische Volk. Und wenn ich ›Volk‹ sage, meine ich das *wahre* Volk.«

Zum ersten Mal höre ich den Begriff »wahres Volk« in diesem Sinne. Die anderen Politiker, rechte wie linke, ärgern sich über die Floskel und fragen spöttisch: »Was soll das heißen? Wir sind auch das wahre türkische Volk!« Doch es ist bereits zu spät. Die drei Männer freuen sich diebisch darüber, die Floskel als Erste verwendet zu haben. Sie gehört jetzt ihnen.

Nachdem sich die Szene mit geringfügigen Variationen in mehreren anderen Städten wiederholt hat, schreibe ich in meiner Kolumne: »Sie werden gewinnen.« Damit mache ich mich zwar zum Gespött meiner Kollegen, aber im November 2002 bildet die lächerliche Glühbirnenpartei der drei Männer im Café die neue türkische Regierung. Die Bewegung, die ihre Kraft in den Kleinstädten und Dörfern des Landes gewann, regiert das Land seit inzwischen siebzehn Jahren in Folge und hat ihr Versprechen, alles zu verändern, erfüllt.

»Bei uns ist es ganz genauso! Aber wer soll dieses wahre Volk *eigentlich sein?«*
Es ist Mai 2017. Erst in London, dann in Warschau spreche ich über mein Buch *Euphorie und Wehmut: Die Türkei auf der Suche nach sich selbst* und berichte einer sehr heterogenen Zuhörerschaft, wie *das wahre Volk* von meinem Land Besitz ergriffen und den Rest, das angeblich *nicht wahre Volk*, in den politischen und sozialen Würgegriff genommen hat. Die Leute nicken besorgt, und immer lautet ihre erste Frage: »Woher kommt eigentlich dieses *wahre Volk*?«
Sie kennen den Begriff, weil das politisierte und mobilisierte Ressentiment der Provinz seinen großen Auftritt auf der Weltbühne in unterschiedlichen Ländern mit der im Grunde immer gleichen Behauptung eingeläutet hat: »Wir sind eine Bewegung, eine neue Bewegung des wahren Volkes jenseits von und über allen politischen Lagern.« Jetzt möchten viele wissen, wer dieses *wahre Volk* ist und warum es diese *Bewegung* in die hohe Politik geschafft hat. Sie sprechen darüber wie von einer Naturkatastrophe, die ja auch erst nach ihrem plötzlichen Ausbruch berechenbar wird. Damit erinnern sie mich an die Leute, die sich jeden Sommer aufs Neue über die Hitzewelle in Skandinavien wundern und erst dann wieder an die im Winter zuvor gelesenen Berichte über den Klimawandel denken. Ich erkläre ihnen, dass uns dieses »neue« Phänomen schon seit geraumer Zeit begleitet.

Im Juli 2017 brach ein gigantischer Eisbrocken von der Antarktis ab. Tagelang zeigten die Nachrichtensender das träge dahintreibende schneeweiße Ungetüm, majestätisches Flaggschiff unseres Zeitalters, das uns in seiner knarzenden Eissprache aus den Bildschirmen der Welt entgegenraunte: »Die Zeit der Spaltung ist gekommen. *Alles Festgefügte* bricht weg, alles zerfällt.« Die Geschichte unserer Gegenwart wurde damals nicht von einem Gespenst, sondern von einem massiven Monstrum erzählt, und sie handelte davon, dass auf dem gesamten Planeten vom Größten bis zum Kleinsten nichts so bleiben würde, wie es war. Die Vereinten Nationen, diese riesige machtlose Institution zur Erhaltung des Weltfriedens, bröckelten bereits, und die kleinste Einheit, die menschliche Seele, durchläuft einen beispiellosen Zersetzungsprozess. Ein und dieselbe Sekunde birgt ganze Jahrhunderte in sich: Die wenigen Reichen schaffen sich unverseuchte Lebensräume, um ihr Dasein zu verlängern, während gleichzeitig im Jemen zehntausende Kinder an Cholera sterben, einer Krankheit aus der Zeit vor dem 20. Jahrhundert. Leise schrie der Eisberg: »Die Mitte hält nicht stand.«

Die an den unterschiedlichsten Orten entstandenen fortschrittlichen Bewegungen – von den Protesten anlässlich der WTO-Konferenz in Seattle 1999 bis hin zu den Unruhen auf dem Tahrir-Platz in Kairo 2011 – waren eine Reaktion auf die gegenwärtige Zeit der Zersplitterung. In einer Welt, in der immer mehr Menschen reden, aber immer weniger gehört werden, wollten sie der restlichen Menschheit mit körperlichem Einsatz beweisen, dass wir uns ungeachtet aller Differenzen zusammenschließen können und müssen, um dem Zerfallsprozess gemeinsam entgegenzutreten und zu verhindern, dass alles auseinanderbricht. Sie klagten Würde und Gerechtigkeit ein und forderten die Welt auf, sich bewusst zu machen, dass der globale Lauf der Dinge nur durch eine Gegenbewegung umgekehrt werden kann. Sie zeigten, dass Rückzug nicht die einzige mögliche Reaktion auf den globalen Hoffnungsverlust ist, demonstrierten »die Selbstbehauptung der Menschen [...] in einem entwurzelten Chaos«, und widersetzten sich der Feststellung, dieses sei »schlechthin zwingend«*. Angesichts der Spaltungstendenzen schufen sie neue, mutmachende Modelle eines zeitlich begrenzten, losen Zusammenschlusses von Menschen auf öffentlichen Plätzen und antworteten auf W. B. Yeats' berühmte Gedichtzeile mit der vielsprachigen Botschaft »Vereint *halten* wir die Mitte!«**.

Nach und nach wurden jedoch viele dieser Bewegungen niedergeschlagen, marginalisiert oder vom bestehenden politischen System geschluckt und konnten ihre Ziele aus diversen, durchaus verständlichen Gründen nicht erreichen – noch nicht. Doch immerhin wurden sie deutlich gehört, als sie der Welt verkündeten, dass sich die repräsentative Demokratie (von den Finanzinstitutionen missbraucht und sozialer Gerechtigkeit beraubt) in ihrer größten Krise seit dem Zweiten Weltkrieg befinde.

Heute erleben wir die Reaktion vieler ganz anderer Menschen auf ganz ähnliche Ängste. Diese Menschen haben einen begrenzteren Wortschatz, kleinere Träume für die Welt und weniger Zutrauen in das gemeinsame Überleben aller. Auch sie behaupten, den Status quo verändern zu wollen – allerdings in Richtung einer Welt, in der sie zu den wenigen Glücklichen gehören werden, die sich unter der Führung eines starken Mannes behaupten. Nicht zufällig ist »Mauer«,

* Karl Jaspers, Geleitwort, in: Hannah Arendt, Elemente und Ursprünge totaler Herrschaft, München: Piper 1986, S. 10.

** Bezieht sich auf eine Zeile des Gedichts »The Second Coming« von W. B. Yeats aus dem Jahr 1919: »Things fall apart; the centre cannot hold« – »Alles zerfällt; die Mitte hält nicht mehr« (M. G.)

ob im wörtlichen oder übertragenen Sinn, zum Schlagwort erstarkender rechtspopulistischer Bewegungen geworden. »Ja, die Welt spaltet sich«, heißt es, »und wir, das *Volk*, werden uns einen Platz auf der Sonnenseite der Trennmauer verschaffen.« Es geht ihnen nicht darum, danebenzustehen und zuzusehen, wie Babys im Mittelmeer sterben, sondern *sie selbst* wollen nicht ebenfalls sterben. Der Schrei, der aus der Provinz in die Großstädte hallt, ist der Hilferuf von Menschen, die aus Angst, im stetig ansteigenden Meer des Zerfalls zu ertrinken, ihr Interesse am Überleben anderer hintanstellen und sich lieber rücksichtslos *bewegen.*

Im Gegensatz zu politischen Parteien, die innerhalb der Wirklichkeit agieren und das Spiel spielen, ohne sich zu bewegen, verheißen politische Bewegungen immer eine Veränderung vom Realen zum Möglichen. In Ländern von der Türkei bis zu den USA, darunter hoch entwickelte Staaten mit scheinbar starken demokratischen Institutionen wie Frankreich, Großbritannien und Deutschland, scharen sich Menschen hinter dreisten, skrupellosen Populisten, um sich gemeinsam zu bewegen und die von ihnen als *Establishment* bezeichnete Wirklichkeit, also das Spiel selbst, anzugreifen, das sie als dysfunktional und korrupt empfinden. Die *Volksbewegung* verkörpert den neuen Zeitgeist; sie verspricht, den mit Brackwasser gefüllten *Sumpf* auszutrocknen, zu dem die Politik angeblich verkommen ist, und den Menschen auf diese Weise ihre Würde zurückzugeben. Mit anderen Worten: *Les invisibles*, die Massen, denen lange unterstellt wurde, sie interessierten sich nicht für Politik und Weltgeschehen, entziehen dem derzeitigen repräsentativen System weltweit ihr vermeintliches Einverständnis. Und das klingt so, als würde ein Eisbrocken von der Antarktis abbrechen. Weil das fragile *Ich* natürlich überfordert ist, wenn es den Lauf der Ereignisse ändern soll, erlebt das *Wir* ein Comeback in Politik und Ethik. Dieses Comeback ist der Kern des globalen Phänomens, das wir gerade erleben. Das *Wir* will das Festland der politischen Sprache verlassen, will sie demontieren und eine neue Sprache für das *Volk* erschaffen. Wer wissen möchte, wer das *Volk* ist, muss nach dem *Wir* fragen. Warum will *ich* nicht mehr *ich*, sondern nur noch *wir* sein?

Ein belebter Sonntag auf der europäischen Seite des Bosporus im Sommer 2015. Sonntags sitzt Istanbuls obere Mittelschicht in den Cafés am Meer und frönt dem berühmten türkischen Frühstück, das sich mehr oder weniger den ganzen Tag hinzieht. Die Lokale liegen an der osmanischen Festungsmauer, wo blutige Kriege ausgefochten wurden, damit wir heute diese grandiosen Gelage genießen und uns ärgern können, wenn das Essen lange auf sich warten lässt. Eine Familie schlendert in ihrer schönsten Garderobe auf dem Gehweg dahin. Für einen Cafébesuch reicht es zwar nicht, aber die Leute kommen über die Runden, können durch die reichsten Stadtviertel am Bosporus spazieren und sich die anstrengende sonntägliche Frühstücksorgie ansehen. Die beiden kleinen Kinder gehen an der Hand ihrer jungen Mutter, die mühsam zu verbergen versucht, dass sie sich zum ersten Mal in dieser Gegend aufhält. Der Vater scheint im Gehen den Boden abzusuchen. Plötzlich bleibt er stehen, deutet auf den Bürgersteig und ruft selig: »Da! Da! Das ist es! Das habe ich gepflastert!« Stolz lässt er den Blick über die ganze Länge der Pflasterung schweifen. »Das ist die längste Straße in ganz Istanbul, und *wir* haben sie gebaut!«

Ich habe mich immer gefragt, ob die Familien der Arbeiter, die beim Bau der großartigen Brücken, großartigen Tunnel und großartigen Straßen den Tod fanden, jemals die dort angebrachten Plaketten lesen. Deuten sie dann mit dem Finger auf den Namen und machen ein Foto? Und ist es ihnen wichtig, die Straße als die »längste«, den Tunnel als den »tiefsten« und ihr Land als das »größte« zu bezeichnen, weil Leben und Tod ihrer Angehörigen sonst sinnlos gewesen wären? Viele von uns werden nie verstehen, warum Menschen mit knappem Auskommen darauf stolz sind, dass Erdoğans Palast »der prunkvollste« ist, oder sich darüber freuen, dass die Instandhaltung dieses Palastes täglich eine zehnmal größere Summe verschlingt, als sie im Jahr verdienen. Weil den meisten derer, die das Privileg haben, über Politik nachdenken zu können, die Minderwertigkeitsgefühle des gewöhnlichen Menschen und die durch sie erzeugte Wut unverständlich bleiben, begreifen sie auch nur schwer, dass er danach giert, Teil eines *Wir* zu sein, das Größe verheißt.

*»Ich will bewusst die Fantasie anregen. [Ein] wenig ›Hypertrophie‹ kann nie schaden. Wir Menschen möchten ja gerne glauben, dass wir das Größte, das Beste und das Spektakulärste besitzen. Ich halte diese Hypertrophie für absolut harmlos, weil sie eine Übertreibung ist, die niemandem zum Nachteil gereicht. Für mich stellt sie eine der wirkungsvollsten Spielarten der Werbung dar.«**

* Donald J. Trump unter Mitarbeit von Tony Schwartz, So werden Sie erfolgreich – Strategien für den Weg nach oben, übers. v. Ursula Bischoff, München 2008: Redline Wirtschaft, Finanzbuch Verlag, S. 70.

Schon in seinem Erstlingswerk *So werden Sie erfolgreich* erwähnt Donald Trump die »wahrheitsgemäße Übertreibung«, die ihn später ins Weiße Haus bringen sollte. Bestimmt war er stolz darauf, gezeigt zu haben, dass man amerikanischer Präsident werden kann, ohne ein einziges anderes Buch als das eigene gelesen zu haben. Trump kannte eben eine einfache Wahrheit über den Menschen, die von den meisten ignoriert wird: Trotz des seit Jahrzehnten gepriesenen Individualismus braucht der Durchschnittsmensch auch heute noch einen Hirten, der ihn zur Größe führt. Trump wusste, wie demütigend und enttäuschend das Gefühl ist, nur Mittelmaß zu sein in einer Welt, in der man angeblich sein kann, was immer man sein will.
Außerdem war ihm klar, dass der Aufruf zum Zerreißen der imaginären Ketten, die das *Volk* angeblich am Erreichen seiner wahren Größe hindern, bei seinen Unterstützern in jedem Fall Anklang finden würde, ganz egal, wie absurd er sich für die anhören mochte, die tatsächlich werden können, was sie wollen. »Es liegt nicht an euch«, erklärte er. »*Sie* hindern uns daran, groß zu sein.« Er gab den Leuten ein ordentliches Hassobjekt, und sie gaben ihm ihre Stimmen. Und sobald er im Namen des *Wir* sprach – was im Lauf der Geschichte schon oft geschah –, war man bereit, sich für ihn aufzuopfern. Die Amerikaner wissen ja, dass sich mit den Worten »Wir, das Volk«, wie sie in ihrer Verfassung stehen, ein neues Land aufbauen und ganze Imperien in die Knie zwingen lassen. Und nicht einmal die auf ihre Gefühlsarmut so stolzen Briten sind immun gegen den Reiz des *Wir*.

»Wir haben gegen die multinationalen Konzerne, die großen Handelsbanken, die große Politik, haben gegen Lügen,

Korruption und Betrug gekämpft … [Dies ist] ein Sieg des Volkes, ein Sieg der ganz normalen Leute, ein Sieg der Anständigen.«

Das Zitat klingt zwar wie ein Ausschnitt aus der Antrittsrede, die Salvador Allende, der marxistische Präsident Chiles, nach seinem Wahlsieg 1970 hielt, stammt jedoch von Nigel Farage, dem früheren UKIP*-Vorsitzenden und, nebenbei bemerkt, selbst ehemaligen Banker, der diese Worte im Juni 2016 nach dem Brexit-Referendum äußerte und dabei ebenfalls den uralten Trick anwendete, in »Volkes« Namen zu sprechen. Allerdings fragten sich am selben Tag viele weltoffene Londoner, die Farage aus seinem flammenden Narrativ stillschweigend ausgeschlossen hatte, wer denn dieses *Volk* sei und warum es einen solchen Groll gegen die Großstädte und die Gebildeten hege. Die Älteren unter ihnen hörten da bereits ein erstes Echo aus früheren Jahrzehnten.

Nach der fürchterlichen Erfahrung des Zweiten Weltkriegs rechnete kaum noch jemand damit, dass es die Massen je wieder danach gelüsten würde, zu einer Einheit zu verschmelzen. Nur allzu gern glaubte man, mit der Freiheit zu kaufen, zu lieben und zu glauben, wen oder was man will, wären sie vollauf zufrieden. Mehr als ein halbes Jahrhundert lang wurde das Wort *ich* sowohl von der dauergrinsenden Marktwirtschaft und ihren Anhängern als auch vom herrschenden politischen Diskurs und der Mainstreamkultur propagiert. Jetzt aber ist das *Wir* zurückgekehrt, der eigentliche Kern der *Bewegung*, der ihr den revolutionären

* UK Independence Party (dt. Partei für die Unabhängigkeit des Vereinigten Königreichs)

Anstrich verleiht, und auf dieses plötzliche Wiedererwachen waren viele nicht vorbereitet.
Die Stimme des *Wir* erhob sich so unerwartet und laut, dass besorgte Kritiker nur mit Mühe zeitgemäße politische Begriffe fanden, mit denen sich das Phänomen beschreiben oder bekämpfen lässt. Hektisch sammelte der kritische Mainstream historische Munition, die jedoch ungünstigerweise größtenteils aus der Nazizeit stammte. »Faschismus« klang überholt und sogar kindisch, und »Autoritarismus« oder »Totalitarismus« waren zu mausgrau für dieses Technicolormonster in einer neoliberalen Welt. Dafür wurden in den letzten Jahren hastig Selbsthilfebücher mit Orwell-Zitaten verfasst, und Hannah Arendts Buch *Elemente und Ursprünge totaler Herrschaft* steht nach achtundsechzigjähriger Pause plötzlich wieder auf den Bestsellerlisten. Der hip klingende Name, den die Mainstreamintelligenz der Retrolust an der Totalität schließlich verpasste, lautet »Populismus«.

Der Begriff »Populismus« passt gut zur heutigen Zeit. Er verschleiert die rechten ideologischen Inhalte der betreffenden Bewegungen und umgeht zugleich die beunruhigende Frage nach der dubiosen Sehnsucht des *Ich*, zu einem *Wir* zu verschmelzen, zeichnet ein meisterhaftes Porträt der Verrückten, die als Zerrbilder charismatischer Führerfiguren die Massen mobilisieren, und disqualifiziert die Massen selbstbewusst als getäuschte, ungebildete Menschen. Außerdem ignoriert er die Vorgeschichte, die verraten könnte, wie es zu dem Schlamassel kam. Ganz zu schweigen von dem Problem, dass sich die Populisten selbst nicht als solche bezeichnen. In einer angeblich postideologischen Welt

erheben sie den Anspruch, jenseits von Politik und über allen politischen Institutionen zu stehen.
Auch die politische Theorie ist für den neuen Kampf noch nicht gerüstet. Eine Schwierigkeit besteht darin, dass die Kritiker des Phänomens im »Populismus« die seltsame Frucht der aktuellen demokratischen Praxis erkannten. Bei näherer Betrachtung stellte sich nämlich schnell heraus, dass diese Wunde nicht urplötzlich am Staatskörper aufgetaucht war, sondern dass es sich dabei um das mutierte Kind einer verkrüppelten repräsentativen Demokratie handelte.
Obendrein entstand dank rechter Spindoctors ein neues ontologisches Problem. Akademiker, Journalisten und Bildungsbürger fanden sich im Lager der *Feinde des Volkes* und als Teil des korrupten Establishments wieder und erlebten, dass ihre Kritik an diesem politischen Phänomen und sogar ihre sorgsam formulierten Kommentare darüber vom *Volk* und den Strategen der Bewegung als repressiv bezeichnet wurden. Der Umgang mit ihrem neuen Status als »repressive Elite«, wenn nicht gar als »Faschisten«, fiel ihnen schwer – hatte doch mancher von ihnen sein Leben der Emanzipation eben dieser Menschen gewidmet, die jetzt nur mehr Verachtung für sie empfanden. Zu ihnen zählte auch meine Großmutter.

»Bezeichnen die mich jetzt als Faschistin, Ece?«
Das fragte mich meine Großmutter, Angehörige der ersten Lehrergeneration in der jungen türkischen Republik, eine überzeugte Säkulare, die viele Jahre lang Kindern auf dem Land Lesen und Schreiben beigebracht hatte, als wir eines Abends im Jahr 2005 eine Fernsehdebatte mit AKP-Strategen verfolgten. »Die haben doch gerade etwas von Faschis-

ten gesagt, oder?« Noch ehe ich ihr die Besonderheiten der neuen politischen Narrative erklären konnte, rief sie: »Was soll das heißen, *repressive Elite*? Ich bin nicht elitär. Ich habe gehungert und gelitten als Dorflehrerin in den fünfziger Jahren!«

Sie hatte die eben noch abwehrend vor der Brust verschränkten Arme in die Luft gereckt und verkündete mit erhobenem Zeigefinger, fast, als stünde sie vor einer Schulklasse: »Gleich morgen gehe ich in die nächste Geschäftsstelle der Partei und sage denen, dass ich genauso zum *Volk* gehöre wie sie.« Was sie auch wirklich tat – nur um fassungslos zurückzukehren und sich auf ihren müden achtzigjährigen Beinen zum Bett zu schleppen, weil sie so fertig war, dass sie sich zum ersten Mal in ihrem Leben mitten am Tag hinlegen musste. »Die sind so anders, Ece. Die sind so …«, war das Einzige, was ich ihr entlocken konnte. Trotz ihrer großen Eloquenz fiel ihr kein treffendes Adjektiv ein.

Die Szene kam mir wieder in den Sinn, als ich 2017 in Harvard einen Vortrag hielt und mich hinterher eine Amerikanerin, schätzungsweise Mitte siebzig, zögernd ansprach. Da sie offenbar zu den Menschen gehörte, die andere nur sehr ungern mit ihren persönlichen Angelegenheiten behelligen, erzählte sie mir eine Kurzversion ihrer Lebensgeschichte. Sie hatte in den sechziger Jahren als Angehörige des Peace Corps den Kindern eines abgelegenen türkischen Dorfs Englisch beigebracht, war danach eine sehr engagierte Highschoollehrerin in den USA gewesen und absolvierte nun im Ruhestand ein Seniorenstudium in Harvard. Dass sie – in ihrem Fall von Trump-Wählern – als Angehörige der »repressiven Elite« bezeichnet wurde, machte sie ebenso fassungslos wie Jahre zuvor meine Großmutter. »Ich versuche ihnen meine politische Einstellung zu erklären, aber …« Das gnadenlose politische Narrativ, in dem ihre Lebensleistung als belanglos und unterdrückerisch zugleich galt, griff immer weiter um sich. Vergeblich versuchte sie, aus dem tiefen Loch hinauszuklettern, das man den Eliten in dem neuen Politszenario gegraben hatte; es erwies sich jedoch als viel zu tief für ihre schwachen Beine. Noch gravierender war, dass die Angehörigen des *Volkes* sie nie baten, sich zu ihnen zu gesellen, und auch nie anboten, ihr beim Hinausklettern zu helfen. Das Einzige, was kam, war die Forderung nach »Respekt«.

»Trump-Wähler reden viel von Respekt, und zwar meist mit dem Tenor: ›Er mag ein Trottel sein und vielleicht nicht halten, was er verspricht, aber er gibt unsereinem das Gefühl, dass wir wichtig sind und die Leute, die uns nicht respektieren, unwichtig.‹«

Am 20. September 2016 erschien in der *Chicago Tribune* ein Beitrag der Bloomberg-Kolumnistin Megan McArdle.* Wie bereits in früheren Kommentaren zeigte sich die Autorin auch diesmal wieder verblüfft darüber, dass so gut wie jedes Gespräch mit Trump-Unterstützern zu Ende war, sobald das Wort »Respekt« fiel. Als Trump die politische Bühne betrat, wurde die amerikanische Politik mit »Respekt« geflutet. Da kam Hillary Clintons Bemerkung, Trump-Wähler seien »deplorables«, Abgehängte, wie gerufen. Plötzlich bezweifelten die Medien selbst, dass sie den »kleinen Mann« wirklich respektierten. Die Selbstkritik der Journalisten in

* Megan McArdle, »›Deplorables‹ and the Myth of the Single-Issue Voter«, Bloomberg, September 2016.

Verbindung mit der massiven Medienschelte der Trump-Befürworter wegen des mangelnden Respekts für das *Volk* ließ sich nicht länger ignorieren. Das ging so weit, dass die *New York Times* nach der Wahl eine eigene Rubrik »Nur für Trump-Wähler« einrichtete, in der sich die Leute äußern konnten, ohne dass ihre Beiträge den Filter der herablassenden Elitemedien passieren mussten. Auch wenn die neue Plattform reichhaltiges wissenschaftliches Forschungsmaterial erbracht haben dürfte, stellte sie eindeutig einen Sieg der Trump-Wähler im Kampf um mehr Respekt dar – eine gewonnene Schlacht im langen Krieg um Anerkennung.

Das *Wir* misst seine Kritiker ständig an ethischen Maßstäben (wie Objektivität), zu deren Einhaltung es sich selbst nicht verpflichtet fühlt, da ja die ursprünglichen Besitzer des *Wir* über ein Monopol auf Moralität sowie über das Privileg verfügen, sich als die einzig *wahre* Stimme der Massen begreifen zu dürfen, Punkt. Viele Kritiker fühlen sich durch solche Manöver wie gelähmt und bemerken nicht, dass die ihnen vom *Wir* abverlangte Objektivität in Wahrheit bedingungsloses Schweigen ist.

Auch der rechte ungarische Ministerpräsident Viktor Orbán führt das Zauberwort »Respekt« häufig im Munde. »Respekt für die Ungarn!«, lautete der Slogan seiner Partei im Wahlkampf vor der Europawahl 2014, und seither hat er zumindest bis Ende 2017 unablässig betont, wie zentral die Rolle des Respekts für ihn ist. Er forderte Respekt von Deutschland, den USA und der EU und begegnete der Kritik an seiner ausländerfeindlichen Politik mit den Worten: »Ich verstehe sie als Zeichen des Respekts.« Seine Solidarität mit Polen begründete er mit dem mangelnden Respekt gegenüber Polen, zollte Trump, Putin und Erdoğan seinen

Respekt, beklagte, dass Respekt in Europa »Mangelware« sei, und behauptete, nur Respekt könne Europa retten. Erdoğan wiederum überschüttete die türkische Politik mit Unmengen von »Respekt«, nachdem er 2002 an die Macht gelangt war, und demonstrierte den Türken wiederholt, dass Respekt nicht mehr verdient werden musste, sondern uneingeschränkt eingefordert werden konnte. Kam der Verdacht von Wahlfälschung auf, mahnte er ebenso Respekt für »mein Volk und seinen Willen« an, wie er ihn für Gerichtsurteile beanspruchte, die seine Gegner ins Gefängnis brachten. Als das Verfassungsgericht entschied, inhaftierte Journalisten freizulassen, die ihn kritisiert hatten, hieß es dagegen: »Ich respektiere dieses Urteil nicht und werde mich nicht daran halten.« Wie für Orbán ist Respekt auch für Erdoğan eine Einbahnstraße; er wird nur entgegengenommen, nie entgegengebracht.

»Im Grunde will Putin Respekt«, schrieb Fiona Hill in einem Beitrag, der am 24. Februar 2015 auf der Website der Brookings Institution erschien. »Und zwar Respekt im altmodischen, knallharten Sinn.«*

»Du kommst zu mir und sagst: ›Verschaff mir Gerechtigkeit!‹ Aber du zeigst mir keinen Respekt.«

Dieses Zitat stammt nicht von einem weiteren respektbesessenen Politiker, sondern von Don Corleone in der Eingangsszene des Films *Der Pate.* Man kommt da leicht durcheinander, denn der globale Kreislauf gegenseitiger Respektbekundungen (Geert Wilders respektiert Farage, Farage respektiert Trump, Trump respektiert Putin, und dann

* Fiona Hill, »This is what Putin Really Wants«, 24. Februar 2015.

geht alles von vorn los – so ähnlich, wie sich einst Hitler und Stalin ihres jeweiligen Respekts versicherten) gleicht heutzutage einem nationenübergreifenden Gespräch zwischen Mafiosi. Bei den Ausmaßen, die das aus Respekt gewobene Netz zwischen autoritären Anführern mittlerweile angenommen hat, könnte man glatt vergessen, wie klein die ganze Farce begann, nämlich mit einer scheinbar harmlosen Bitte. Die »gewöhnlichen« Leute verwandelten sich in das *Volk*, indem sie um ein bisschen Political Correctness ersuchten: »Haben wir keinen Respekt verdient?«

Doch wenn Respekt zur politischen Ware wird, hat das weitreichende Folgen. Sobald das *Volk* eine politische Bewegung bildet, lautet die anfängliche – rhetorische – Frage: »Zählen denn unsere Überzeugungen, unsere Lebensweise, unsere Entscheidungen gar nicht?« Da die Antwort keinesfalls nein lauten darf, können die Anführer der Bewegung als respektable, gleichwertige Teilnehmer am politischen Diskurs in die Öffentlichkeit und auf die politische Bühne treten.
Als nächstes Schlagwort folgt *Toleranz* – Toleranz gegenüber Unterschieden. Dann werfen die Meinungsmacher, nachdem sie bemerkt haben, dass die öffentliche Polarisierung zu sozialen Spannungen führt, den Begriff *sozialer Friede* in die Debatte – einen Begriff, der so vernünftig und beruhigend klingt, dass sich niemand dagegen aussprechen will. Mit zunehmendem Erfolg der Bewegung gehen Respekt und Toleranz in den Besitz ihrer Mitglieder über, sodass nur noch sie anderen beides zugestehen können. Gleichzeitig reizt der Anführer die Waffenruhe des »sozialen Friedens« voll aus, indem er bei jedem neuen von ihm (oder ihr) provozierten Streit Toleranz und Respekt einfordert.

Allerdings wird der Respekt irgendwann zur Mangelware. In der Türkei erfolgte der unmerkliche Umschwung in der Wahlnacht 2007, als die AKP-Regierung bestätigt worden war. Damals sagte Erdoğan noch: »Auch wer uns nicht gewählt hat, gehört zur Türkei«, was für viele politische Journalisten klang, als wollte ein mitfühlender Vater alle unter seine Fittiche nehmen, um den sozialen Frieden zu wahren. Dann begann Erdoğan allerdings, wie ein Mafiaboss zu reden. Er stellte die Forderung nach Respekt ein und legte die Messlatte höher, indem er von europäischen Spitzenpolitikern bis hin zu Kleinstadthonoratioren so ziemlich alle ermahnte, jeder müsse wissen, »wo sein Platz ist«. Als diese Warnung nicht mehr genügte, kamen die Drohungen. Während einer diplomatischen Auseinandersetzung mit Deutschland und den Niederlanden, in der es um das Verbot von Auftritten türkischer Politiker ging, die für das Verfassungsreferendum und damit für erweiterte Machtbefugnisse des türkischen Präsidenten werben wollten, sagte Erdoğan am 11. März 2017: »Wenn Europa so weitermacht, wird sich bald kein einziger Europäer mehr in irgendeinem Land der Welt sicher auf der Straße bewegen können.« Mit seiner gegen einen ganzen Kontinent gerichteten Drohung war er zum grausamen Michael Corleone aus dem Film *Der Pate II* geworden.

Selbst in Ländern, die erst seit kurzem ähnliche soziale und politische Prozesse erleben, wird der geschilderte Ereignisablauf bereits als stereotyp empfunden. Die Erkenntnis, dass die Logik der gegenwärtigen Identitätspolitik diese Prozesse fördert, ist jedoch relativ neu und wird kaum erörtert. Im 21. Jahrhundert ist es für rechtspopulistische Formationen sehr viel leichter geworden, Respekt einzufordern, weil sie sich in die schusssichere politische Membran einer kulturellen und politischen Identität hüllen und von einer politischen Korrektheit profitieren, die kritische Kommentatoren entwaffnet. Außerdem lässt sich mit einem unangreifbaren Identitätsnarrativ der Spieß wunderbar umdrehen, denn nun ist die Lampe des Vernehmers auf die Kritiker der Bewegung gerichtet statt auf die Bewegung selbst, und die Kritiker fragen sich: »Bringen wir ihnen womöglich nicht genug Respekt entgegen und sind sie deshalb so wütend?« Während die Opposition um Ausgleich bemüht ist, beginnt die Bewegung bohrende Fragen zu stellen: »Seid ihr sicher, dass ihr uns nicht aus schierer Arroganz einschüchtert? Seid ihr sicher, dass das keine Diskriminierung ist?«

Wir wissen alle, was passiert, wenn selbstzweiflerischer Intellekt auf rücksichtslose, offen zutage liegende Ignoranz trifft. Wer an das Offensichtliche glaubt, für den ist das Grundbedürfnis des Hinterfragens nichts anderes als das Fehlen einer Antwort, und peinliches Schweigen angesichts dreister Schamlosigkeit versteht er als stumme Bewunderung. Dann setzt sich die politisierte Dummheit stolz an den Tisch zu den Mitgliedern des gesamten politischen Spektrums, versucht, die anderen unter ausgiebigem Ellenbogeneinsatz zu dominieren, und fragt immer wieder: »War dein Arm wirklich da, wo er hingehört?« Und die Opposition muss sich bis zur Unkenntlichkeit verbiegen, um die neuen Regeln zu befolgen und am Tisch sitzen bleiben zu dürfen.

»Wir empfinden wachsendes Unbehagen, wenn Menschen unsere Freiheit missbrauchen, um hier alles kaputtzumachen.«

Das sind die Worte eines niederländischen Politikers, aber nicht die des berüchtigten Ausländerhassers Geert Wilders. Das Zitat stammt von seinem politischen Gegner Mark Rutte, dem Ministerpräsidenten der Niederlande und Vorsitzenden der mitte-rechts angesiedelten liberalen Partei VVD, und ist seinem am 23. Januar 2017 veröffentlichten Brief »An alle Niederländer« entnommen. Obwohl sich der Aufruf scheinbar an alle richtete, die »unsere Freiheit missbrauchen«, zielte er in Wahrheit auf die Einwanderer. Ruttes Widerstand gegen den Rechtspopulismus wurde völlig verdreht, weil er sich gezwungen sah, die Sorgen des *Volkes*, der ganz normalen, anständigen Leute demonstrativ zu teilen. Offenbar hatte er das Gefühl, Entgegenkommen zeigen zu müssen, um weiterhin am Kopf der politischen Tafel sitzen zu dürfen. Demselben Mann jubelten zwei Monate später die niederländischen Liberalen zu, weil er Wilders in der Wahl geschlagen hatte. Wenn auch widerwillig, akzeptierten viele niederländische Wähler die neue Realität, in der das geringste Übel die einzige Wahl ist, die man noch hat. Das künstlich erzeugte *Wir* ist mittlerweile stark genug, um nicht nur die Anhänger der Bewegung zu mobilisieren und zu beflügeln, indem es ihnen das Gefühl gibt, endlich wieder Teil eines großen Ganzen zu sein, sondern auch um den übrigen Politikbetrieb zu beeinflussen, indem es so lange an der Opposition herumzerrt, bis sie sich unwiderruflich verändert hat. Das *Wir* erschafft eine neue Normalität, die alle dem Irrsinn näher bringt.

»Wir sind auch Muslime!«

So lauteten die üblichen Eingangsworte sozialdemokratischer Teilnehmer an Fernsehdebatten in den ersten Jahren nach der Regierungsübernahme der AKP in der Türkei. So, wie man zum *Wir* gehörte – zum *Volk*, zu den »normalen, anständigen Leuten« –, wenn man in Großbritannien den Brexit befürwortete oder in den Niederlanden ein bisschen Rassismus akzeptierte, galt man in der Türkei als zugehörig, wenn man ein konservativer sunnitischer Muslim aus der Provinz war. Kaum hatten die ursprünglichen Besitzer des *Wir* die Parameter festgelegt, beteuerte jeder, ebenfalls zu beten – wenn auch im Privaten, ganz für sich. Schon bald kursierten in der öffentlichen Debatte für die meisten bis dato völlig unbekannte arabische Wörter, und Sozialdemokraten konkurrierten trotz ihres begrenzten religiösen Wissens mit den »wahren Muslimen«. Die AKP-Strategen setzten eiligst neue religiöse Konzepte in Umlauf und brachten ihre Kritiker ständig mit unvermuteten Fragen nach irgendwelchen alten Schriften in Bedrängnis.

Fragt sich, was passiert, wenn man alle diese Tests besteht und sich als ebenso »wahr« erweist wie die Fragesteller. Ich selbst durfte das einmal erleben. Nachdem ich mich 2013 während der Arbeit an meinem Roman *Was nützt mir die Revolution, wenn ich nicht tanzen kann* mehr als ein Jahr lang mit dem Koran beschäftigt hatte, war ich auf alle Fragen vorbereitet. Als der Roman erschien, wurde ich zu einer Talkshow mit einer Parteistrategin der AKP als weiterem Gast eingeladen, einer Dame mit Kopftuch – die klassische Fernsehfarce, bei der es möglichst zum Zickenkrieg zwischen einer säkularen und einer religiösen Frau kommen soll. Nachdem ich die Sure, aus der der Titel meines Romans* stammte, auf Arabisch zitiert hatte und auf die

* Der Originaltitel des auf Deutsch unter dem Titel *Was nützt mir*

Fragen eingegangen war, die mir die Frau über den Koran stellte, sagte sie mit gönnerhaftem Lächeln: »Gut gemacht!« und wies mich damit höflich darauf hin, dass ich in der Kunst, die sie meisterhaft beherrschte und gewissermaßen als ihr Eigentum betrachtete, bestenfalls als Lehrling gelten konnte. Leute wie ich, daran ließ sie keinen Zweifel, waren höchstens am äußersten Rand des *Volkes* anzusiedeln. Wir würden immer der verachteten Elite angehören – und wenn wir uns auf den Kopf stellten. Jeder Aufenthalt in einem der vom *Volk* frequentierten Pubs des Nigel Farage, jede Teilnahme an einer Grillparty von Trump-Anhängern würde unweigerlich mit einem ähnlich gönnerhaften Lächeln und zusätzlich vielleicht mit einem demütigenden Klaps auf die Schulter enden: »Wird schon noch, Kleine!«

Es ist ein interessanter, aber nur selten erwähnter Aspekt dieses Prozesses, dass die enttäuschten, zynisch gewordenen Bürger, die der *Bewegung* eigentlich kritisch gegenüberstehen, angesichts der durcheinandergeratenen Sitzordnung klammheimliche Freude empfinden und sich über die schockierten Mienen des Establishments amüsieren. Sie wissen, dass die starke Unzufriedenheit der vernachlässigten Massen irgendwann zu einer ebenso starken politischen Reaktion führen wird, und trauen es der *Bewegung* zu, eines Tages als das lang ersehnte Korrektiv der herrschenden Ungerechtigkeit zu wirken – bis ihnen ihr Irrtum klar wird. »[...] daß der Liquidator nicht ganz im Unrecht

---

die Revolution, wenn ich nicht tanzen kann erschienenen Romans lautet *Dügümlere üfleyen kadinlar* (auf Deutsch etwa: »Die auf Knoten blasenden Magierinnen«) und bezieht sich auf Sure 113, die vorletzte Sure des Korans. Anm. des Verlags.

sei, [dies] ist der geheime Glaube der Epoche Kafkas und Hitlers […]«* schreibt J. P. Stern. Das grenzenlose Selbstbewusstsein der *Bewegung* ist demnach nicht ausschließlich eigenes Verdienst; auch die Unschlüssigen und so mancher Gegner steigern deren Selbstvertrauen durch die eigenen Bedenken. Was, bitte schön, ist falsch daran, auf die Korruptheit des Establishments hinzuweisen? Indem sie ihre ideologischen Ziele vage formuliert und den Ton moderat hält, verführt die *Bewegung* mit der Möglichkeit, die diversen Ideale oder Enttäuschungen bei ihr unterzubringen. Was, bitte schön, ist falsch daran, ein anständiger Mensch zu sein und zum *Volk* zu gehören? Das unscharfe Narrativ und das allumfassende *Wir* ermöglichen es dem Anführer der Bewegung, zuvor undenkbare widersprüchliche Allianzen mit rechten wie mit linken politischen Kräften zu schmieden. Aufgrund der ideologischen Formlosigkeit der Bewegung erhält er außerdem finanzielle Mittel aus den extremen Bereichen des sozialen Spektrums, also von den Ärmsten wie von den Reichsten. Am allerwichtigsten aber ist: Weil der Anführer von Ausbeutung, Ungleichheit, Ungerechtigkeit und Bewusstsein spricht und sich damit hinsichtlich Wortwahl und Referenz sowohl bei rechter als auch linker Politik bedient, sagen sich immer mehr verbitterte, von Selbstzweifeln geplagte Menschen, aber auch der eine oder andere prominente Meinungsmacher: »Eigentlich ganz vernünftig, das alles!« Oder lässt sich etwa leugnen, dass große Teile der Gesellschaft vergessen und abgehängt sind?

* J. P. Stern, Hitler. Der Führer und sein Volk, aus dem Englischen vom Autor und von Fred Wagner, München: dtv 1981, S. 148.

»Ich verstehe nicht, warum die gewonnen haben. Glauben Sie mir, kein einziger Fahrgast hat gesagt, dass er sie wählen wird. Aber wer hat sie dann gewählt?«

Diese Sätze fielen nach dem zweiten Wahlsieg der AKP in jedem Gespräch mit einem Taxifahrer. »Wer hat sie eigentlich gewählt?«, lautete daraufhin der Anfangssatz mancher Zeitungskolumne. Weder die Taxifahrer noch die meisten Kolumnisten konnten sich erklären, warum der Erfolg der Bewegung trotz wachsender Bedenken anhielt. Nachdem ich die Frage mehrmals gehört hatte, antwortete ich einem Taxifahrer mit einem Satz, den ich kurz darauf an den Anfang meiner eigenen Kolumne stellte: »Die fahren offenbar alle mit dem Bus.«

In London werden sich viele Leute nach dem Brexit-Referendum dasselbe gefragt haben. Wäre ich eine britische Kolumnistin, hätte ich meinem Kommentar die Überschrift »Der wütende Kabeljau besiegt die europäischen Ideale« gegeben. Zu den Leave-Wählern gehörten nämlich auch schottische Fischer, die schon seit Jahren sauer sind, weil auch ihre Kollegen aus anderen europäischen Ländern in schottischen Gewässern fischen dürfen, und die sich zusätzlich über europäische Angelegenheiten aufregen, von denen Schottland so gut wie gar nicht betroffen ist. In Ungarn und Polen, wo der Rechtspopulismus den politischen Diskurs bestimmt, gab es analog dazu seit jeher die »arrogante Brüsseler Elite« beziehungsweise »die verdammten Deutschen«, die sowohl ein besseres Leben für die »normalen« Leute verhindern, als auch der wahren »Größe« der Nation im Weg stehen.

Ich weiß, diese Bemerkungen haben etwas von der Herablassung eines *kosmopolitischen*, nicht *wahren* Menschen;

ebenso klar ist mir, dass hinter den neuen Bewegungen das reale, starke Gefühl steht, Opfer zu sein. Viele ihrer Anhänger müssen ja wirklich mit dem Bus fahren und mitansehen, wie ihr Fish 'n' Chips immer teurer wird, weshalb es dem griechischen Wirtschaftswissenschaftler und ehemaligen Finanzminister Yanis Varoufakis zufolge müßige Gehirnakrobatik für Intellektuelle wäre, würde man diese Bewegungen nur »psychoanalytisch, kulturell, ethnologisch, ästhetisch und natürlich in ihrem Bezug zur Identitätspolitik« analysieren.* Ich stimme ihm zu, wenn er schreibt, dass »der permanente Klassenkampf, der seit Ende der 1970er-Jahre gegen die Armen geführt wird«, bewusst aus dem Narrativ entfernt und aus der globalen Mainstreamdebatte herausgehalten wurde. Man kann die rechtspopulistischen Bewegungen auch als neu entwickelte temporeiche Vehikel für die Reichen betrachten, als ein Mittel, das es der herrschenden Klasse ermöglicht, die Regulierungen der freien Marktwirtschaft loszuwerden, indem es die gesamte Politik über den Haufen wirft. Schließlich stehen hinter diesen Bewegungen wahre Opfer und echtes Leid.

Aber sie gründen eben nicht *ausschließlich* auf echtem Leid, sondern auch auf frei erfundenen Opferrollen, die der Bewegung die meiste Energie verschaffen und ihr Alleinstellungsmerkmal ausmachen.

In der Türkei beruhte die erfundene Opferrolle auf der Behauptung, religiöse Menschen würden von der säkularen Elite des Establishments unterdrückt und gedemütigt. In den Augen der Brexiteers besteht sie darin, dass man ihnen

* Vgl. Yanis Varoufakis, »The High Cost of Denying Class War«, Other News, 13. Dezember 2017.

die Größe des Vereinigten Königreichs geraubt hat, in den Augen der Trump-Wähler darin, dass ihnen die Mexikaner die Jobs wegnehmen. Die polnischen Rechtspopulisten fühlen sich als Opfer, weil die Nazis ihrer Ansicht nach ohne jegliches polnische Zutun auf polnischem Boden Verbrechen gegen die Menschlichkeit begingen und die Welt die tapfere Gegenwehr des Landes nach dem Überfall der Deutschen 1939 nicht genug würdigt, während in Deutschland für die AfD feststeht, dass die »faulen Griechen« die hart arbeitenden *wahren* Europäer ausnutzen.

Eigentlich ist der Inhalt aber egal, weil er sich später ohnehin ständig verändert und je nach Bedarf und Ziel der Bewegung ausgetauscht wird, wobei sich die Masse jedem neuen Narrativ auch dann anpasst, wenn es in Widerspruch zu den Anfängen der Bewegung steht. In der Türkei war die Gülen-Bewegung, ein überstaatliches religiöses Netzwerk unter der Führung eines Imams, der zurzeit in Pennsylvania lebt, integraler Bestandteil von Erdoğans Bewegung, bis sie über Nacht für terroristisch erklärt wurde. Dieselben AKP-Minister und Parteimitglieder, die dem Imam Fetullah Gülen kniend die Hand geküsst hatten, konnten ihn vierundzwanzig Stunden später gar nicht genug verteufeln, und kein einziger Erdoğan-Anhänger stellte den plötzlichen Sinneswandel infrage. Ebenso wenig fanden es die Trump-Wähler seltsam, als das FBI, während der Untersuchung des Skandals um Hillary Clintons E-Mails noch Trumps bester Freund, plötzlich als »infam« galt, weil es die Frage aufwarf, ob sich Trumps Wahlkampfteam mit der russischen Regierung abgesprochen hatte. Fox News bezeichnete das FBI plötzlich als »kriminelle Clique« und sprach von einem möglichen Staatsstreich. Dabei konnte getrost davon ausgegangen werden, dass die Trump-Unterstützer der neuen Linie folgen würden, fühlten sie sich doch vom respektlosen Establishment genauso schikaniert wie ihr Idol. Sobald die Identifikation der Massen und der Bewegung mit dem Anführer einsetzt, spielt es keine Rolle mehr, dass sich die erfundene Opferrolle inhaltlich ständig ändert. Und wenn sich der Anführer als Meister der »harmlosen Übertreibung« erweist, wird der Inhalt vollends unwichtig.

Doch warum, könnte man fragen, gingen die Massen unter Ausblendung der gesamten Weltgeschichte gegen ihre eigenen Interessen und gegen offensichtlich völlig falsche Ziele vor – gegen die armen Mexikaner statt gegen die großen Billiglohn-Unternehmen, gegen die französischen Fischer statt gegen die Härten der freien Marktwirtschaft, gegen die Medien statt gegen die Armutsursachen? Warum wollten sie sich an so abwegigen Gruppen rächen? Wieso forderten sie den Respekt der Bildungselite, nicht aber den der Besitzer multinationaler Konzerne? Und warum glaubten sie dabei an einen Mann, nur weil er scheinbar »einer von ihnen« war? »Irgendwie kindisch«, könnte man meinen, »geradezu kindlich«. Und das stimmt. Deshalb müssen solche Anführer die Menschen unbedingt infantilisieren.
Die Infantilisierung der Massen durch Infantilisierung der politischen Sprache ist, wie im nächsten Kapitel beschrieben, enorm wichtig. Denn ohne diese Maßnahme lässt sich keinem weismachen, er könne in ein imaginäres Auto steigen und gemeinsam mit den anderen durch ganze Kontinente fahren. Außerdem kann man die Leute mittels Infantilisierung des gemeinsamen politischen Narrativs leichter mobilisieren und ihnen dann alles Mögliche versprechen.

Sezi verspricht Leylosh eine »Abendüberraschung«, damit sie in den Kindergarten geht. Ich frage, worin diese Überraschung bestehen wird. »Ich habe gar keine, aber bis es so weit ist, denkt sie gar nicht mehr daran«, antwortet Sezi und beginnt, boshaft zu kichern. »Und falls doch, lasse ich mir einfach irgendwas einfallen.«

ZWEI

Zersetzen Sie das Vernunftprinzip und terrorisieren Sie die Sprache

»… und dann scharte Chávez auf einem Berggipfel seine treuen Freunde unter einem Feigenbaum um sich, und alle schworen auf die Bibel. So begann die Revolution.«
Der venezolanische Botschafter in der Türkei unterstrich seine Schlussworte mit einer eingeübten Handbewegung Richtung Himmel, von wo die unumstößliche Wahrheit offenbar gekommen war. Einige Sekunden lang blieb sein Finger theatralisch zur Decke der Juristischen Fakultät der Universität Ankara gereckt. Nach dem Ende seines Vortrags war es nun an mir, meinen Diskussionspartner zu fragen, wie es die Venezolaner geschafft hatten, eine Revolution auf die Beine zu stellen.
Das war 2007, ein Jahr nach der Veröffentlichung von *We are Making a Revolution Here, Señorita!*, mehreren Interviews, die ich in den *barrios* von Caracas geführt hatte, um zu recherchieren, wie sich die Basisbewegung lange vor Hugo Chávez' Präsidentschaft in den Kommunen organisiert hatte. Deshalb war ich mir sehr sicher, dass mythische Elemente wie Himmelsbotschaften und Feigenbäume auf einem Berggipfel dabei in Wahrheit keine Rolle gespielt hatten. Überzeugt, Seine neben mir sitzende Exzellenz wür-

de gleich Vernunft walten lassen, erwiderte ich nichts, sondern lächelte den Mann nur fragend an, spürte aber schon bald, dass sich mein Gesicht zur verzweifelten Grimasse eines rationalen Menschen verzog, der sich einem wahrhaft Gläubigen gegenübersieht. Weil es bereits zu spät war, um sein Märchen als Unfug abzutun, sagte ich nur: »So war es aber nicht.« Angespannt schweigend fixierten wir uns – ich ihn mit großen, er mich mit glasigen Augen –, bis ich ihn, nun nicht mehr sarkastisch, sondern ehrlich neugierig fragte: »Und das wissen Sie auch, oder?« Als seine Miene starr blieb, wurde mir mit einem zwischen Mitleid und Furcht schwankenden Gefühl bewusst, dass dieser hochgebildete Diplomat das Märchen nicht freiwillig erzählte.

Der Name Hugo Chávez hatte damals bereits Eingang in die »Hall of Fame der großen Populisten« gefunden. Der Mann kriminalisierte jede kritische Stimme als *Feind des Volkes* und behauptete nicht nur, der einzige Repräsentant des Staates zu sein, sondern der Staat selbst. Er setzte zweckdienliche Geschichten in die Welt, die er zu Bestandteilen der offiziellen Historie erklärte, infantilisierte ein ganzes Land und erklärte die menschliche Intelligenz zum Verbrechen gegen den *proceso*, den umfassenden Umwandlungsprozess, der das Land in den sogenannten Sozialismus beziehungsweise in dessen von ihm, Chávez, maßgeschneiderte Version überführen sollte. Der Botschafter wirkte wie ein müder kleiner Junge, der das Ende des Märchens herbeisehnt, um endlich schlafen gehen zu können. Ich ahnte damals nicht, dass wir uns in der Türkei schon wenig später täglich mit Märchen herumschlagen und die Realität von Ereignissen würden beweisen müssen, die jeder mit eigenen Augen gesehen hatte.

»Amerika wurde angeblich 1492 von Columbus entdeckt. In Wahrheit erreichten muslimische Seefahrer den Kontinent bereits 1178, also 314 Jahre zuvor. In seinem Schiffstagebuch erwähnt Columbus eine Moschee auf einem Berg an der kubanischen Küste.«

Diese Geschichte erzählte Präsident Erdoğan am 15. November 2014 bei einem Treffen mit einflussreichen lateinamerikanischen Muslimen. Am nächsten Tag berichteten die Medien weltweit über den grandiosen Beitrag zur Geschichte, den der türkische Präsident da geleistet hatte, wobei die Journalisten ihre Belustigung hinter höflichen Formulierungen mit einem gewissen Augenzwinkern verbargen, das besagte: »Natürlich stimmt das Ganze nicht, aber das wissen Sie ja.«

Weil das noch vor dem Brexit-Referendum und vor Trump geschah, ahnten die westlichen Journalisten nicht, dass sie bald nichts mehr zu schmunzeln hätten, weil sich die Vernunft dann nicht mehr nur gegenüber dem Unsinn eines einzelnen Mannes, sondern auch gegenüber den gebannten Blicken von Millionen, die den Unsinn glaubten, völlig hilflos zeigen würde. Auf Anfrage hätten die Venezolaner oder die Türken diesen Journalisten alles über den Leidensweg erzählen können, der von einer Moschee auf einem kubanischen Berg zu einem Berg in Ankara führt, von einem Weg, auf dem Unsinn zur offiziellen Geschichte wird und eine ganze Nation erschöpft niedersinkt. Und sie hätten ihnen erzählen können, dass die populistische Maschinerie, die die politische Sprache infantilisieren und die Vernunft zerstören soll, mit den dröhnenden Worten einsetzt: »Wir wissen ganz genau, wer Sokrates ist! Über diesen üblen Kerl lassen wir uns keine Lügen mehr auftischen!« Und dass man daraufhin erwidert: »Moment mal – von Sokrates war doch gar nicht die Rede!«

»Populismus ist in ganz Europa auf dem Vormarsch. Immer häufiger gilt es, sich im gesellschaftlichen Diskurs gegen populistische Standpunkte zu behaupten. Im Seminar lernen die Teilnehmenden anhand praktischer Übungen, besser auf populistische Argumente und Stimmungsmache zu reagieren. Das Seminar gibt den Teilnehmenden konkrete Techniken an die Hand, die dabei helfen, populistische Argumente besser zu verstehen, ihre Stärken und Schwächen schnell zu erkennen, eigene Argumente präzise auf den Punkt zu bringen und Menschen mit populistischem Gedankengut souverän und konstruktiv zu begegnen.«

Das Zitat stammt von der Website des deutschen Thinktanks *Institut für Argumentationskompetenz.* Das dort angebotene Seminar nennt sich »Mit Logik gegen Populismus«. Offensichtlich hat die Hilflosigkeit von Vernunft und Sprache angesichts der verqueren Logik des Populismus bereits zu einer beträchtlichen Nachfrage auf dem politischen Markt geführt, sodass inzwischen diverse Kampfkunsttechniken gelehrt werden, mit denen man sich dagegen zur Wehr setzen kann. Das Seminar besteht aus einem zweitägigen Workshop, in dem die Teilnehmer von ihren garantiert sehr aufreibenden persönlichen Erfahrungen berichten dürfen. Würde ich mit meinen im Lauf von sechzehn Jahren in der Türkei gemachten Erfahrungen dieses Seminar besuchen, würde ich selbst auf die Gefahr hin, dass sich Aristoteles im Grab umdreht, in aller Bescheidenheit vorschlagen, an den Beginn des Anfängerkurses in Sachen populistischer Argumentation den berühmten Syllogismus des Aristoteles zu setzen, der da lautet: »Alle Menschen sind sterblich. Sokrates ist ein Mensch. Also ist Sokrates sterblich.«

ARISTOTELES: Alle Menschen sind sterblich.
POPULIST: Das ist eine totalitäre Aussage.
ARISTOTELES: Sind Sie nicht der Ansicht, dass alle Menschen sterblich sind?
POPULIST: Wird das ein Verhör, Aristoteles? Unterstellen Sie uns, ungebildet zu sein, nur weil wir nicht *Bürger* sind wie Sie, sondern das *Volk*? Vielleicht sind wir ja ungebildet, aber dafür kennen wir uns mit dem wahren Leben aus.
ARISTOTELES: Das spielt hier keine Rolle.
POPULIST: Ja, für Sie natürlich nicht! Schließlich herrschen Sie und Ihresgleichen hier seit Jahren nach dem Grundsatz, dass das Volk keine Rolle spielt.
ARISTOTELES: Beantworten Sie doch bitte meine Frage!
POPULIST: Das Volk in diesem Land sieht die Sache ganz anders. Aber unsere Antwort steht eben auf keinem elitären Papyrus.
ARISTOTELES: (Schweigt.)
POPULIST: Beweisen Sie es! Beweisen Sie mir, dass alle Menschen sterblich sind!
ARISTOTELES: (Lächelt nervös.)
POPULIST: Na bitte – Sie können es nicht beweisen. (Grinst selbstbewusst – eine Methode, die er permanent anwendet, um Aristoteles zu verunsichern.) Aber egal. Unserem Verständnis nach kann nämlich in der Demokratie jede Meinung geäußert werden und wird respektiert. Die Götter sagen …
ARISTOTELES: Das ist keine Meinung, das ist eine Tatsache! Außerdem sprechen wir gerade von den Sterblichen.

POPULIST: Wenn es nach Ihnen ginge, würden Sie es wie Ihre Vorgänger machen und jeden Menschen töten, um zu beweisen, dass alle sterblich sind.

ARISTOTELES: Das führt doch zu nichts!

POPULIST: Wenn Sie jetzt bitte Ihren Gedanken zu Ende bringen – ich habe Wichtiges zu sagen.

ARISTOTELES (seufzend): Alle Menschen sind sterblich. Sokrates ist ein Mensch …

POPULIST: Da muss ich Sie kurz unterbrechen.

ARISTOTELES: Wieso?

POPULIST: Es muss sein. Dank unserem Anführer wissen wir heute genau, wer Sokrates ist. Über diesen üblen Kerl lassen wir uns keine Lügen mehr auftischen!

ARISTOTELES: Soll das ein Witz sein?

POPULIST: Sie mögen das lustig finden, Herr Aristoteles – wir nicht! Sokrates ist ein Faschist. Das Volk hat endlich die Wahrheit erkannt, die *wahre Wahrheit.* Das Blatt hat sich gewendet – von Ihnen lässt sich keiner mehr hinters Licht führen! »Also ist Sokrates sterblich«, wollten Sie doch sagen, stimmt's? Wir haben die Schnauze voll von Ihren Lügen!

ARISTOTELES: Sie stellen die Grundlagen der Logik in Abrede!

POPULIST: Ich respektiere Ihre Überzeugungen.

ARISTOTELES: Das ist keine Überzeugung, das ist Logik.

POPULIST: Ich respektiere Ihre Logik, während Sie meine missachten. Das ist das Hauptproblem im heutigen Griechenland!

Dies ist ein einfaches Beispiel für die populistische Grundlogik, wie sie derzeit in vielen Ländern und Varianten zum Einsatz kommt. Das fiktive Gespräch beinhaltet mindestens fünf Verstöße gegen die allgemeinen Regeln des vernünftigen Diskurses, gegen die fundamentalen Regeln der Logik, die wir seit Jahrhunderten im Alltag auch dann befolgen, wenn wir kein Latein beherrschen:

1. *Argumentum ad hominem* (Ein Argument wird angefochten, indem man es nicht inhaltlich entkräftet, sondern Eigenschaften des Gegners angreift.) – *Sie und Ihresgleichen herrschen …*
2. *Argumentum ad ignorantiam* (Man verwendet Nichtwissen als Beweis, indem man eine Aussage allein aufgrund der Tatsache für wahr erklärt, dass sie bisher nicht widerlegt werden konnte.) – *Na bitte – Sie können nicht beweisen, dass alle Menschen sterblich sind.*
3. *Argumentum ad populum* (Eine Aussage wird deshalb für wahr erklärt, weil viele Menschen sie für wahr halten.) – *Das Volk sieht die Sache anders.*
4. *Reductio ad absurdum* (Man versucht, die Wahrheit einer Aussage zu beweisen beziehungsweise zu widerlegen, indem man ihre absurde Konsequenz aufzeigt.) – *Sie würden jeden Menschen töten, um zu beweisen, dass alle sterblich sind.*
5. *Ad-hoc-Hypothese* (Man erklärt, warum etwas sein *könnte*, indem man anführt, warum es *ist.*) – *In der Demokratie werden Überzeugungen respektiert, also respektieren Sie meine Überzeugung gefälligst!*

Obwohl die logischen Fehlschlüsse in dem Dialog ziemlich massiv sind, erschienen sie der Hälfte der britischen Bevölkerung überhaupt nicht kindisch, als Boris Johnson und seine Leute in der Konservativen Partei sie während der Leave-Kampagne großzügig einsetzten. Am 16. Oktober 2016 schrieb Zoe Williams im *Guardian*: »Man erwartet Konsistenz und Kohärenz und erlebt stattdessen das bizarre Spektakel einer Partei, die behauptet, schon immer gegen den europäischen Binnenmarkt gewesen zu sein, weil Michael Gove das irgendwann einmal gesagt hat.« Mit anderen Worten: *Argumentum ad ignorantiam.* Michael Gove hatte, ganz im Stil des Populisten, der Aristoteles in den Wahnsinn treibt, Folgendes erklärt: »Die Menschen in diesem Land haben die Schnauze voll von Experten!« Aufgrund solcher Äußerungen gelangte die andere Hälfte der Briten zu der Überzeugung, die Pro-Brexit-Argumente wären einfach zu albern, um sie ernst zu nehmen, und nur Kinder würden auf sie hereinfallen. Wie Millionen anderer Europäer dachten sie, man müsste die populistischen Anführer nur immer wieder als infantil darstellen, dann würden sie von niemandem ernst genommen und nie an die Macht gelangen.

»Jeder, wirklich jeder [im Weißen Haus] bezeichnet ihn als kleines Kind.«

Knapp ein Jahr nach dem Brexit-Referendum griffen auf der anderen Seite des Atlantiks die Amerikaner zur gleichen »Erwachsenen-Strategie«. Nachdem *Feuer und Zorn: Im Weißen Haus von Donald Trump* im Januar 2018 auf dem amerikanischen Buchmarkt erschienen war, wiederholte der Autor Michael Wolff oben stehenden Satz in mehreren Fernsehinterviews. Das Kopfschütteln der betroffen, aber gefasst wirkenden Moderatoren in Verbindung mit Wolffs Miene eines Lehrers, der schlechte Neuigkeiten überbringt, erinnerte an Elternabende, bei denen über einen problematischen Schüler diskutiert wird. Weil in jedem Interview

Trumps kindliches Verhalten hervorgehoben wurde, begannen die beunruhigten »erwachsenen« Amerikaner, das Ganze zu unterschätzen, und lehnten sich zurück, denn so schlimm war es ja wohl nicht. *Er ist nur ein launisches Kind. Wir, die Erwachsenen, wissen es besser.*

In jedem Land, das den Aufstieg des Populismus erlebt, wird der jeweilige Anführer als kindlich bezeichnet. Es hat etwas Beruhigendes, ein politisches Problem auf die Ebene des Umgangs mit einem unartigen Bengel zu verlagern. Ein großes Problem wird damit wohltuend verniedlicht. Am 5. Januar 2018 veröffentlichte die *New York Times* einen Leserbrief, der folgenden Satz enthielt: »Mit Blick auf die Schlagzeilen vom Donnerstag [über den Streit zwischen Trump und seinem damaligen Chefstrategen Steve Bannon] frage ich mich, ob wir eigentlich eine Regierung haben oder ob das Ganze nicht eher eine Schülerversammlung der Mittelstufe ist.« Die feste Überzeugung, der einzige Erwachsene im Raum zu sein, wiegte den *NYT*-Leser offenbar in Sicherheit. Dasselbe gilt für Carwyn Jones, den Ersten Minister* von Wales, der den Vorschlag, Nigel Farage solle die Handelsbeziehungen mit Trumps Amerika ankurbeln, am 15. November 2016 so kommentierte: »Genauso gut könnte man einem Kind eine Kettensäge in die Hand drücken.«

Populistenchefs als kindliche Menschen zu charakterisieren, ist nicht die einzige Falle, in die man leicht tappt. Eine andere weitverbreitete Masche, mit der Kritiker ihre politischen Bedenken beiseiteschieben, besteht darin, die Kindheit populistischer Anführer nach den traumatischen

* Bezeichnung für den Regierungschef der Regionalregierung in Wales, Schottland und Nordirland. (M. G.)

Ereignissen abzusuchen, die so skrupellose Erwachsene aus ihnen gemacht haben, die politische Realität also gewissermaßen in ein medizinisches Mitleid zu packen, um das die Leute selbst gar nicht gebeten haben. Sowohl der frühere polnische Ministerpräsident Jarosław Kaczyński als auch Erdoğan wurden solchen in absentia erfolgten Untersuchungen durch prominente Psychiater unterzogen und als gebrochene Kinder diagnostiziert. Die angesehene polnische Sozialwissenschaftlerin und Psychologin Elżbieta Sołtys attestierte Kaczyński eine traumatisierende Kindheit, erklärte seine schwach ausgeprägte emotionale Intelligenz in einem Interview mit seiner lieblosen, strengen Erziehung und bezeichnete seinen heutigen Fanatismus als einen Ausbruch nach jahrelanger Unterdrückung. Erdoğan erhielt eine ähnliche Diagnose. Weil ihn sein Vater an den Füßen aufgehängt hat, um ihm das Fluchen auszutreiben, muss jetzt ein ganzes Land unter seinen heftigen Stimmungsschwankungen leiden.

Kritiker, die populistische Anführer infantilisieren und ihre Skrupellosigkeit psychologisieren, tun dies vor allem deshalb, weil sie sich dadurch erwachsener und psychisch gesund fühlen können. Sie schreiben infantile Politik damit ausschließlich dem populistischen Anführer und seinen Anhängern zu, als wären alle anderen (inklusive der Verfasserin und den Leserinnen und Lesern dieses Buchs) völlig immun gegen eine kindliche Weltsicht. *So ist es aber nicht, und das wissen Sie auch, oder?*

»Warum seht ihr euch solche Filme an? Das ist doch Märchenkram für Kinder! Ihr seid erwachsene Männer, verdammt noch mal!«

Istanbul 2016. Meine Freundin Zeynep unterhält sich mit gemeinsamen türkischen Freunden. Wir sind alle zwischen vierzig und fünfzig, und bei den Männern, denen sie gerade den Kopf wäscht, handelt es sich um erfolgreiche, gebildete Türken der oberen Mittelschicht. Bis vor kurzem haben sie auf der Playstation mit ihren Fantasiefußballteams gespielt, jetzt wird erörtert, welcher Film angeschaut werden soll. Obwohl im selben Alter wie die Propheten und Revolutionsführer des letzten Jahrhunderts, wirken sie mit ihren auf das Sofa geschmissenen Rucksäcken wie Jugendliche, die gerade aus der Schule heimgekommen sind. Zwar beschränken sich ihre politischen Aktivitäten auf das Wählen – vor allem deshalb, weil sie Politik als unter ihrer Würde empfinden –, doch so infantil wie die Anhänger eines Eiferers, der ununterbrochen das Märchen von der Türkei erzählt, die jetzt »wieder groß gemacht« wird, sind sie nicht. Eine Schwäche für Märchen haben sie aber durchaus – für Märchen, in denen Vampire, Superkräfte und Cristiano Ronaldo vorkommen. Als sich Zeynep weigert, das Thema auf die leichte Schulter zu nehmen, versuchen die Männer, ihre Kritik zunächst wie kleine Jungs mit Lachen abzutun. Doch Zeynep lässt nicht locker. »Jetzt mal im Ernst – warum seht ihr euch das an?« Wahrscheinlich um des lieben Friedens willen entscheiden sie sich daraufhin für *The Hunger Games*, was Zeynep aber, wie Mädchen nun mal sind, weder als zufriedenstellende Antwort noch als Zeichen von Selbsterkenntnis oder Selbstkritik auffasst. Sofort schwenken die Männer auf eine knallharte Gesprächstaktik um. Ohne jeden Anflug von Ironie sagt einer: »Du guckst doch selbst Animationsfilme. Also bist du auch nicht besser als wir, *Mama*!«

Zeynep und ich verlegen unser Erwachsenengespräch in ein

anderes Zimmer. Sie beklagt sich darüber, wie infantil diese Männergeneration sei, was im selben Moment bestimmt auch Millionen anderer Frauen auf der Welt tun. Und ich fange von Mark Fishers Theorie des kapitalistischen Realismus an, mit der ethischen Hegemonie des »So ist die Welt nun mal« und dem damit einhergehenden *depressiven Hedonismus* – bis das Gespräch auf den neuen *Lego*-Film kommt, den wir beide wahnsinnig lustig finden. Hinterher denke ich darüber nach, ob das Image der »guten« Politiker von heute wirklich so viel erwachsener ist als das der »bösen«.

»Ich fahre einen alten VW, der genügt mir vollauf.«
Im November 2015 sitzt der ehemalige Präsident von Uruguay, José Mujica, auf der Bühne und spricht. Ich moderiere eine Diskussion, die fast legendär werden wird. Die mehr als 5000 Zuschauer befinden sich größtenteils nicht im Kongressgebäude in Izmir selbst, sondern sehen sich die Veranstaltung auf einem riesigen Bildschirm im Freien an. Uruguay braucht Zerlegemaschinen, erklärt Mujica (weil das Land sein Exportfleisch gemäß den Vorschriften anderer Länder zerteilen muss), doch dem Publikum sind die menschelnden Themen lieber (sein schnuckeliger alter Käfer, sein bescheidenes Häuschen). Am nächsten Tag wird Mujica in allen Zeitungen gleich dargestellt: »Ein ganz bescheidener Präsident, der einen VW Käfer fährt und in einem kleinen Haus auf dem Land wohnt …« Dass er Sozialist ist, wird nicht erwähnt – das ganze ideologische Blabla, die langweiligen »erwachsenen« Inhalte kommen nicht vor. Ich fühle mich an Bernie Sanders erinnert, der im Vorwahlkampf der Demokraten als kluger, cooler alter Mann porträtiert wurde, oder an Jeremy Corbyn, dessen

rotes Fahrrad und selbst gemachte Marmelade mehr Aufmerksamkeit erregten als seine politischen Vorstellungen. Die Derwische unserer Zeit werden auf das Maß von netten alten Märchenonkeln gestutzt und ziehen mit ihren Geschichten die Menschen an, die sich für die Erwachsenen halten und über die »infantilen« Anhänger populistischer Führerfiguren spotten.

Die meisten Bücher über Populismus und Totalitarismus interpretieren das Narrativ vom infantilen Populisten und seinen »getäuschten« Anhängern, die seine Märchensprache gedanklich übernehmen, als eine für diese Leute typische politische Reaktion. Dabei handelt es sich weder um eine Reaktion noch um etwas Typisches, sondern vielmehr um eine logische Konsequenz der Zeiten, in denen wir leben, und um etwas, das uns alle infiziert. Auch wenn man den Eindruck gewinnt, die derzeit aktiven Rechtspopulisten würden Menschen, die einmal rational und erwachsen waren, mit Hilfe eines Zaubertricks massenweise in ihren Bann ziehen und in Kinder verwandeln, liegt die Verantwortung für die Infantilisierung der politischen Sprache nicht bei ihnen. Diese Entwicklung setzte lange zuvor ein, nämlich 1979, als eine berühmte Handtasche auf der politischen Bühne erschien und alles veränderte.
Damals schlug eine Frau einer ganzen Nation mit der Behauptung »Das ist alternativlos!« ihre schwarze Asprey-Tasche um die Ohren. Als Margaret Thatcher Großbritannien von der Bürde der Suche nach Alternativen »befreite«, fand dies auf der anderen Seite des Atlantiks begeisterte Zustimmung bei einem Mann, der sein präsidiales Grinsen in Cowboyfilmen perfektioniert hatte. Während des zehn Jahre

anhaltenden Fests der Alternativlosigkeit, das schließlich in einen triumphalen neoliberalen Discotanz auf den Überresten der Berliner Mauer mündete, trennte sich das politische Vokabular des Mainstreams nach und nach von spröden Erwachsenen-Begriffen wie »Solidarität«, »Gleichheit«, »soziale Gerechtigkeit« und verwandelte sich in eine Spiegelkugel aus Wörtern wie »Vision«, »Innovation«, »Flexibilität« und »Motivation«, denn: »So ist die Welt nun mal«.

Zur gleichen Zeit verbannte man in der Türkei nach dem Militärputsch von 1980 die erstgenannten Begriffe zusammen mit hunderten weiterer »linker Wörter« offiziell aus dem Vokabularium des Staats und verbot sie im staatlichen Fernsehen. Der Mainstreamwortschatz, in dem, ganz gleich in welcher Sprache, global über die Welt und unsere Stellung darin nachgedacht wird, wurde gewaltsam oder mittels neoliberaler Überredung in einen Sandkasten umgebaut, in dem wir sicher spielen können, weil er zum einen durch das politisch Undenkbare, den Sozialismus und dessen Gegenüber, den Faschismus, zum anderen durch das moralisch Vernachlässigbare, die Religion und ihr Gegenüber, die Philosophie, abgegrenzt ist. Die Politik wurde auf reine Verwaltung reduziert, und von nun an kümmerten sich Leute um uns, die alles über Zahlen und Derivate wussten. Sie verwandelte sich in den bitteren Saft, vor dem es Kindern graut; wer aber unbedingt davon kosten wollte, dem schenkte man eimerweise Zahlen ein, um ihm eine Lektion zu erteilen. Kein Wunder, dass Nigel Farage einmal erklärte: »Ich bin der einzige Politiker, der die Flamme des Thatcherismus am Brennen hält.« Und obwohl sich viele empörten, als der Thatcher-Biograf Jonathan Aitken sagte: »Ich glaube, sie hätte [Farage] insgeheim applaudiert«

– und zwar wegen dessen flüchtlingsfeindlicher Politik –, kann man sich unschwer vorstellen, wie Thatcher, ganz im Sinne ihres Spitznamens aus den siebziger Jahren, mit den Worten »Jeder muss sich erst mal um sich selbst kümmern« syrischen Kindern den Tetrapak Milch aus der Hand reißt. Nicht weniger unkindlich verhielt sich Ronald Reagan, als er im Wahlkampf 1980 den Slogan »Let's make America great again« erfand.

Die infantile politische Sprache von heute, die zu einer Regression des gesamten politischen Spektrums von rechts bis links führt, ist in Wahrheit keine gegen das Establishment gerichtete Reaktion, sondern Folge der ideologischen Sünden des in den achtziger Jahren entstandenen Establishments. Sieht man von der wirtschaftlichen Scheinblüte ab, die die Wegbereiter besser dastehen lässt, als sie tatsächlich waren, und von den Flüchtlingen, deretwegen die derzeitigen Politiker noch unangenehmer wirken, als sie tatsächlich sind, besteht der einzige wichtige Unterschied zwischen den »Pionieren« und ihren Nachfolgern darin, dass die Stimme der infantilen populistischen Politik heute durch die sozialen Medien verstärkt wird, sodass die Märchen wesentlich größere Verbreitung finden und die Uninformierten behaupten können, auf Augenhöhe mit den Informierten zu sein. Das eröffnet die Möglichkeit eines unbegrenzten Angriffs auf unser politisches Denken und Argumentieren. Und dass die heutigen Politiker wesentlich weniger Wert auf gute Manieren legen, wissen wir auch.

»Die rüde Sprache signalisiert, dass er auf einer Wellenlänge mit den kleinen Leuten liegt, und mit seiner Schonungslosigkeit, die oft die Grenzen überschreitet und in die Beleidigung

*abrutscht, betont er, wie wichtig ihm die Distanz zum politischen Establishment ist.«**

Man denkt bei diesem Zitat an Trump, Erdoğan, Geert Wilders oder einen beliebigen anderen Populistenchef, doch es bezieht sich auf Beppe Grillo, den früheren Komiker und Anführer der italienischen Fünf-Sterne-Bewegung. Er ist ein weiteres Beispiel dafür, wie Populisten die sogenannte Alltagssprache politisieren, um mit dem *Volk* direkt kommunizieren zu können. Sobald diese Verbindung besteht, kann der Anführer förmlich abheben und nicht nur gewissermaßen über der Politik schweben, sondern so hoch fliegen, wie er will – nach oben sind keine Grenzen gesetzt. Die vermeintliche Ehrlichkeit oder Unverfälschtheit der direkten Kommunikation mit den Menschen und das Image des Anführers als desjenigen, der mit ihnen verschmilzt, bilden das typische politische Ritual des Populismus, das Chávez allwöchentlich in seiner Fernsehsendung *Alo Presidente!* vollführte, Erdoğan mit Hilfe eigener Medien, Grillo auf seiner Website und das Trump mittels seiner berühmten Tweets zelebriert, um den jeweiligen Anhängern ohne den Umweg über die Medienelite ganz nah zu sein. Der entscheidende Trick besteht darin, den Anhängern zu suggerieren, man würde die elitären Snobs und ihre Medien ablehnen. Dies gelingt, indem man die Medien in die eigene Definition von »politischer Elite« aufnimmt und als Gegner darstellt, obwohl die Verbindung zu den Massen überhaupt erst mit Hilfe der Medien zustande kommt.

* Fabio Bordignon and Luigi Ceccarini, »Five Stars and a Cricket: Beppe Grillo Shakes Italian Politics«, *South European Society and Politics*, 21. Februar 2013.

Die wenigsten Journalisten sind auf dieses neue politische Spiel vorbereitet. Putin und Trump haben besagten politischen Trick bereits mehrfach angewendet. Am 7. Juli 2017 beugte sich Putin während des Fototermins vor dem gemeinsamen Vier-Augen-Gespräch im Rahmen des Hamburger G20-Gipfels zu Trump hinüber, deutete auf die Journalisten im Raum und fragte: »Sind das die, von denen Sie ständig beleidigt werden?« Trump antwortete wie aus der Pistole geschossen: »Ja, genau, das sind sie.« Plötzlich sah es so aus, als würden der Rüpel und der schon etwas länger am Ruder sitzende Rüpel den schwächeren Kindern auf dem Spielplatz im nächsten Moment eine Abreibung verpassen. Die anwesenden Journalisten zeigten sich über den unerwarteten, da beispiellosen Rollentausch schockiert. Nicht nur waren in diesem Moment *sie* die Nachricht, sondern sie sahen sich obendrein als Gegner auf der politischen Bühne dargestellt.

Putins und Trumps Anhänger, für die dieser Augenblick ein Highlight gewesen sein muss, freuten sich wahrscheinlich schon auf einen guten Ringkampf – ob nun im amerikanischen oder im russischen Stil –, bei dem die verwöhnten Mediengören endlich einmal k. o. gehen würden. Die fassungslosen Pressevertreter aber flüchteten sich in hilfloses Lachen und tänzelten durch den Ring, um den Angriffen auszuweichen.

Für die Ausführungen des thailändischen Premierministers Prayuth Chan-o-cha anlässlich einer Pressekonferenz am 9. Januar 2018 hätten sich die internationalen Medien wohl kaum interessiert, hätte er damals nicht eine lebensgroße, ihn selbst darstellende Pappfigur vor ein Mikrofon postiert und die anwesenden Journalisten aufgefordert, doch am besten »den da« zu fragen. Dann verschwand er lässigen Schrittes – ganz der vergnügte Populistenchef, der schon vor dem Mittagessen Enormes geleistet hat. Die zurückgelassenen Journalisten grinsten so betreten, als hätte ein Kind etwas Haarsträubendes angestellt, das die anwesenden Erwachsenen nur verlegen weglächeln können. Das Gleiche ist in der Aufnahme einer Pressekonferenz zu sehen, bei der Trump einen BBC-Reporter mit den Worten »Ach, noch so ein Schätzchen!« unterbricht, woraufhin die anderen Journalisten und Journalistinnen pikiert dreinschauen und wie eingeschüchterte Erwachsene auf dem Schulhof grinsen. Bei Erdoğan bekommt dieses Verhalten einen nahöstlichen Machotouch, wenn er hin und wieder Mitarbeiter seiner eigenen Medien während einer Liveübertragung abkanzelt und scherzhaft wie kleine Rabauken behandelt, aber eben wie *seine* kleinen Rabauken, woraufhin sie dann immer brav lachen.

Nach Ansicht vieler Kritiker und Analysten zielen populistische Anführer mit dieser Rüpelhaftigkeit auf die Rolle der Medien als integralem Bestandteil der Demokratie. Der Blick auf diverse Beispiele weltweit zeigt jedoch, dass offenbar nur mit solchen gezielten Affronts eine direkte Kommunikation zwischen dem Anführer und seinen Anhängern herzustellen ist und es sich dabei im Übrigen keineswegs um eine Absage an die Medien handelt, sondern um Maßnahmen zu ihrer Vereinnahmung und Nutzung. Die Frage, ob Journalistinnen und Journalisten die ihnen zugewiesene Rolle ablehnen und ihre persönliche und berufliche Würde verteidigen können, ist eine andere Geschichte, um die es im nächsten Kapitel geht. An dieser Stelle sei dazu nur gesagt, dass sie in jedem Fall als Prügelknabe dienen, der immer dann verdroschen werden muss, wenn es den Grundsatz »Das hier sind meine Leute, und mir ist scheißegal, was das Establishment über uns schreibt« zu verdeutlichen gilt. Der Anführer muss gar nicht erklären, warum der *Loser* Sokrates in seinen Augen furchtbar ist; es genügt, den *repressiven* Aristoteles abzuqualifizieren.

»Als würde man einen Milchshake machen, ohne den Deckel auf den Mixer zu setzen«, twitterte ein Türke, um zu beschreiben, wie unmöglich es ist, mit Erdoğan-Anhängern vernünftig über Politik zu diskutieren. Offenbar hatte der Mann Erfahrung mit ausgebuffteren Gesprächstechniken und schwerer zu konternden Varianten der populistischen Logik gemacht als Aristoteles in obenstehendem Dialog. Die Varianten reichen vom *Whataboutism* und von ständig wechselnden widersprüchlichen Argumenten über das Herumreiten auf völlig unwichtigen Sachverhalten bis hin zu stolz vorgebrachten Unstimmigkeiten. Und wenn die Logik plötzlich an einen Milchshake erinnert, der von der Wand tropft, bleiben offenbar nur zwei mögliche Reaktionen – *à la française* oder *the American way.*

Am 4. Mai 2017 bezeichnete die in Toulouse beheimatete Zeitung *La Dépêche du Midi* das wahlentscheidende TV-Duell zwischen Marine Le Pen und Emmanuel Macron als »äußerst aufschlussreich«. Weiter hieß es in dem Artikel: »Die Lügerei und das ständige Unterbrechen lieferten gestern Abend den schlagenden Beweis dafür, dass es schwierig, wenn nicht gar unmöglich ist, mit Vertretern der extremen Rechten zu diskutieren, weil sie kaum mehr Respekt vor der Demokratie zeigen.« Die Franzosen ließen daraufhin lieber die Finger von der Milchshakesauerei – wahrscheinlich, weil sie ihren Albert Camus kennen, der einmal sagte: »Menschen, mit denen sich nicht vernünftig reden lässt, sollte man fürchten.«

In den amerikanischen Medien, die im Vergleich zu ihren französischen Pendants devoter auftreten, erschienen dagegen mehrere Artikel, in denen zumindest versuchsweise mit Vernunft auf die infantilen Trump-Anhänger eingegangen wurde. Paul Thagard, Professor der Philosophie und Kognitionswissenschaft an der kanadischen Universität Waterloo, erklärte in einem Interview, das Nadya Apraval für die Website *Popsugar* mit ihm führte, man solle, wollte man die Haltung eines Trump-Anhängers verändern, zunächst einmal »nach Gemeinsamkeiten und geteilten Werten suchen«. Doch was, wenn Vulgarität und Ignoranz in den Wertekanon einfließen? Wie soll man mit einem Menschen kommunizieren, der die Heuchelei und Widersprüchlichkeit seines Anführers gutheißt, weil er darin eine Taktik sieht, die dessen Leuten nutzt?

Während sich die Öffentlichkeit mit diesen grundlegenden Fragen herumschlägt (die nicht nur am Prinzip der Höflichkeit, sondern auch an der allgemein geltenden Einstellung zu ihr rütteln), rekrutiert die populistische Bewegung emsig Intellektuelle und Meinungsmacher, die wesentlich eloquenter sind als der Gesprächspartner, der Aristoteles am Anfang des Kapitels so gehörig auf dem falschen Fuß erwischte. Die Erkenntnis, dass diese Neuzugänge gewissermaßen Kollegen sind, Mitglieder seiner eigenen Akademie – keine Athener Spießer, sondern gebildete Erwachsene –, würde Aristoteles in tiefste Verzweiflung stürzen. Vielleicht wären sogar Leute darunter, die er als Freunde bezeichnet.

Mit einer etwas weniger demonstrativ coolen Brille fände man sein Gesicht nicht ganz so »bäurisch«, und würde er sich mit seiner pöbelhaften Forschheit nicht gar so sehr in den Vordergrund spielen, käme sein Akzent weniger »provinziell« daher. Er trägt den typischen Anzug des moderat islamistischen Aufsteigers, und an einem Finger prangt ein gewaltiger Osmanenring, der seine Wirkung auf die weiblichen Bekannten seines Trägers bisher offenbar nie verfehlt hat, denn er spielt ununterbrochen daran herum. Obwohl er schon ein Jahr lang um dieses Treffen gebeten und zahlreiche Absagen kassiert hat, wirkt er so ungeduldig, als hätte er eigentlich keine Zeit für mich – eine gut einstudierte Businessmasche, die das Selbstbewusstsein des Gegenübers erschüttern soll. Wir sitzen im Sommer 2006 in einem angesagten Istanbuler Café. Dass ich einfach nur zuhöre, liegt nicht nur an meiner Abscheu gegen dieses Gespräch, sondern auch an seinem unaufhörlichen Redefluss, mit dem er mir vermutlich klarmachen will, wie wichtig er ist und welch großen Einfluss *die Bewegung* auf die Medien hat. Offenbar deutet er meine ausdruckslose Miene als Zeichen der Zustimmung, denn er wird immer unverblümter und kommt schließlich zum Kern der Sache.

»Also, um es kurz zu machen – Sie schreiben in Ihrer Kolumne positiv über uns, und wir revanchieren uns dafür. Wir kennen Sie sehr gut und wissen, dass Sie nicht an Geld oder beruflicher Förderung interessiert sind, aber … Sagen wir so: Demnächst reist eine Delegation der Bewegung zu einem offiziellen Besuch ins südliche Afrika, und nur *ein* Journalist erhält Gelegenheit, ein Interview mit Desmond Tutu zu führen, wenn Sie wissen, was ich meine.«

Sein derbes Mafiagrinsen verschlägt mir die Sprache. Mehr

als ein leises »Oh« bringe ich nicht heraus – was ihm allerdings bereits genügt, um etwas konkreter zu werden.
»Sie wissen ja, dass es bei dieser Bewegung eigentlich gar nicht um Religion geht. Ehrlich gesagt werfe auch ich gern mal einen Blick auf Frauen oder Mädchen.«
Seine Augen wandern zu meinem Busen, und er grinst, als hätte er gerade ein bahnbrechendes libertäres Statement abgegeben.
»Es geht um Macht und um Geld, aber das wissen Sie ja längst. Schließlich schreiben Sie die ganze Zeit darüber. Ha, ha, ha … Also, wie gesagt, Sie unterstützen uns, und wir helfen Ihnen – Sie wissen schon …«
Der arme Kerl ist schlicht zu dumm, um vorauszusehen, was jetzt kommt.
»Was fällt Ihnen ein! Was fällt Ihnen ein!«, rufe ich und schlage mit der Faust auf den Tisch. Als sich alle nach uns umdrehen, schrumpft er förmlich in seinen glänzenden Anzug hinein und wird wieder zu dem Provinzler, der er war, bevor ihn die Regierungspartei mit Macht versorgte.
Weil ich zu Wiederholungen neige, wenn sich entsprechend viel Wut und Ekel in mir angestaut haben, brülle ich ein drittes Mal »Was fällt Ihnen ein!« und stürme aus dem Café.
Schon am nächsten Tag schießen sich regierungsfreundliche Zeitungen und Websites auf mich ein. Von nun an bin ich mehr als zehn Jahre lang die böse Frau mit den tausend Gesichtern. Bin an einem Tag iranische Spionin, am nächsten die Geliebte eines saudi-arabischen Scheichs, begehe an einem Tag Landesverrat, indem ich mich mit *hinterhältigen Briten* oder *heimtückischen Deutschen* verschwöre, und organisiere am nächsten im Alleingang die Gezi-Proteste oder buche »Flug TK 768, Sitz 7C« in die Hauptstadt, um

mich mit feindlichen Ausländern zu treffen. Wenn ihnen nichts Kreatives einfällt oder sie wegen mangelhafter Überwachung meine Sitznummer im Flugzeug nicht herausfinden, twittern sie einfach etwas inhaltlich Belangloses mit einer haarsträubenden Überschrift, in der es um mich geht – immer in der Hoffnung, dass den Tweet selbst niemand lesen wird, die Verleumdung aber bei entsprechend häufiger Wiederholung hängenbleibt.

Zumindest haben mir das Erlebnis mit dem Abgesandten der Bewegung im Café und die darauf folgenden jahrelangen schriftlichen und verbalen Beschimpfungen gezeigt, wie rechtspopulistische Bewegungen versuchen, linke Intellektuelle auf ihre Seite zu ziehen und zeitweilige Allianzen mit ihnen zu bilden, um sich in den Augen des großen Publikums zu legitimieren. Das Ganze geschieht ohne jede Raffinesse, ohne Diskretion und mit herzlich wenig intellektuellem Gehalt. Um es mit dem Ausspruch eines berühmten türkischen Fußballtrainers zu sagen: »Keine Taktik – einfach bumm, bumm, bumm!« Ich hatte immer gedacht, es würde nach gewissen geheimdienstlichen Rekrutierungsregeln ablaufen, aber in Wirklichkeit ist es genauso billig und abstoßend wie jedes andere schmutzige Geschäft. Die Repräsentanten der Bewegung – ihre Personalabteilung sozusagen – bitten um ein Treffen, man sitzt sich an einem Tisch gegenüber, sie lassen ihr armseliges Mafiagewäsch ab, man sagt ja, und plötzlich hat man das schönste Leben – oder eben nicht. Im letzteren Fall sieht man sich von einem Tag auf den anderen gezwungen, anderen gegenüber zu beteuern, dass man keine Sexsklavin in einem saudischen Palast ist, sondern gerade auf dem Tahrir-Platz steht und die Proteste verfolgt.

Da die Begegnung im Café zu einem Zeitpunkt stattfand, als Erdoğan und seine Partei im In- wie im Ausland mit Lob überschüttet wurden, wäre es für mich damals nicht ganz so peinlich wie in späteren Jahren gewesen, einen solchen Pakt einzugehen, den Tisch nicht brüllend, sondern nach einem Handschlag zu verlassen und mich künftig als gefeierte Meinungsmacherin auf Werbetafeln prangen zu sehen. Manche rechtfertigten die Zusammenarbeit mit ihrer Wut auf die brutale Militärregierung; manche erklärten sie mit ihrer Begeisterung für die neu erstarkten Bindungen der Türkei an den Nahen Osten. Andere glaubten vielleicht, ihre Mitarbeit könnte zur Lösung des Kurdenkonflikts führen, oder setzten schlicht Vertrauen in die neue, liberale Verfassung, die Erdoğan *persönlich* in Aussicht stellte. Aus diesen und anderen Gründen konnten sich Meinungsmacher leicht einreden, Erdoğan sei eine starke Führerfigur, die eben etwas Unterstützung von den *echten Erwachsenen* und ein bisschen fachkundige Beratung brauche – mit anderen Worten, Beratung durch *sie*. Sie galten damals als die *klugen Köpfe*, denen eine Einladung in Erdoğans Flugzeug, wo man sich im wohligen Glanz der Fürstengunst sonnen konnte, Lohn genug war. Vielleicht wendeten einige ihre hochgestochenen politisches Theorien auf die damalige Realpolitik an und waren intellektuell ehrlich überzeugt, das bisher unterdrückte *Volk* würde zum aktiven Vorkämpfer für die liberale Demokratie werden, sobald man ihm eine Stimme verlieh. Eventuell glaubten sie auch, die politisierte Provinz würde die Rechte anderer respektieren, wenn man es ihr ermöglichte, ihren Lebensstil voll auszuleben.
Im Prinzip beteiligten sich all diese Journalisten jedoch an einem politischen Spiel, in dem sie sich selbst überschätzten.

Als die populistische Partei erste Eingriffe in das Justizsystem vornahm und Generäle unter falschen Anschuldigungen strafrechtlich verfolgte, unterhielt ich mich mit einem der auf Linie gebrachten prominenten Zeitungskolumnisten, der seit den siebziger Jahren zu den bekanntesten linken Meinungsführern gezählt hatte, und sagte zu ihm: »Ich halte das für gefährlich. Jetzt wird die ohnehin beschädigte Justiz politisiert, und Sie unterstützen das Ganze. Haben Sie keine Angst, dass das irgendwann auf Sie zurückfällt?«

Der Mann, der mindestens fünfundzwanzig Jahre älter war als ich, erteilte mir daraufhin gleich mehrere Lektionen über das Leben. »Um Erdoğan kümmern wir uns, sobald wir die Armeeschweine losgeworden sind, Süße.«

»Aber wie? Mit wessen Hilfe? Wer hätte die Macht dazu?«, fragte ich.

Mit dem gönnerhaften, mitleidigen Lächeln, das jede junge Frau kennt, antwortete er: »Sie sind vielleicht naiv! Das ist Politik, da schließt man Allianzen! Und dann schließt man neue Allianzen!«

Kurz darauf bekam er eine eigene Talkshow im staatlichen Fernsehen.

Freilich emigrierten einige Jahre später so gut wie alle intellektuellen Erdoğan-Unterstützer in andere europäische Staaten oder landeten im Gefängnis. Einige schafften es, sich in westlichen Ländern als *getäuschte* Oppositionelle neu zu erfinden und neue Allianzen zu schmieden, um ihre Karriere im Ausland als spektakuläre Opfer des spektakulären Diktators weiterverfolgen zu können. Und der Abgesandte der Bewegung, der mir damals im Café eine glänzende Zukunft in Aussicht gestellt hatte, wurde als ehemalige prominente Figur in der Gülen-Bewegung, Erdoğans langjährigem engstem Verbündeten, zum *Feind des Volkes* erklärt, vom Präsidenten weltweit gejagt und schließlich zur Strecke gebracht. Er verschwand. Denn das ist Politik, *Süße*, und Erdoğan hatte inzwischen eben neue Allianzen geschlossen, *Sie wissen schon.*

Vielleicht sollte man diese gefallenen Mini-Machiavellisten einmal dem CNN-Moderator Fareed Zakaria gegenüber erwähnen, der am 7. April 2017 nach der Bekanntmachung amerikanischer Bombardierungen in Syrien freudig verkündete: »Heute Abend ist Trump zum Präsidenten geworden!« Oder gegenüber dem Journalisten und Autor Jonah Goldberg, der Trump vor der Wahl scharf kritisiert hatte, es sich nach dessen Amtseinführung jedoch anders überlegte. »Bei den wichtigen Entscheidungen dürfen wir Trump unsere Zustimmung nicht verwehren«, erklärte er, ohne zu bedenken, dass der neue Präsident es vielleicht gar nicht für nötig befinden könnte, irgendwen um Rat zu fragen.* Oder gegenüber Thomas Friedman, dem Kolumnisten der *New York Times*, der Trumps Wahl zunächst mit Pearl Harbor und 9/11 verglich, um später komplett umzuschwenken, weil ihm die Idee einer Einwanderungsbeschränkung mittels Mauer so gut gefiel. Oder gegenüber dem Theaterautor und Nobelpreisträger Dario Fo, der den Populisten Beppe Grillo unterstützte, weil Italien seiner Ansicht nach »einen surrealen Fantasten« brauchte.

Ähnlich zynisch klingt, was derzeit einige europäische Intellektuelle von sich geben, wenn sie den Aberwitz intellektualisieren, um das *korrupte Establishment* zu erschüttern,

* Kelefa Sanneh, »Intellectuals for Trump«, *New Yorker*, 9. Januar 2017.

und anderen Intellektuellen vorwerfen, sie seien *nicht mehr an der Realität und am Volk dran.* Zu diesem simplen Trick wird immer dann gegriffen, wenn die wenigen Vernünftigen, die sowieso schon an sich zweifeln und sich ständig fragen, ob sie noch »dran sind am Volk«, gegen Millionen surreale Fantasten stehen.

Unter den sechshundert hochkarätigen internationalen Journalisten, die sich am 30. November 2016 im DR Konzerthaus Kopenhagen versammelt hatten, herrschte Grabesstimmung. Nigel Farage, Hauptredner der News-Xchange-Konferenz, freute sich, dass nicht er, sondern das Publikum Anlass zum Verdruss hatte, und rief: »Nun lächeln Sie doch mal – wir sind hier schließlich nicht auf einem Begräbnis!«

Aufmuntern konnte er damit niemanden. Zu dem Zeitpunkt, als Farage seinen im Jubelton gehaltenen Vortrag begann (der sich um das letztlich bereits beantwortete Motto der Konferenz – »Haben wir den Bezug verloren?« – drehte), war das vor den US-Wahlen und dem Brexit-Referendum allenthalben sichtbare sarkastische Schmunzeln eisigen Mienen und der Erkenntnis gewichen, dass nicht nur *ein* Mensch, sondern Millionen die gleiche Flagge hochhielten. Angesichts der schweigenden Journalisten gab Farage dem Affen Zucker. Den Auftakt bildete seine Behauptung, die Presse habe jeden Kontakt zu den normalen Menschen verloren; dann erteilte er dem Publikum gnädig eine Lektion in Journalismus.

Die darauf folgenden üblichen Gegenangriffe durch Podiumsdiskutanten und angesehene Personen im Saal konnten Farage und sein Narrativ nicht in die Enge treiben, weil sie mit den Mitteln erfolgten, die zur Entlarvung solcher politischen Gestalten häufig eingesetzt werden: Man übte sich im Faktencheck, versuchte Farage zur Verantwortung zu ziehen, sprach sich für konstruktiven Journalismus aus und nannte den Mann einen Lügner und Ausländerhasser, um ihn in Verlegenheit zu bringen und ihm sein Grinsen auszutreiben.

Ich, Teilnehmerin an der Podiumsdiskussion, konnte nur wehmütig in mich hineinlächeln – würden diese tollen Journalisten doch erkennen müssen, dass ihre Taktik einer Partie Schach gegen eine Taube gleichkam. Mit diesem Bild hat irgendwer einmal beschrieben, wie es sich anfühlt, wenn man mit einem Kreationisten über die Evolution diskutiert: Die Taube wirft die Figuren um, kackt auf das Brett, stolziert als selbsternannter Sieger von dannen, und hinterher darf man den Saustall auch noch aufräumen. Nicht zufällig verließ der russische Schachweltmeister Garri Kasparow nach hartem Kampf gegen Putin seine Heimat.

Nachdem Farage die Konferenz mit der Ankündigung, er fliege jetzt zu Trump nach Washington, verlassen hatte, so als wäre er von einer sterbenslangweiligen Party geflohen, standen mehreren hundert Journalisten noch zwei lange Tage der Selbstgeißelung bevor, die sie sich zumuteten, weil sie ja so sehr den Bezug verloren hatten.

Den zweiten, entscheidenden Schlag sahen sie damals nicht voraus: die Demütigung, Verhöhnung und Diskreditierung prominenter Personen des öffentlichen Lebens, Intellektueller und Journalisten. Noch hatte die Hexenverbrennung nicht begonnen.

Wenn man Meryl Streep ist und von einem Präsidenten wie Trump als »überschätzt« bezeichnet wird, eilen einem die beiden Großmeister der Coolness Robert de Niro und George Clooney zu Hilfe und verkehren die Demütigung in einen Witz, über den die ganze Welt lacht. Für uns, die wir nicht Meryl Streep sind und über weniger attraktive Freunde verfügen oder es mit einem populistischen Anführer zu tun haben, der weiß, dass nicht ganz so einflussreiche Personen des öffentlichen Lebens die günstigsten ersten Ziele für seine Schmähungen sind – für uns fühlt sich das Ganze wie ein Kampf mit einem Gespenst an.

2012 war Cybermobbing noch kaum ein Thema. Als ich nach einem massiven Angriff in den sozialen Netzwerken twitterte: »Die Regierung führt mit ihrer Trollarmee Krieg gegen öffentlich bekannte Andersdenkende und hat es vor allem auf Journalistinnen, so auch auf mich, abgesehen«, erntete ich nur weiteren Spott: »Du hältst dich wohl für wahnsinnig wichtig.« oder »Jetzt ist sie total paranoid geworden!« Ich war in eine virtuelle Endlosschleife geraten, aus der kein *echter* Mensch mit normalen emotionalen Reaktionen jemals herauskommt, und sah ein, dass der Versuch, die Hetzer mit ihren eigenen Waffen – Ironie und Sarkasmus – zu schlagen, in die Sackgasse führte. Denn wie wir in den folgenden Kapiteln sehen werden, können diese Leute den Sarkasmus ihrer Gegner immer noch toppen, und zwar mit Vulgarität.

Das Gleiche muss sich vier Jahre später die schwedische Fernsehmoderatorin Alexandra Pascalidou gedacht haben, als sie am 24. November 2016 gegenüber dem *Sydney Morning Herald* erklärte: »Manche sagen, macht euch nichts draus, es ist doch nur online, es zählt nicht. Aber es zählt eben doch, und es wirkt sich gravierend auf unser Leben aus. Hass tut weh und führt oft zu Taten im wirklichen Leben.« Auch deshalb schlossen sich 2016, als der Populismus die australische Politik zu vergiften begann, im ganzen Land Journalistinnen und Journalisten zusammen und starteten eine Kampagne gegen Onlinemissbrauch. 2017 veröffentlichte das International Press Institute einen Bericht über »Hasspostings gegen JournalistInnen in Österreich«. Auch an die EU wurde das Thema herangetragen, verbunden mit der Forderung nach neuen Bestimmungen. Doch auch mit entsprechenden Gesetzen und selbst wenn man bereit wäre, sein restliches Leben nichts anderes mehr zu tun, als den Autor jedes einzelnen von zigtausend Hasstweets vor Gericht zu bringen, käme man an die Wurzel der Schamlosigkeit nicht heran.

Der unaufhörliche Cyberlärm belagert nicht nur andersdenkende Personen des öffentlichen Lebens, sondern blockiert obendrein die Debatte durch neue, von den führenden Meinungsmachern und Kommentatoren der Bewegung erdachte Konzepte, als da wären »Nachbarschaftsdruck«*, die »ängstlichen Säkularen«** oder Trumps Bezeichnung der Demokraten als »Verlierer, die sich ständig querlegen«***. Da die populistischen Meinungsmacher die kritischen Medien und oppositionellen Stimmen mit derartigen neuen Konzepten geradezu bombardieren, sickern diese in die Troll-

* Oppositionelle Stimmen werden durch die Behauptung herabgewürdigt, kritische Intellektuelle seien ausschließlich von ihren eigenen Kreisen beeinflusst.

** Mit diesem Etikett wurde andersdenkenden Intellektuellen in der Türkei unterstellt, sie wären islamophob und hätten eine krankhafte Angst vor einer islamischen Republik.

*** Diesen Ausdruck verwendete Trump während des *government shutdown* (Stilllegung der Regierung) im Januar 2018.

armeen ein und dienen vereinfacht und vervielfacht als Munition bei der Übernahme der politischen Kommunikation. Das schon nach kurzer Zeit entstehende Kommunikationschaos verändert die Sprache der Intellektuellen. Sie werden zu semantischen Straßenkämpfern, die nur noch mit Sarkasmus auf einzelne Bruchstücke des populistischen Diskurses reagieren, um den Populismus mit seinen eigenen sarkastischen Waffen zu schlagen. Die Sprache der politischen Debatte sinkt auf das Niveau von Käfigkämpfen, bei denen alles erlaubt ist, und am Ende tanzen sogar die prominentesten Intellektuellen nach der Pfeife der Populisten.

»Ich weiß nicht, ob man unsere Arbeit überhaupt noch als intellektuelle Tätigkeit bezeichnen kann«, sagte ein Freund von mir (der in diesem Buch anonym bleiben möchte) im Winter 2018. Er beklagte, dass er nicht wirklich gelesen oder gehört werde, obwohl er ein bekannter politischer Kolumnist sei und häufig an politischen Fernsehtalkshows teilnehme. Seiner Überzeugung nach interessierte seine Leser und Social-Media-Follower wesentlich mehr, ob seine wütenden Reaktionen auf den populistischen Diskurs im richtigen Ton formuliert waren. »Solange du denselben pubertären Zynismus und dieselben Kampftechniken anwendest, ist es den Lesern und Zuschauern völlig egal, ob deine Äußerungen irgendeine inhaltliche Substanz haben oder nicht. Sie wollen, dass du gewinnst, weil du für sie in diesem Käfig kämpfst, basta.«
Nur wenige Monate nach unserer Unterhaltung wurde besagter Käfigkampf dank Steve Bannon, Donald Trumps früherem Chefstrategen und Rockstar der Alt-Right-Bewegung, zum internationalen Thema – aufgrund der hochkarätigen

Einladungen, die der Mann erhielt. Das vom *Economist* veranstaltete Open Future Festival in London, das *New Yorker* Festival, das News Xchange Festival in Edinburgh und die Oxford Union stellten ihm ihre Podien zur Verfügung. Die Einladungen führten zu massiven Protesten; andere prominente Gäste sagten ihre Teilnahme ab. Die intellektuellen Größen waren hin- und hergerissen zwischen dem Drang, das Monster des Rechtspopulismus im Käfigkampf zu besiegen, und der Befürchtung, durch einen gemeinsamen Auftritt in einen Topf mit ihm geworfen zu werden. Mehrere Organisationen bliesen die bereits angekündigten Käfigkämpfe ab, während beispielsweise die Oxford Union auf dem Standpunkt beharrte, der Faschismus sei nur eine von vielen Ideen auf dem freien Markt der Ideen und lasse sich mittels rationaler Argumentation entkräften.

Unabhängig vom Ablauf der jeweiligen Veranstaltung blieb bei den Leuten immer nur der Name Bannon hängen. Die anderen Teilnehmer gingen dagegen mit einem lädierten oder verblassten Ruf aus dem Ganzen hervor, ganz gleich, ob sie sich Bannon gegenüber kritisch oder begeistert gezeigt hatten. Die wichtigste Konsequenz aber bestand darin, dass die Mainstreamintellektuellen fast nur noch über die Frage debattierten, ob Bannon und seine Gesinnungsgenossen innerhalb »unserer« Domäne bekämpft werden sollten oder nicht, wodurch diese Domäne zum Schauplatz einer unergiebigen und unerträglichen Diskussion verkam. Bannon selbst wurde währenddessen eine unbezahlbare Ehre zuteil: Er galt fortan als derjenige, »der das gesamte intellektuelle Establishment Europas im Alleingang fertig gemacht hat«.

Je stärker sich die Bedeutung progressiven Denkens nach

und nach darauf reduziert, in den sozialen Medien oder im Fernsehen gegen den Gegner zu punkten, umso problematischer wird für Populismuskritiker die Frage der Seriosität. Während die populistische Bewegung an Macht gewinnt, steigt die Zahl der Intellektuellen, die sich zu den Populistenchefs gesellen – nicht weil es inzwischen weniger peinlich wäre, sie zu unterstützen, sondern weil es normal geworden ist. Deshalb erhielt Trump für seine im Januar 2018 gehaltene Rede zur Lage der Nation Standing Ovations im Kongress, was nur ein Jahr zuvor nach seinem Einzug ins Weiße Haus für viele Abgeordnete und Senatoren unvorstellbar gewesen war.

Die Macht der auf Quantität beruhenden Normalität führt zum weiteren Rückzug von der Vernunft und erweitert die Grenzen der Vulgarität, bis sie schließlich die gesamte Öffentlichkeit umfassen. Wie fürchterlich die Meinungs- und Redefreiheit darunter leidet, wird einem erst voll und ganz bewusst, wenn man beispielsweise eine wichtige Petition gegen den Populistenanführer startet, kaum prominente Leute findet, die nicht durch den Käfigkampf beschädigt oder von dem ganzen Chaos halb wahnsinnig geworden sind, und am Ende keinen einzigen Namen aufgetrieben hat. Das kritische Wort verwaist in der Öffentlichkeit, und die vielen Andersdenkenden treiben ohne ihre Meinungsführer hilflos dahin wie ein Schiff ohne Leuchtturm. Mit wachsender Verzweiflung wird ihnen klar, dass die Zentrifuge des herrschenden Narrativs diejenigen in sich hineingesogen hat, die sie für klüger gehalten hatten. Gleichzeitig wird der populistische Diskurs in den Medien so sehr verstärkt und so oft wiederholt, dass sogar Andersdenkende den Überblick über die an der Vernunft verübten Serienverbrechen verlieren, und irgendwann ist man selbst viel zu erschöpft, um noch »So war es nicht, und das wissen Sie auch« sagen zu können.

Weil kein Gesetz verhindert, dass die politische Sprache der Populisten in die Öffentlichkeit eindringt und sie zerstört, bleibt den kritischen Stimmen zuletzt nur eines, wenn die Wut sie fast erstickt, wenn die unaufhörlichen Attacken der Parteiapparatschiks sie ausgelaugt und die Wendigkeit des sich ständig verändernden populistischen Diskurses sie halb wahnsinnig gemacht haben: Sie können dann nur noch um grundlegendste ethische Verhaltensweisen betteln und auf der Straße oder in den sozialen Medien »Zeigt doch wenigstens ein bisschen Anstand!« rufen. Es gab einmal eine Zeit, in der das tatsächlich funktioniert hat.

»Haben Sie denn keinen Funken Anstand mehr im Leib?«, fragte am 9. Januar 1954 der amerikanische Anwalt Joseph Welch, Chefverteidiger der US Army, gegen die damals vor einem Senatsausschuss wegen kommunistischer Aktivitäten in ihren Reihen ermittelt wurde. In einer der vom Fernsehen übertragenen Sitzungen griff Senator Joseph McCarthy einen jungen Kollegen aus Welchs Bostoner Kanzlei an, und Welch konterte vor den Augen des verblüfften TV-Publikums mit dem denkwürdigen Satz, der letztlich das Ende von McCarthys Karriere bedeutete: »Senator, mir wird erst jetzt klar, wie skrupellos und grausam Sie sind.« Als McCarthy mit seinen Angriffen fortfuhr, fiel ihm Welch wütend ins Wort. »Hören Sie endlich auf, den jungen Kerl fertigzumachen, Senator! Es reicht. Haben Sie denn keinen Funken Anstand mehr im Leib?« Nach vierjähriger Kommunistenhatz brachte Welchs Frage McCarthys Beliebtheit über Nacht zum Verschwinden.

Doch diese Zeiten sind vorbei. Seit Joseph Welch den Lauf der amerikanischen Geschichte mit einer simplen Frage veränderte, hat sich die Welt dramatisch verschlechtert. Die Adern der Vernünftigen sind seit Jahrzehnten zorngeschwellt angesichts der vielen vergeblichen Aufforderungen, Scham zu zeigen, während der Populist nur noch breiter grinst und stolz seinen Sieg feiert. Wir haben verloren, was Camus als »das ewige Vertrauen des Menschen« beschrieb, »das ihn immer glauben ließ, man könne bei einem andern Menschen menschliche Reaktionen hervorrufen, wenn man mit ihm in der Sprache der Menschlichkeit rede«.* Kein Wunder, dass mehr und mehr Menschen der Müdigkeit des Kindes nachgeben, das endlich ans Ende des Märchens kommen und schlafen will.

* Albert Camus, Weder Opfer noch Henker. Über eine neue Weltordnung, aus dem Französischen von Lislott Pfaff, Zürich: Diogenes, S. 11.

DREI

Schaffen Sie das Schamgefühl ab. Im postfaktischen Zeitalter ist unmoralisches Verhalten gefragt

Im Herbst 2017 machte in der Türkei plötzlich eine neue *wissenschaftliche* Theorie Furore, die ein Mitglied der AKP-Jugendorganisation aufgestellt hatte. In seinem Artikel auf der Website der Partei behauptete er, die Erde sei in Wahrheit flach und die Kugelthese eine dem Volk vom Vatikan, den Zionisten, den Freimaurern und anderen bösen Mächten aufgezwungene Verschwörungstheorie. Am nächsten Tag brachten viele regierungsnahe Zeitungen Artikel, in denen man den Lesern die philosophischen Grundlagen der Scheibentheorie erklärte und weismachte, die Wissenschaft sei nur eine von vielen Narrativen, eine von vielen Wahrheiten. Die Regierungstrolle mussten die absurde Aussage nur in den sozialen Medien verbreiten, schon sickerte sie in die Debatte ein. Binnen Stunden riefen Tausende von Trollen und aufgebrachten Idioten quasi eine Revolution gegen die selbstherrlichen Forscher aus und protestierten gegen die brutale Dominanz der Wissenschaft. Die unerträgliche Arroganz der Ignoranten feierte ein weiteres Fest – eines von vielen seit der Machtübernahme ihres Anführers Erdoğan, der die Evolution für eine »bloße Theorie« hält, die man nicht allzu ernst nehmen dürfe. Und einmal mehr bemühten sich viele Türken, fassungslos angesichts des ungeheuren Selbstbewusstseins der Ignoranz, die Unteilbarkeit der Wahrheit bewusst höflich zu verteidigen.

Einige Monate später, am 21. Februar 2018, sagte der siebzehnjährige David Hogg: »Es ist …« Er unterbrach sich, suchte das treffende Wort und entschied sich schließlich für »unglaublich«. David zählte zu den Überlebenden des Massakers an der Marjory Stoneman Douglas High School in Florida, das damals sieben Tage zurücklag und siebzehn Schülerinnen, Schüler und Angehörige des Personals das Leben gekostet hatte. Nun zeigte er sich auf CNN International, um sich zu einem Trollangriff zu äußern, dem zufolge die ganze Schießerei ein Schwindel und er selbst Schauspieler war. Nur wenige Tage nachdem er sich gegen Schusswaffen ausgesprochen hatte, war er wegen amerikanischer Trolle auf der Anklagebank gelandet. David Hogg beteuerte, dass er nicht für die Anti-Waffen-Lobby tätig sei und sein Vater, ein ehemaliger FBI-Agent, ihn nicht dazu überredet habe, Donald Trump anzuprangern. Vom Trommelfeuer der Unwahrheiten in die Ecke gedrängt, sah er sich gezwungen zu beweisen, dass er ein ganz normaler Schüler war, was er bis dahin für eine ebenso unbezweifelbare Tatsache gehalten hatte wie die Kugelgestalt der Erde.

Zahlreichen Menschen in vielen Ländern ergeht es seit einigen Jahren ganz ähnlich: Sie müssen die Wahrheit gegenüber Leuten verteidigen, die schlicht keine Lust haben, sie zu glauben. Zunächst in den sozialen Medien, dann auf den Fernsehbildschirmen wurde regelmäßig erbittert über

Grundprinzipien der Kommunikation gestritten. Weil das Verhalten in diesen Gefechten durch keine Regeln bestimmt war, konnten die Plünderer der Wahrheit ungehindert wüten. Die von ihnen in »alternative Fakten« umbenannten Lügen nahmen so rasant zu, als gäbe es ein All-you-can-eat-Buffet, an dem man sich aussuchen und nehmen kann, was man glauben möchte. Unter den hilflosen Blicken der Wahrheitsverteidiger füllten die Plünderer ihre Teller mit ungeniert erfundenen Geschichten, haltlosen Vorstellungen und Theorien ohne jeden Bezug zum gesunden Menschenverstand und zu einem in Jahrhunderten angesammelten Wissen. Als Oxford Dictionaries dem Chaos 2016 endlich einen Namen gab – »postfaktisch« –, war der Beginn eines neuen Zeitalters markiert. Zumindest glaubten das viele.

Die Lüge und das Ersetzen von Wahrheit durch Unsinn sind so alt wie das Geschichtenerzählen und gehen wahrscheinlich auf einen besonders schlauen *homo sapiens* zurück, der sich damit brüstete, seinen Speer ganz allein in das größte Mammut versenkt zu haben, obwohl er in Wirklichkeit in der gemütlich warmen Höhle geblieben war, während die echten Jäger draußen mühsam für Nahrungsnachschub sorgten. Und nachdem in Babylon auch noch die Schrift erfunden worden war und die Menschen gemerkt hatten, wie leicht sich Geschichte umschreiben ließ, gab es kein Halten mehr. Von nun an besaßen die Herrscher die magische Kraft des Wortes, und weil Löwen ihre Geschichte nun einmal nicht erzählen können, bekam man immer nur die ruhmreiche des Jägers zu hören, wie es in einem afrikanischen Sprichwort heißt. Als Oxford Dictionaries »postfaktisch« 2016 zum Wort des Jahres kürte, war die Sache selbst für Löwen, Frauen, Kinder und alle Machtlosen, Entwürdigten, Ausgestoßenen und Missachteten längst ein alter Hut. Die Frage, die zum Refrain unserer Zeit wurde, stellen sich diese Menschen schon seit Jahrtausenden: »Wie kann man so etwas behaupten?« Nur sind es heute nicht mehr die gleichen Opfer. Denn inzwischen wissen auch die Etablierten und Mächtigen, wie es sich anfühlt, schamlosen Lügen ausgesetzt zu sein. Die Wahrheit ist nicht mehr das Wild in den Wäldern des Königs, das nur erlegen darf, wer den Thron innehat.

Mit dem Schwinden des uralten Monopols der Wahrheitsbestimmung wurde bedauerlicherweise auch die Autorität der Wissenschaft, des gesunden Menschenverstands und des grundlegenden moralischen Einvernehmens von den Banausen untergraben und zur Kriegsbeute im Kampf zwischen den etablierten Anführern der liberalen Demokratie und den neuen Warlords, den Chefs der Rechtspopulisten. Im Zeitalter des *anything goes* erhielten die Plünderer von ihren Spitzenleuten nicht nur die Erlaubnis, sondern geradezu die Aufforderung, alles anzugreifen, was die alte Welt für gut und richtig befand – von der partizipativen Demokratie über die Tatsache, dass die Erde rund ist, bis hin zu dem allgemeinen Konsens darüber, dass in den Schulen keine Kinder erschossen werden sollten. Die Kavallerie der Trollarmee führte die Kampagne »nützlicher Idioten« an, die ihre neu entdeckte Macht bereits bejubelten. Wie der grausame babylonische Herrscher Hammurabi, der sich »König der Gerechtigkeit« nennen durfte, präsentierten sich autoritäre Anführer den Massen als die wahren Demokraten. Mit der Zeit wurde die Armee der »alternativen Wahr-

heit« so stark, dass sie die politische Realität durch Lügen verändern und neue, aus purem Unsinn bestehende Reiche errichten konnte. Als die Politik schließlich panisch wurde – nachdem gefälschte Statistiken mit Ergebnissen wie »Die Muslime pflanzen sich so rasant fort, dass sie in zehn Jahren in Europa die Mehrheit stellen werden« und aberwitzig dumme Verschwörungstheorien so überhandgenommen hatten, dass sie einflussreicher als seriöse Analysen wurden –, geriet schnell in Vergessenheit, wie sehr der Boden für diese Verbrechen gegen die Wahrheit von den Königen der jüngsten Vergangenheit bereitet worden war.
Das Gespenst der alternativen Wahrheit – bestens organisierte, massive Lügen –, von dem das Establishment heute heimgesucht wird, begann seinen Spuk mit der Normalisierung der Schamlosigkeit. Das Schauspiel, in dessen Verlauf sich diese organisierte Schamlosigkeit zum ersten Mal zeigte, gehört zu den dramatischsten der Menschheitsgeschichte. An einem Abend im Januar 1991 schalteten wir unsere Fernseher ein und wurden Zeugen eines Erdbebens, das uns für immer veränderte.

Im August jenes Jahres sahen Menschen auf der ganzen Welt gebannt dabei zu, wie Scud-Raketen über Christiane Amanpours Kopf hinwegflogen, während sie für CNN live über die Irak-Invasion der Alliierten berichtete. Plötzlich war es moralisch in Ordnung, die technischen Möglichkeiten toll zu finden, mit denen in Echtzeit aus einem Kriegsgebiet gesendet werden konnte. Reale Bombardierungen in einem realen Land wurden zum globalen Zuschauerspektakel, während gerade einmal neunzehn Jahre zuvor, 1972, ein einziges Foto aus dem Vietnamkrieg den Amerikanern ausgereicht hatte, um ihrer moralischen Empörung auf den Straßen zu Tausenden Ausdruck zu verleihen. Nick Úts Aufnahme eines nackten, vor einem Napalmangriff fliehenden vietnamesischen Mädchens, dessen Haut in Fetzen herabhängt, entstand in einer Schwarz-Weiß-Welt, in der das Gute und das Böse, das Schöne und das Hässliche noch nicht miteinander verschwammen, geschweige denn in ihr jeweiliges Gegenteil verkehrt waren. Präsident Nixon fürchtete sich aus gutem Grund vor der öffentlichen Reaktion und versuchte den Abdruck des Fotos zu verhindern, während die wichtigen TV-Sender nur zwanzig Jahre später voller Stolz rund um die Uhr ihre Aufnahmen aus dem Irakkrieg präsentierten, wohl wissend, dass die Bilder sterbender Kinder nun nicht mehr das gleiche Ausmaß an Scham und Empörung hervorrufen würden.

Die Wahrnehmung des Bösen erlebte daraufhin eine dramatische Verschiebung. Das Festland der Wahrheit, durch das nun ein Riss ging, zersplitterte in einzelne Wirklichkeitsinseln. Weil die Menschheit nicht mehr ein und dieselbe Wahrheit teilte, führten die Tragödien anderer Leute auf der jeweils eigenen Wirklichkeitsinsel nicht mehr zwingend zu emotionalen Reaktionen. Die Wahrnehmung des Bösen entwickelte sich in eine Richtung, in der die gute alte »Entmenschlichung des Feindes« gar nicht mehr nötig war, weil das Leid der anderen schlicht nicht mehr zählte.

Auf den Ersten Golfkrieg folgte der Krieg im ehemaligen Jugoslawien. Nur fünfzig Jahre nach dem Zweiten Weltkrieg bedurfte es in dieser neuen Welt eines weiteren Genozids und Bilder neuer Konzentrationslager, ehe die Scham einsetzte und die Menschen dazu zwang, das Grauen auf den »Inseln« anderer zur Kenntnis zu nehmen. Es war die Geburtsstunde des Begriffs »postfaktisch«. In einem Artikel für *The Nation* schrieb Steve Tesich 1992:

> Wir werden zusehends zum Prototyp eines Volkes, wie es sich totalitäre Monster in ihren kühnsten Träumen nicht hätten ausmalen können. Bisher war die Unterdrückung der Wahrheit harte Arbeit für die Diktatoren. Heute zeigen wir durch unser Handeln, dass sie sich nicht länger anzustrengen brauchen, dass wir einen geistigen Mechanismus entwickelt haben, der die Wahrheit jeder Bedeutung beraubt. Wir, ein freies Volk, haben uns aus freien Stücken grundsätzlich für ein Leben in einer postfaktischen Welt entschieden.

Die Vorsilbe »post« lag damals sehr im Trend; als besonders schick galt ihre Verbindung mit »ideologisch«. Und Tesich konnte wahrscheinlich noch nicht erkennen, dass die Blindheit gegenüber Fakten beziehungsweise gegenüber der Wahrheit nicht unbedingt auf der freien Entscheidung eines freien Volkes beruhte, sondern dass es sich dabei vielmehr um eine erzwungene Mutation handelte, um eine Angleichung des Menschen an die neuen moralischen Bedingungen, unter denen Scham und Mitleid nicht mehr Sache der politischen Institutionen waren, sondern in der Verantwortung des Individuums lagen.

Der Anfang vom Ende, die unumkehrbare Zerstückelung des Festlands in einzelne Inseln, kam in der Folge von 9/11 mit den Angriffen des Westens auf Afghanistan. Nur wenige Wochen nach der ersten Bombardierung im Jahr 2001 bewarb CNN International das Land als Reiseziel für Touristen, die *wirklich* Spannendes erleben wollten. Das Ganze war wohl Teil eines voreiligen Wiederaufbauprogramms, mit dem man Afghanistan nach dem Krieg in ein Dorado für Extremsportler verwandeln wollte. Nur weil dort dummerweise viele Leichen herumlagen, galt es offenbar noch lange nicht als unmoralisch, Urlaub auf einer Realitätsinsel anderer Menschen zu machen. Einige Jahre später war die Vorstellung von Kreuzfahrten zu den Inseln der blutigen Realität anderer Leute so normal geworden, dass der damalige britische Außenminister Boris Johnson am 3. Oktober 2017 bräsig verkünden konnte, die libysche Stadt Sirte ließe sich zu einem »neuen Dubai« machen. Als wichtige Empfehlung für die Tourismusindustrie merkte er obendrein an: »Man müsste nur die Leichen wegräumen.«

Nach Afghanistan konnte die Distanz zwischen den bereits bestehenden Wahrheitsinseln weiter vergrößert werden, und die Kreation neuer »Fakten« erfuhr ungeahnte Möglichkeiten. Am 5. Februar 2003 hielt der amerikanische Außenminister Colin Powell vor dem UN-Sicherheitsrat in New York eine Ampulle mit einer farbigen Flüssigkeit in die Höhe, erzählte irgendetwas von Zentrifugen, Uran und Nuklearanlagen – und im nächsten Moment hagelte es wieder Bomben auf Bagdad. Die geistig-moralische Veränderung, durch die diese gewaltige postfaktische Operation möglich wurde, enthüllte Ron Suskind 2004, als er in einem Beitrag für das *New York Times Magazine* einen anonymen Berater von Präsident George W. Bush zitierte. »Der Berater erklärte, Typen wie ich gehörten zu den ›Realitätsgläubigen‹, die davon ausgingen, dass Lösungen auf gründlicher Analyse der erkennbaren Wirklichkeit basierten. ›Aber so funktioniert die Welt nicht mehr. Wir sind jetzt ein Imperium und erschaffen durch unser Handeln unsere eigene Realität.

Und während ihr diese Realität schön gründlich unter die Lupe nehmt, handeln wir schon wieder und erschaffen weitere neue Realitäten, die ihr euch dann auch genau ansehen könnt – so und nicht anders läuft das. Wir sind die Akteure der Geschichte … und ihr könnt nur noch analysieren, was wir tun.‹« Und wieder einmal kann man es sich in der warmen Höhle gemütlich machen …

Damals zeigten die als »Realitätsgläubige« verspotteten Leute zum letzten Mal in großer Zahl, dass sie die Zersplitterung der Realität ablehnten und die einzelnen Menschheitsinseln gern zusammengehalten hätten. Die weltweiten Proteste gerieten zur größten Anti-Kriegs-Demonstration der Geschichte. Allerdings konnten wir damals nicht ahnen, dass die »Nein zum Krieg«-Parolen, die in den Straßen aller Hauptstädte der Welt geschwenkt wurden, in Wahrheit zum Schwanengesang der globalpolitischen Moral tanzten. Trotz der großen Unterstützung scheiterte das Anti-Kriegs-Bündnis in allen Ländern – außer in der Türkei. Als es der dortigen Friedensbewegung gelungen war, die Regierung am Beitritt zur Koalition zu hindern, feierte ich als eine der beiden Sprecherinnen der Bewegung diese Großtat voller Stolz in meiner Kolumne – sehr zum Missfallen der enttäuschten Kriegsbefürworter unter den Kommentatoren, die in Geschäftssprache von einer »vertanen Chance« schrieben und Leute wie mich als kindisch bezeichneten. Wir, die wir uns der mitleidlosen Kampagne aus Scham verweigert hatten, sollten uns gemäß der damals bereits vollständig durchgesetzten neuen moralischen Ordnung dafür genieren, dass uns das Verständnis für die von ihnen ständig im Mund geführte *Realpolitik* fehlte. In der neuen Wirklichkeit war Krieg etwas Faires und Gutes. Nun waren wir die Löwen des afrikanischen Sprichworts.

Etwa zur selben Zeit begannen Fernsehstationen auf der ganzen Welt, den Bildschirm während Nachrichtensendungen in zwei oder mehr Fenster zu unterteilen. In einem Segment wurden pausenlos Liveaufnahmen vom Krieg gezeigt, in einem anderen sah man die Moderatoren, die von *Realpolitik* faselten und sich mit geradezu inbrünstiger Liebe zum Detail über die Zerstörungskraft moderner Waffen ausließen, während die als Vertreter der anderen »Wahrheit« eingeladenen Studiogäste daran erinnerten, dass es immerhin um das Leben realer Menschen ging. Gleichzeitig zogen als Kriechtitel am unteren Bildschirmrand die Börsenkurse vorbei, als wäre es das Natürlichste der Welt, auch über die Gewinne und Verluste zu berichten, die das gesendete Ereignis mit sich brachte. Angesichts der zerteilten Wahrnehmung der Katastrophe wuchs unsere Scham zwar noch, aber die Nasdaq-Börsenglocke übertönte jede menschliche Stimme und feierte die Kriegsprofite ab der ersten Bombardierung.

Die Anti-Kriegs-Proteste waren das letzte Ereignis, bei dem Menschen aufgrund des Schamgefühls, das sie stellvertretend für andere empfanden, massenweise auf die Straße gingen, weil sie überzeugt waren, ihr Widerstand würde die Politik verändern, sobald man dem *Volk* die Wahrheit sagte. Vielleicht lag es daran, dass wir als letzte Generation in dem Glauben aufgewachsen waren, Scham und Mitleid zeugten nicht von peinlicher, die Vision des *Realen* blockierender Naivität, sondern seien große Werte. Uns klangen noch die Worte des italienischen Autors Primo Levi in den Ohren, der Auschwitz überlebt hatte: »Inseln zu sein, war uns weder möglich, noch wollten wir welche sein. Die Gerechten unter uns, weder größer noch geringer an Zahl als in jeder anderen menschlichen Gemeinschaft, haben Gewissensqualen und Scham, kurz gesagt: Leiden für eine Schuld ertragen, die nicht sie, sondern andere verursacht hatten, in die sie sich aber dennoch verstrickt fühlten, weil ihnen bewußt war, daß das, was um sie herum vorging – sowohl in ihrem Beisein als auch in ihnen selbst – unwiderruflich war.«* Vielleicht sind wir aber auch die letzte Generation, der man Schamlosigkeit vorwarf, wenn sie den Blick vom Leid anderer abwendete.

»Schau mal, diese Kinder haben nichts zu essen, und du spielst mit deinem Essen herum!«

Für Menschen wie mich, die in den siebziger oder achtziger Jahren des letzten Jahrhunderts groß wurden, waren Somalia und Äthiopien nicht so sehr ferne, von Katastrophen und Dürren heimgesuchte Länder, als vielmehr Gründe, sich zu schämen, Bezugspunkte, auf die tadelnd hingewiesen wurde, wenn man sein Abendbrot nicht aufaß. Die hungernden Kinder waren weder Statisten in einer abstrakten humanitären Krise noch, wie heutzutage, ein »verstörender Anblick«, vor dem das Publikum gewarnt werden muss, sondern unsere vom Glück nicht so begünstigten Brüder und Schwestern, die demselben Schoß der Wahrheit entstammten und auf die wir den Blick richten sollten, um etwas von ihnen zu lernen. Wir hatten die sterbenden Kinder immer im Kopf; sie gehörten zu unserer ungeteilten

* Primo Levi, Die Untergegangenen und die Geretteten, aus dem Italienischen von Moshe Kahn, München: dtv 2015, S. 89.

Wahrheit und saßen gewissermaßen mit uns am Tisch und nicht auf irgendeinem Kontinent, der viel zu weit entfernt war, um zu zählen. Eine Welt, in der man seinen Kindern solche Bilder erspart, weil sie verschreckend wirken könnten, war für unsere Mütter noch unvorstellbar. Im Gegensatz dazu fragten sich am 2. September 2015 Nachrichtenredakteure überall auf der Welt, ob es angemessen sei, die Fotos von Aylan Kurdi zu zeigen, dem dreijährigen syrischen Jungen, der an die ägäische Küste gespült worden war. Sie zögerten nicht nur wegen der schockierenden Wirkung der Bilder, sondern auch weil mittlerweile allen klar war, dass sich durch die Präsentation einer sinnlosen menschlichen Tragödie höchstwahrscheinlich nicht das Geringste ändern würde. Die Leute würden ihren Protest vielleicht in Form wütender Hashtags äußern, doch aus Fremdscham auf die Straße gehen, um zu versuchen, den Lauf der Geschichte zu ändern, würde niemand. Was nur wenige Tage darauf in Ungarn geschah, sorgte dann selbst bei denen für Entsetzen, die die neuen Regeln der Scham, des Mitleids und der gespaltenen Realität bereits verinnerlicht hatten.

Während die Welt noch fassungslos auf die Fotos des ertrunkenen syrischen Jungen starrte, wurde an der ungarischen Grenze die Kamerafrau Petra László dabei gefilmt, wie sie mit voller Wucht ein syrisches Kind trat. Doch das war noch nicht das Unglaublichste an der Geschichte. Ein Jahr später, im Oktober 2016, wurde bekannt, dass László durchaus große Sensibilität für die Flüchtlingsthematik aufbrachte, nämlich als es darum ging, eine Auszeichnung für einen von ihr gedrehten Film über die ungarischen Flüchtlinge von 1956 entgegenzunehmen. Der stellvertretende Parlamentspräsident, der den Preis überreichte, erkannte darin ebenso wenig einen moralischen Widerspruch wie die Kinderkickerin László selbst. Als der stellvertretende Parlamentspräsident von einem Reporter auf die Verlogenheit der Preisverleihung angesprochen wurde, entgegnete er: »Die ungarischen Flüchtlinge von 1956 sind etwas völlig anderes als die heutigen Migranten.« Die Veränderung der menschlichen Wahrnehmung, die zur Spaltung der Realität führte, war so tiefgreifend, dass die Frage nach der Moral keine Rolle mehr spielte. Im 21. Jahrhundert war schamloses Verhalten allerdings nicht nur möglich, sondern erhielt sogar den Nimbus, »hot« zu sein.

»That's hot!«

In der wegweisenden Doku-Soap *The Simple Life*, die zwischen 2003 und 2007 im Fernsehen lief, besuchten die superreichen amerikanischen It-Girls Paris Hilton und Nicole Richie arme Leute, um sich in anderen Lebenswelten umzusehen. Der Lieblingsspruch der beiden lautete »That's hot« [»Geil!«], obwohl die von ihnen erkundeten Wirklichkeiten zumeist alles andere als »hot« waren. Als sie in einer Episode zum ersten Mal im Leben mit dem Bus fahren und ihnen ein alter Mann erzählt, er komme gerade von einer Beerdigung, erwidert Hilton nur: »That's hot.« Den beiden Blondinen war die Realität der Entrechteten so fremd und mitunter auch zuwider, dass die meisten Zuschauer vor lauter Belustigung nicht bemerkten, wie sehr diese touristische Beobachtung des Lebens anderer Menschen im Grunde ihrem eigenen Blick auf die Raketen über Bagdad glich. Die erste Staffel von *The Simple Life* erschien im selben Jahr auf unseren Bildschirmen wie der Irakkrieg, also genau in der Zeit, in der wir uns von Bürgern, die sich von ihrem

Schamgefühl leiten ließen und zum Mitleid bereit zeigten, in Fernsehzuschauer verwandelten, deren Hirne bereits auf die Navigation zwischen den neuen Inseln der Wahrheit eingestellt waren.

Paris Hilton sagte einmal ganz richtig: »Ich glaube, es hat noch nie jemanden gegeben, der immer da geblieben ist. Aber ich werde immer da sein.« Ihre Saat sollte erst mit der Zeit aufgehen. Nur wenige Jahre später erwies sich das Übertreten neuer Schamgrenzen und die offen gezeigte Ungerührtheit angesichts der Lebenswirklichkeit anderer als überaus profitable Haltung. Nicht nur die Ungerührtheit gegenüber nicht privilegierten Menschen, sondern auch das Lachen über sie wurde zu einem Geschäftsmodell. Unzählige Web-Kanäle lieferten lustige Nonstop-Videos, in denen sich Leute verletzten. In Realityshows quälten sich kleine, isolierte Gruppen gegenseitig oder sahen sogar den Verlierern beim Hungern zu wie in *Survivor.* An ehrgeizigen Teilnehmern, die sich darum rissen, zeigen zu dürfen, wozu Menschen fähig sind, wenn Scham und Mitleid von der Liste der Grundregeln gestrichen wurden, herrschte in diesem Geschäftszweig nie Mangel.

Durch die neuen Entertainment-Formate entstand ein neuer Mensch – ein Zuschauertypus, der sich von Amoralität zwar vielleicht nicht unterhalten fühlte, auf jeden Fall aber fasziniert zeigte und im Lauf der Zeit fast eine Sucht nach grausamen Bildern entwickelte. Die übelsten Vertreter der Menschheit wurden zu Stars dieser neuen Moralität, und die Leute richteten ihren moralischen Kompass bereitwillig nach ihnen aus. Denn wer sich die menschenverachtenden Sendungen ansah, befand sich immerhin nicht mehr in derselben Wirklichkeit wie die Opfer. Niemand musste sich mehr fremdschämen, und auf Empathie ließ sich auch verzichten. Diese Entwicklung ging so weit, dass 2018 eine andere Frau – genauso blond wie Hilton und Richie, aber nicht ganz so sehr zum Lachen – ihre Ungerührtheit stolz zum persönlichen Programm erhob. Katie Hopkins muss sich ziemlich »hot« vorgekommen sein, als sie im April jenes Jahres in ihrer *Sun*-Kolumne schrieb: »Es ist mir schlicht egal. Zeigen Sie mir Fotos von Särgen, von Leichen, die im Wasser treiben, von dünnen, traurig dreinblickenden Menschen, und untermalen Sie das Ganze mit Geigenmusik – es ist mir piepegal.« Nichts zu fühlen, war Ehrensache geworden.

Was als Blondinenwitz begann, führte letztlich dahin, dass man sogar Präsident der Vereinigten Staaten werden kann, wenn man die eigene Schamlosigkeit und Ungerührtheit nur entsprechend dreist zur Schau stellt. Donald Trumps Berühmtheit gründet auf der ultimativen Mitleidsverweigerung, dem Ausschluss der Schwachen aus seiner Realityshow *The Apprentice*. Er machte das berüchtigte »You're fired!« zu seinem Markenzeichen und verkaufte dem Publikum seine demonstrative Kaltherzigkeit als Toughness und Realitätssinn. Dass seine Zuschauer ihn eines Tages wählen und die Weltgeschichte damit verändern würden, war damals nicht absehbar. Das Prinzip der zersplitterten Wahrheit, das von den großen Kriegen bis ins Alltagsleben durchgedrungen war, zeigte sich nun wieder auf höchster politischer Ebene und veränderte sie in beispielloser Weise.

Trump fand schnell heraus, dass es kein großer Unterschied war, ob er nun »Präsident« oder »Chef« spielte. Im Oktober 2017 warf er puerto-ricanischen Hurrikan-Opfern, deren Häuser zerstört waren und deren Land über keine

Infrastruktur mehr verfügte, großspurig grinsend Küchenrollen zu, und die Menge jubelte. In diesem Moment glich das Schamgefühl einem streunenden Hund, der die Suche nach seinem Besitzer längst aufgegeben hat. Die Politik war zum Mockumentary verkommen, in dem der Präsident der Vereinigten Staaten als Promitourist durch die Wirklichkeit anderer reiste. Aber wenigstens warf er Küchenrollen und keine Schachbretter ...

Im Dezember 2013 warf die First Lady der Türkei – der dabei ein gewisser Widerwille anzumerken war – gemeinsam mit ihrem Mann Geschenke, darunter Schachspiele, in eine begeisterte Menge. Obwohl die größtenteils armen Menschen gar nicht wussten, was ihnen da entgegenflog, rissen sie sich um die Sachen, als hinge ihr Leben davon ab. Innerhalb kurzer Zeit wurde die Situation so heikel, dass die Bodyguards einen Sicherheitskorridor zwischen der Macht und der Insel der wild gewordenen Armen schaffen mussten. Um die Sache hinter sich zu bringen, agierte die First Lady zunehmend hektisch, warf immer hastiger und traf schließlich mehrere Leute am Kopf. Vor aller Augen wurde die Menschenwürde live im Fernsehen zerquetscht, zermalmt und eingestampft. Die Aufnahmen waren nicht weniger »verstörend« als die des Küchenrollenschleuderers Trump. Auch vor ihnen hätte man alle warnen müssen, die noch so etwas wie Scham empfanden.
Nach und nach wuchs die Schamlosigkeit der Ungerührten zur dominanten Kultur heran, und wer sich schwertat mit dem künstlich erzeugten Zeitgeist und dem Dasein inmitten einer tonangebenden Mehrheit, für die Scham und Mitleid Ausdruck von Naivität waren, zögerte plötzlich, wann

immer er oder sie am liebsten »Schämt euch!« gerufen hätte. Das weiß ich, weil es auch mir eines Tages peinlich war, mich zu schämen.

»Irgendwie schäme ich mich ein bisschen. Müsste ich aber eigentlich nicht, oder?«

November 2006. In meinem sündteuren neuen blauen Regenmantel, den ich wegen Leonard Cohens Song, aber nicht ohne spießige Gewissensbisse in einer Boutique in Saint Germain gekauft habe, zwänge ich mich im Cinéma Odéon an den Knien der Leute vorbei und provoziere damit eine wahre La-Ola-Welle der Entrüstung in meiner Zuschauerreihe, denn der Film läuft noch. *Borat: Kulturelle Lernung von Amerika, um Benefiz für glorreiche Nation von Kasachstan zu machen*, ein Mockumentary von Sacha Baron Cohen, verhöhnt sowohl das kasachische Volk als auch die Amerikaner, die darin mitspielen, ohne zu wissen, worum es in dem Streifen geht. Cohen singt gerade in seiner Rolle als kasachischer Journalist Borat Sagdiyev die angebliche Nationalhymne seines Landes, in der unter anderem geprahlt wird: »Die Prostituierten in Kasachstan sind die saubersten in der Region.« Offenbar habe ich beim Hinausgehen übertrieben tief aufgeseufzt, denn der Mann an der Kasse fragt mich: »Alles in Ordnung, *madame*?« Ich zünde mir eine Beruhigungszigarette an und nehme die Frage viel zu wörtlich. »Schon, aber irgendwie schäme ich mich …« Und weil aus dem Vorführsaal anhaltendes Gelächter ins Foyer dringt, füge ich hinzu: »Müsste ich aber eigentlich nicht, oder?«

Als ich einige Tage später, natürlich wieder in meinem neuen Regenmantel, in einem Pariser Café lässig durch den *Guardian* blättere, stoße ich auf einen Artikel von Patrick Barkham, der mir mein Stilbewusstsein schlagartig austreibt. Es geht um den Borat-Film und darum, dass die Amerikaner oft Anzeige erstatten, wenn sie sich diffamiert fühlen, während die Kasachen gezwungen sind, in das Lachen ihres Beleidigers einzustimmen. »Kann es für Menschen, die sich verhöhnt oder ausgebeutet fühlen, ein Happy End geben?«

Nach diesem Satz höre ich auf zu lesen, denke an einen uralten Mantel, den ich in den neunziger Jahren trug, und erinnere mich an eine Zeit, als ich nicht nur das Postkartenmotiv einer coolen Frau abgab, sondern wirklich cool war.

»Kaum zu glauben, aber die russische Hure, mit der ich gestern geschlafen habe, ist Kosmonautin!«

Wir schreiben das Jahr 1993. Noch ist die Türkei kein kleines *Schlaraffenland.* Den jungen Leuten fällt die Wahl nicht schwer: Wir verschlingen frisch übersetzte Bücher von Bukowski und sehen uns den Film über Jim Morrison an, lesen Marx, aber auch Francis Fukuyamas *Ende der Geschichte.* Die UdSSR ist zerfallen, und im Vergleich zu den neoliberalen Yuppie-Helden mit ihrer nie versiegenden *positiven Energie* wirken die Linken wie pathologische Pessimisten, wenn nicht wie Träumer, die immer den Kürzeren ziehen. Weil harte Gegensätze wegen des neuen identitätspolitischen Habitus passé sind, halten wir uns zurück und beginnen jeden Satz mit »Ich glaube« oder »Meinem Gefühl nach«, um unsere politischen und moralischen Überzeugungen im Universum der vielen Wirklichkeiten mit angesagten Floskeln zu schützen. In der neuen unipolaren

Welt reduziert man uns auf die Rolle von »Gutmenschen«, ohne dass uns klar ist, was das heißen soll. In dieser Phase, in der die kanonischen Texte der Aufklärung von den neuen Stars der westlichen Philosophie zertrümmert werden, treiben unsere politischen und moralischen Ansichten haltlos dahin wie entwurzelte Seerosen. Zwar sind wir klug genug, um unser Herz in dieser *herzlosen Welt* nicht an der Religion auszurichten, aber noch nicht alt genug, um uns eine säkulare Moral vorstellen zu können. Außerdem werden Religion und Theologie von den jungen radikalen Islamisten bereits als politische Ware missbraucht. Doch immerhin erkennen wir trotz der unbequemen politischen und philosophischen Lage, dass noch die kleinsten Überreste der politischen Überzeugungen des vergangenen Jahrhunderts ausreichen, um uns das Rückgrat zu stärken.

Ich bin Jurastudentin im zweiten Jahr und seit einem Jahr Reporterin in Ankara, wo ich mich noch immer nicht zurechtfinde, weil es dort kein Meer gibt. Sobald ich in dieser sich rasend schnell verändernden Welt unsicher werde, wappne ich mich mit dem langen Schal meiner Mutter, den sie, die linke Studentin, nach dem Militärputsch von 1971 im Gefängnis trug, und mit dem alten Mantel meines Vaters. Den trug der junge Anwalt, als er meine Mutter freibekam. Kaum hatte sie die Zelle verlassen, bat er sie, seine Frau zu werden. In die großen Manteltaschen passten Gramsci, William Blake, ein Päckchen Camel Shorts und ein Walkman, auf dem Janis Joplin in Endlosschleife »Tryyyyyyy just a little bit harder!« sang. Viele meiner Altersgenossen haben noch solche Mäntel aus den siebziger Jahren, die uns wärmen und unsere Orientierungslosigkeit mit den Überzeugungen der Elterngeneration überdecken.

Noch ehe mir Janis wieder ins Ohr kreischen kann, höre ich eines Morgens am Eingang zur Universität den damals überall kursierenden Witz: »Kaum zu glauben, aber die russische Hure …«
Der Witz zielt auf die ziemlich fertig wirkenden neuen Studenten aus früheren sowjetischen Turkrepubliken, Turkmenistan, Kirgistan, vielleicht auch Kasachstan, die erst in diesem Jahr als Waisen eines untergegangenen Regimes in der Türkei aufgenommen wurden; aber nur wegen ihrer ethnischen Herkunft, die ihnen wahrscheinlich erst nach dem Zusammenbruch der UdSSR bewusst wurde. Die Angehörigen dieser neuen Spezies sind auf den ersten Blick zu erkennen, wenn sie, immer in Gruppen, mit ihren aus der Zeit des Eisernen Vorhangs stammenden Zweiteilern und entsprechenden Planwirtschaftsslippern gewissermaßen wie Real-Life-Borats durch die Stadt streifen. Als wäre es nicht schlimm genug, ein Land verloren zu haben und sich plötzlich in der »freien Welt« wiederzufinden, wird obendrein ständig über ihr unterlegenes System geredet – nur kaum je mit ihnen. Und jetzt müssen sie vor dem Eingang zur Juristischen Fakultät auch noch den schmutzigen Witz über ihre früheren Mitbürger ertragen. Ich bleibe stehen und brülle den Zotenreißer an: »Schäm dich!« Mit dieser spontanen, ja reflexartig erfolgenden Maßnahme versuche ich, meine Fremdscham angesichts der peinlichen Szene loszuwerden und das Schamgefühl an den rechtmäßigen Besitzer zurückzugeben. Das ist meine Pflicht, weil ich mich nun einmal in derselben Realität befinde wie diese Leute. In diesem Punkt ist sich sogar mein zögerlicher moralischer Kompass sicher. Und Millionen von anderen jungen Leuten hätten es genauso gemacht, wenn sie den schmutzigen Witz ge-

hört hätten. Wir wussten ja nicht, dass das Coolste an uns damals das sture Festhalten an einer ungeteilten Wahrheit und einer intakten Moral war.

Als ich dreizehn Jahre später in dem Café in Paris den *Guardian* langsam sinken lasse, haben mein Schamempfinden und das Gefühl, es nach jeder Demütigung eines Borat an den rechtmäßigen Besitzer zurückverweisen zu müssen, nichts Reflexartiges mehr, sondern etwas Zögerliches. *Müsste ich aber eigentlich nicht, oder?* Spießig und voller Selbstverachtung, wie ich bin, gebe ich meinem *famous blue raincoat* die Schuld und vermisse die Taschen des alten, in denen ich die Hände verstecken konnte, wenn sie zu schwach waren, um etwas zu verändern. Doch ebenso wenig, wie unsere Mütter die Warnungen vor »verstörenden Bildern« vorhersahen, erahne ich in diesem Augenblick eine Welt, in der der Verhöhnte seinen Peiniger als seinen Retter begrüßt.

»Ich grüße Borat!«

Am 23. April 2012, sechs Jahre nach dem *Borat*-Film, bedankte sich der kasachische Außenminister Jerschan Qasychanow in einer Rede vor dem Parlament offiziell und voller Stolz bei Sacha Baron Cohen, »weil sich die Zahl der Visaanträge für Kasachstan seit dem Start des Films verzehnfacht hat«. Dass sich möglicherweise der eine oder andere Kasache gedemütigt und verhöhnt fühlte, nahm man in Anbetracht des unerwarteten Tourismusbooms gern in Kauf. Das kasachische Volk sei nicht mehr wütend, sondern freue sich darüber, dass sein Land nun »auf der Landkarte zu finden« sei, wie sich Qasychanow ausdrückte – auf der neuen Karte eines Landes, dessen Bewohnern es nichts aus-

macht, wenn ihre kleine Wirklichkeitsinsel von Bürgern anderer Inseln besucht und verspottet wird, solange diese Bürger dafür zahlen. Diese Leute unterschieden sich in nichts von Realityshowstars, die sich in ein permanent überwachtes Haus sperren lassen oder auf einer Insel Hunger leiden – Hauptsache, man ist »wer« in der Popkultur. Die Frage in dem *Guardian*-Artikel über *Borat* war damit beantwortet: Es gab tatsächlich ein Happy End für die Verhöhnten und Ausgebeuteten – allerdings nur unter der Bedingung, dass sie sich freudig in die moralische Weltkarte des globalen Kapitals eintragen ließen, auf der die Verlierer – wie in Donald Trumps Sendung *The Apprentice* oder in den vom Krieg geschundenen, blitzschnell in Touristenziele umdefinierten Ländern – vollauf zufrieden waren.
Weil uns unser moralischer Kompass, den wir für weniger beschädigt halten als den der Rechtspopulisten, nicht mehr zu den schnellen Reaktionen des vergangenen Jahrhunderts führt, sollten wir vielleicht einfach *try a little bit harder*, uns also mehr Mühe geben, um an der Schamlosigkeit in dieser postfaktischen Welt Gefallen zu finden. Bis es so weit ist, können wir uns ganz auf die äußerlichen Erscheinungsformen des Problems konzentrieren – Internettrolle, nützliche Idioten, skrupellose politische Führer, Fake News und so weiter – und dabei wieder einmal vergessen, dass auch sie natürliche Konsequenzen der letzten Jahrzehnte sind.

In den achtziger Jahren begannen sich die türkischen Mainstreamjournalisten in den neuen moralischen Strukturen wohlzufühlen. Man hatte ihnen zwar das Recht genommen, sich gewerkschaftlich zu organisieren, dafür jedoch als Entschädigung Zutritt zu den sterilen Medienzentren gewährt, in denen sie sich ihre frisch importierten italienischen Slipper nicht schmutzig machen mussten. Sie begannen, sich wie Unternehmensangestellte zu kleiden, bezeichneten ihre Zeitungen und TV-Sender plötzlich als ihre jeweilige »Firma«, und in ihren Blättern fanden sich plötzlich »Lifestyle«-Beilagen.

Etwa zu der Zeit, als die türkischen Journalisten nicht nur über die neuen Lebemänner zu berichten, sondern sich auch als deren Vorbilder zu gerieren begannen, setzte im westlichen Journalismus der Kult um »Objektivität« ein und wurde bald darauf in den Rest der Welt exportiert. Die Journalisten, einst abenteuerlustige Straßenkinder, Vagabunden auf der Suche nach der Wahrheit, verwandelten sich in Firmenmitarbeiter. Die neue Objektivität bestand nicht mehr aus dem herkömmlichen Double-Checking und dem fairen Blick auf alle an einer Story Beteiligten, sondern aus einer aufgezwungenen Sterilität. »Objektivität« war jetzt in Wahrheit Neutralität. Opfer oder sozial Schwache wurden genauso hart befragt wie Täter oder Menschen mit Einfluss. Kein Wunder, dass sich diese sogenannte Objektivität zugunsten der Mächtigen auswirkte, der Befürworter von Waffen und Realpolitik. Zusehends schwand der für die »Naiven« reservierte Platz auf den Splitscreens. Die meisten Mainstreamjournalisten fügten sich in diese Entwicklung und trösteten sich damit, dass sie ja immerhin noch Fakten und keine Lügen präsentierten. Im neuen Umfeld einer ideologisch veränderten Politik mutierten sie zu gewieften Wanderern zwischen den Wahrheitsinseln, rammten ihre moralische Flagge aber ausschließlich in den Boden des konformistischen Eilands.

Nach der Jahrtausendwende wurde das moralische Fundament des Journalismus, seine Funktion als Stimme der Sprachlosen und Kontrolleur der Mächtigen, auf die »persönliche Meinung« des einzelnen Journalisten zurückgestutzt. Um die Neutralität der *Firma* nicht zu gefährden, mussten die Journalisten in ihren Social-Media-Profilen verkünden, alles von ihnen Verfasste entspreche ihrer »persönlichen Wahrheit«. Das macht sie zu Prügelknaben rechtspopulistischer Anführer, sobald diese ihren direkten Draht zum *Volk* demonstrieren müssen, und erklärt, warum die verdutzten Journalisten beim Fototermin mit Trump und Putin während des G20-Gipfels ihre Schwäche nach dem Angriff durch die beiden Politiker mit verlegenem Lachen kaschierten.

Seit einigen Jahren, insbesondere seit Donald Trumps Machtübernahme, wird das Problem des Postfaktischen gern auf einen Wettkampf zwischen den Mainstreammedien und den Trollen in den sozialen Netzwerken reduziert. Es ist eben sehr bequem, dieses gewaltige politische Thema mit dem Boxkampf zwischen Rocky und dem skrupellosen Drago gleichzusetzen. Doch das Bild »Journalismus versus Postfaktizität« vereinfacht die Sache und lenkt zugleich von der politischen Historie der Postfaktizität und von ihrer moralischen Problematik ab. Außerdem gab es durchaus Zeiten, in denen es den etablierten Medien nutzte, die Vielschichtigkeit des Themas auszublenden. Wie Trump so plump wie richtig sagte, verzeichnete die *New York Times* genau ab dem Zeitpunkt eine rasante Steigerung der Verkaufszahlen sowohl im Print- als auch im Onlineformat, als die konkurrierenden Kräfte Fake News und Postfaktizität auf der politischen Bühne erschienen.
Auch die großen Nachrichtensender profitierten von der po-

litischen und ethischen Krise, weil sie es ihnen ermöglichte, als heldenhafte Streiter für die Wahrheit gegen die dunklen Kräfte der Politik ihren angeschlagenen Ruf aufzupolieren. Am 23. Februar 2018 sagte Trump in einer Rede im Rahmen der CPAC (Conservative Political Action Conference): »Sogar die Medien … werden mich irgendwann vor der Wahl voll und ganz unterstützen. Die ganzen schrecklichen Leute da hinten werden mich unterstützen. Und wissen Sie warum? Weil ihre Einschaltquoten runtergehen würden und sie dichtmachen müssten, wenn ein anderer gewinnt. Dann würde kein Mensch mehr zuschauen. Dann könnten sie dichtmachen.« Die Verwandlung von Zeitungen und Nachrichtensendern in Unternehmen, die süchtig nach Profit (und damit nach Einschaltquoten und Onlineklicks) sind, sodass immer weniger Raum für langweilige Fakten und Wahrheiten bleibt, hätte nicht schonungsloser beschrieben werden können. Fast könnte man meinen, Trump hätte die Presse mit seinen Worten an die alte Journalistenweisheit »Folge dem Geld!« erinnern wollen.

Die russische und die türkische Regierung gestalten die Bezahlung ihrer Trollarmeen annähernd gleich. Für den Kampf gegen Wissenschaft und Fakten erhalten die Angehörigen dieser Truppen ironischerweise ungefähr den Gegenwert eines Professorengehalts. Wer schlau genug ist, um die Anregungen auf der täglich vom postfaktischen Vorgesetzten ausgehändigten Liste ein bisschen aufzupeppen, indem er, durch mehrere Pseudonyme geschützt, ein paar derbe pubertäre Witze hinzufügt und ein paar reale Menschen attackiert, hat sich für den Job qualifiziert. Leute, die in die Zeit der separaten Wirklichkeitsinseln hineingeboren wurden und mit Zynismus als Schutz und Waffe aufwuchsen, betrachten ihren Job ja vielleicht weniger als ethische Herausforderung denn als Überlebensmöglichkeit im Dschungel diverser »Wahrheiten«. Da sie in ihrem noch kurzen Leben bereits gelernt haben, dass man gut (wenn auch nicht ganz so gut wie Paris Hilton) leben und sogar amerikanischer Präsident werden kann, wenn man sich geschickt zwischen den Inseln bewegt und sie verspottet oder schlechtredet, könnte man sie sogar als gelehrige Schüler unseres Zeitalters bezeichnen.

Im Grunde ist der Job des Trolls ziemlich stumpfsinnig. Seine Aufgabe besteht nicht darin, über ein Thema zu diskutieren oder Argumente anzufechten, sondern er soll den Kommunikationsraum mit möglichst beispielloser Feindseligkeit und Aggressivität terrorisieren, um die gegnerischen Äußerungen in den Hintergrund zu drängen. Trolle sind digitale Pitbulls, darauf trainiert, die geltenden Kommunikationsregeln, die Vernunft und jede inhaltliche Substanz aus den sozialen Medien hinauszumobben. Gleichzeitig werden sie für andere Social-Media-Nutzer zu bezahlten Vorbildern in Sachen schamlose Grausamkeit – für all die »normalen« Menschen, die sich den Milizen der Unmoral freiwillig anschließen.

»Menschen können so unglaublich grausam sein.«

Dieser Gedanke ging wahrscheinlich vielen Leuten durch den Kopf, nachdem sich die achtzehnjährige Texanerin Brandy Vela nach jahrelangen üblen Cyberattacken im Dezember 2016 vor den Augen ihrer Eltern in die Brust geschossen hatte. Unglaublicherweise aber ging das Mobbing nach ihrem Tod weiter. Noch tagelang wurde in den sozialen Medien über den Suizid der jungen Frau gelästert. Die Polizei, erklärte der Vater gegenüber Journalisten, habe behauptet, nichts dagegen tun zu können.

Das Gesetz regelt nicht nur unser Leben an sich, sondern bestimmt auch die ethischen Grundbedingungen des Miteinanders. Wer sich in einen rechtsfreien Raum begibt, liefert seine Interaktionen der Gnade von Individuen oder Gruppen aus, die sich, wie uns die Geschichte lehrt, unter solchen Voraussetzungen mies benehmen. In der digitalen Welt, aus der die politische mittlerweile ihre Informationen bezieht, fehlt es nach wie vor sowohl an Gesetzen als auch am Gesetzesvollzug. Trolle und Menschen, die sich von deren Radikalität inspirieren lassen, sind brutal, weil man sie lässt. Das Ausmaß, in dem sich die Redefreiheit ausreizen lässt, ist im Internet allein durch die eigenen Moralvorstellungen der Leute begrenzt – die, wie wir gesehen haben, den herrschenden moralischen Strukturen der vergangenen Jahrzehnte angepasst wurden. Deshalb ist es ganz normal, dass aus der Frage »Wie kann man nur so grausam sein?« mit der steigenden Anzahl von Trollen die Frage »Woher kommen eigentlich diese grausamen Menschen?« wird. Dann verwandelt sich die Bestürzung in Angst, in das Gefühl, von ganzen Armeen skrupelloser Leute umringt zu sein. Im Zeitalter des Postfaktischen, in dem Mitleid und Scham nicht mehr durch eine politische Identität geschützt sind, auf deren Grundlage alle gemeinsam handeln könnten, fühlt man sich ohne politische Organisation der eigenen moralischen Werte irgendwann ziemlich allein.

Ali Ismail Korkmaz starb mit neunzehn Jahren im Koma, nachdem ihn achtunddreißig Tage zuvor während der Gezi-

Proteste vom Sommer 2013 türkische Polizisten und Regierungstreue brutal zusammengeschlagen hatten. Der an ihm verübte Mord wurde nicht nur zum Symbol für die Schonungslosigkeit der Regierung, sondern enthüllte auch die ansteckende Rohheit von deren Unterstützern – zu den ganz normalen Leuten, die sich an der Tat beteiligten, zählten drei Bäcker. Die Videobilder, auf denen man sieht, wie Korkmaz die Angreifer anfleht, von ihm abzulassen, schockierten das ganze Land – oder zumindest diejenigen, die nicht der Ansicht waren, er hätte den Tod schon allein wegen seines Protests verdient.

Zusammen mit vielen anderen Journalisten und Menschenrechtsaktivisten verfolgte ich den lächerlichen Prozess, zu dem es anschließend kam. Aus »Sicherheitsgründen« hatte man einen extrem kleinen Raum in einem leeren staatlichen Gebäude in einer abgelegenen anatolischen Stadt als Ort des Verfahrens bestimmt. Der Raum war so voll, dass die Knie von Korkmaz' Mutter fast die des Mörders ihres Sohns berührten. Als wären diese physischen Hindernisse und emotionalen Qualen nicht genug gewesen, wurden obendrein alle Prozessbesucher ganz offen von der Polizei gefilmt. Man hielt uns die Kamera förmlich ins Gesicht. Am schlimmsten aber war die Flut höhnischer Trollpostings über Korkmaz und seine Familie in den sozialen Medien. Was da an Brutalität zum Vorschein kam, hätte jeden Menschen mit auch nur minimalen moralischen Grundsätzen zutiefst entsetzt. Man hatte uns auf eine *Herr-der-Fliegen*-Insel gepfercht, auf der es nur Jacks gab, und alle fragten sich: »Wo sind die Ralphs?«

Die Ralphs schlagen sich die Nächte mit unbezahltem Bürgerjournalismus um die Ohren, bekämpfen die Trolle in den sozialen Medien, die sich im Geist des herrschenden Systems über die Machtlosen lustig machen, und bekommen am nächsten Morgen als Allererstes die jüngste empörende Äußerung von deren Anführer zu hören. Gleichzeitig versuchen sie, dem Trommelfeuer alternativer Fakten auszuweichen, das aus völlig unerwarteten Ecken auf sie einprasselt – vom Leugnen der Kugelgestalt der Erde bis hin zu der Überzeugung, jeder Ehebrecher sollte automatisch ins Gefängnis geworfen werden. Dieser Mechanismus, das Perpetuum mobile der unfassbaren Worte und Taten und der empörten Reaktion darauf, ist der Teufelskreis, mit dem die rechtspopulistischen Anführer das soziale und politische Leben destabilisieren.

»Was halten Sie von der aktuellen Diskussion, Ehebruch in der Türkei unter Strafe zu stellen?«
Die Frage wurde mir im März 2018 von Mark Lowen, Türkei-Korrespondent der BBC, in seiner Sendung auf BBC World News gestellt. Ich lachte sarkastisch auf, was im Radio für alle nicht aus dem Nahen Osten stammenden Zuhörer grauenhaft klingt. »Mir zeigt das«, antwortete ich, »dass die Regierung derzeit anderswo etwas wirklich Übles durchzieht.«
Damals fand gerade die türkische Militäroffensive auf das syrische Afrin statt, und es kehrten bereits die ersten Särge in die Türkei zurück. Also gab Erdoğan wie schon zehn, wenn nicht hundert Mal zuvor eine skandalöse Stellungnahme über etwas völlig Belangloses ab, um die öffentliche Debatte anzuheizen und auf diese Weise von den aufwühlenden Bildern der toten Soldaten abzulenken. Die Kriminalisierung von Ehebruch wurde in den letzten zwanzig Jahren mindes-

tens fünfzehn Mal ins Gespräch gebracht, und jedes Mal geschah zur gleichen Zeit etwas, das im Störgeräusch der schockierenden Äußerung untergehen sollte. Wenn es nicht um Ehebruch ging, dann um das Abtreibungsverbot.

Wann immer die Methode »Provokation und empörte Reaktion« angewendet wird, um die Gesellschaft abzulenken und die politische Debatte zu befeuern, erweisen sich die Frauenrechte als fruchtbarer Boden. Im März 2018 sah sich Angela Merkel plötzlich mit einem lange unbeachtet gebliebenen Abtreibungsgesetz aus der NS-Zeit konfrontiert, das es Ärzten verbot, Schwangerschaftsabbrüche offen als medizinische Leistung anzubieten. Niemand hatte dem Gesetz Beachtung geschenkt, bis der in Deutschland zunehmende Konservatismus Merkel und ihren Koalitionspartner in den politischen Streit über ein moralisches Problem zwang. Die Konservativen mobilisierten natürlich ihre Anhänger, um das Ganze aufzubauschen, und ehe sich's die deutschen Frauen versahen, war das ganze Land mit einem Problem beschäftigt, das die meisten in der Mitte des 20. Jahrhunderts angesiedelt hatten.

Während die Vernünftigen, denen die Absurdität des Ganzen bewusst war, alle Hände voll mit der Organisation ihrer politischen Reaktion zu tun hatten, nutzten die deutschen Rechtspopulisten die Gelegenheit, um reaktionäre Wähler anzuziehen. Die Abtreibungsfrage ist natürlich leichter verständlich als komplizierte Finanzprobleme und wesentlich besser dafür geeignet, die politische Debatte zu destabilisieren und ihr politische Energie zu entziehen. Der Trick stammte direkt aus Erdoğans Zauberkiste: in regelmäßigen Abständen Provokantes zu einem Thema äußern, das Frauen betrifft, die Leute damit schockieren und die Kontroverse so lange am Köcheln halten, bis das vollbracht ist, was die ganze Zeit hindurch vom Störgeräusch übertönt werden sollte.

Der einflussreiche polnische Populist Jarosław Kaczyński greift lieber zu Katzen als zu Frauen, wenn er Störgeräusche braucht. »Lassen wir uns nicht täuschen!«, twitterte der polnische Oppositionsabgeordnete Michał Szczerba am 24. November 2017. Kaczyński hatte während einer Parlamentsdebatte über eine Gesetzesreform, mit der sich die Regierung mehr Kontrolle über die Ernennung der Richter am Obersten Gerichtshof verschaffen wollte, in einem Buch über Katzen geschmökert. Den ganzen Tag hindurch bekamen die Polen in den sozialen Medien nicht etwa Einzelheiten zu der Neuregelung geboten, sondern Witze und empörte Kommentare darüber, dass Kaczyński ein Katzenbuch las. Szczerbas Aufruf, sich nicht täuschen zu lassen, drang in der Bevölkerung kaum durch, sondern wurde vom öffentlich wahrgenommenen Störgeräusch weitgehend übertönt.

In Hinblick auf dröhnende Störgeräusche können Kaczyński und seine Katzen allerdings noch einiges von der amerikanischen First Lady Melania Trump lernen. Als sie im Juni 2018 ein Flugzeug bestieg, um ein Aufnahmezentrum für Flüchtlingskinder an der mexikanisch-texanischen Grenze zu besuchen, trug sie eine Jacke, mit der sie sich tagelang auf den Trendlisten hielt. Die von ihren Eltern getrennten und allein vor Gericht gestellten Migrantenkinder waren gerade politisches Thema Nummer eins, und der Präsident sah sich wegen der negativen Reaktion auf seine brutale Vorgehensweise massiv unter Druck gesetzt. Vielen Ame-

rikanern war es ein dringendes Bedürfnis, im Widerspruch zur politischen Agenda des Präsidenten ihre Sorge um die Kinder zum Ausdruck zu bringen. Doch auf dem Rückenteil von Mrs Trumps beispiellos billigem Parka (39 Dollar) stand der Slogan der herrschenden Moral: »I really don't care. Do U?« [»Mir doch egal – euch nicht?«]
Ich kann mir vorstellen, dass die Leserinnen und Leser dieses Buchs die Frage am liebsten mit dem Ruf »Nein, es ist uns nicht egal!« beantwortet hätten. Aber wie viele von uns sind in der Lage, ihre Bedenken klar und ohne die Verwendung von Sprachfüllseln wie *Ich finde* oder *Ich glaube* zu begründen? Nicht nur wird das, was wir zu sagen haben, von den Störgeräuschen und Rammböcken der rechtspopulistischen Politik übertönt, sondern es gibt auch kein gemeinsames Wertesystem mehr, anhand dessen wir moralische Verbrechen hieb- und stichfest beweisen könnten.

Unsere moralische Zögerlichkeit rührt vor allem daher, dass die große philosophische Frage, wie man ein guter Mensch sein kann, in den achtziger Jahren in den Bereich der Religion und des individuellen Gewissens abgeschoben wurde. Und dank einer weitgehend unangefochtenen neoliberalkonservativen Politik wurde die Familie zur einzigen Bastion, in der das individuelle Bedürfnis nach Gemeinschaft und Solidarität noch erfüllt werden sollte (eine Ausnahme bildet vielleicht die Sitcom *Friends*, deren Figuren allerdings kaum je etwas widerfuhr, was ihre Solidarität auf die Probe stellte). Die in das Gehege der Religion gesperrte Moral wurde damals gestutzt und die Religion selbst zu marktfreundlichen »Spiritualitäten« zurechtgeschnitten. Man konnte jeden Werktag mit einer Meditation beginnen, um sich der materiellen Welt zu entheben und die Leichtigkeit des Seins zu genießen, oder einen TV-Pfarrer über die Bedeutung des Teilens predigen hören, um sich gleich danach auf die tägliche Suche nach dem *wahren* Heiligen Gral – dem Profit – zu machen. Und dank der neuerdings geteilten Bildschirme der Menschenseele ist das moralische Patchwork inzwischen an jeden Einzelnen und seine spirituellen Vorlieben angepasst.

Wie sollen wir Scham und Mitleid als gemeinschaftlich gelebte Konzepte erkennen, wenn die Moralität aus dem öffentlichen Leben verbannt und in der Privatsphäre des Individuums isoliert ist, wo man sich nur zu ganz bestimmten Zeiten an ihr erfreuen kann? Und wie sollen wir Menschen dazu überreden, in den Bereichen des öffentlichen Lebens, in denen keine Strafverfolgung existiert, nichts Böses zu begehen? Diese Fragen können nur mit Hilfe einer säkularen Moral beantwortet werden, die zwar noch nicht gänzlich verschwunden, für uns aber seit den achtziger Jahren zusehends schwerer vorstellbar ist. Deshalb mussten, wann immer sich in den letzten Jahrzehnten die moralischen Stimmen Gehör verschaffen wollten, selbst diejenigen, die ihre moralischen Bedenken am liebsten herausgeschrien hätten, die Stimme senken und sich fragen: *»Müsste ich aber eigentlich nicht, oder?«*

Die Wahrheit stellt kein mathematisches Konstrukt dar, das mittels Gleichung zu beweisen ist. Ihre Ungeteiltheit erfordert einen intakten moralischen Kompass, die Gewissheit, das Böse vom Guten unterscheiden zu können. Und um diese Gewissheit zu erlangen, braucht man erstens eine politische Perspektive und zweitens eine politische Bewegung, die stark genug ist, um nicht nur die Könige, sondern auch die Götter zu bekämpfen. Denn nicht nur die Verteidiger der Throne verhindern eine solche politische Bewegung, sondern, weit wichtiger, auch die normal gewordene und deshalb unsichtbare Unterstellung, Menschen könnten nur dann moralische Überzeugungen haben, wenn sie an einen Gott glauben.

Gut, ich gebe es zu: Sobald das Thema Gott aufs Tapet kommt, zieht man sich gern auf vertrautes Terrain zurück – auf das Problem mit den Trollen, auf die Einmischung Russlands in die amerikanischen Wahlen, auf Fake News und den Aufbau einer intellektuellen Industrie mit dem Zweck der Ausgestaltung des postfaktischen Konzepts. *Wirklich* wahr ist: Beim Spielen im Sandkasten vergeht die Zeit angenehmer. Den Sandkasten haben uns die Könige hingestellt, die sich nach den Zeiten zurücksehnen, in denen nur sie das Wild jagen durften.

VIER

Demontieren Sie die rechtlichen und politischen Grundlagen

FRAGE: »Wen würden Sie wählen, wenn Sie Amerikaner wären?«
ANTWORT: »Trump. Ich finde ihn zwar grauenhaft, halte Hillary aber für die eigentliche Gefahr … Jede Gesellschaft hat ihre ungeschriebenen Regeln, die bestimmen, wie Politik funktioniert und wie man Einigkeit erzielt. Trump hat dieses Regelwerk durcheinandergewirbelt. Und wenn Trump die Wahl gewinnt, müssen sich die beiden großen Parteien, Republikaner wie Demokraten, auf die Grundlagen besinnen und sich überdenken. Vielleicht tut sich dann ja etwas. Jedenfalls ist es meine große, große Hoffnung, dass, sollte Trump gewinnen … Amerika ist ja noch keine Diktatur, er wird schon nicht den Faschismus einführen. Aber es wird ein großes Erwachen geben, und dann kommen neue politische Prozesse in Gang.«

Am 3. November 2016, nur drei Tage vor der amerikanischen Präsidentenwahl, glaubte Slavoj Žižek, der Rockstar des heutigen Marxismus, seine Fans im britischen Sender Channel 4 News mit einem Statement überraschen zu können. In der Türkei nahm man seine Ausführungen allerdings nur mit einem müden Schulterzucken zur Kenntnis. Eine ähnlich *große, große Hoffnung* hatten türkische Politexperten schon vor jeder Wahl und jedem Referendum geäußert, seit Erdoğan 2002 an die Macht gekommen war. Als Žižek seine Gedanken äußerte, galt »Wenn das Establishment durcheinandergewirbelt wird, kommt die Politik in Bewegung und wird besser« in der Türkei längst als abgedroschenes Klischee. Dort werden die Leute des unaufhörlichen *Vielleicht* von den meisten Dissidenten schon seit langem als Kollaborateure des autoritären Regimes verachtet, mit dem das Land nun dasteht. Nachdem sie sich freiwillig ins europäische Exil begeben hatten, erklärten einige dieser zynischen Intellektuellen in Stellungnahmen und Interviews, Erdoğan sei *plötzlich* autoritär geworden, was sie ungemein *überrascht* habe. Diejenigen, die standhielten, die weiterhin unter einem autoritären Regime lebten und an vorderster Front für die Demokratie kämpften, indem sie deren letztes Bollwerk, die Wahlurne, verteidigten, mussten über die Exilanten zu ihrer Verbitterung lesen, diese seien *getäuscht* und völlig *unvorhersehbar* ins Unglück gestürzt worden.

»So weit ist es mit mir gekommen: vom postmodernen Anarchisten zum Wahlbeobachter. Ja, *jeder weiß jetzt, wo sein Platz ist*!«
Dieser Tweet wurde am 1. November 2015 schlagartig zum Klassiker im sich stetig erweiternden Repertoire des türkischen Galgenhumors. Er wurde am Tag der Parlamentswahl veröffentlicht und von der großen Community gebildeter Bürger geteilt, die sich als Wahlbeobachter zur Verfügung gestellt hatten. Gezi-Park-Demonstranten, die nach den Protesten von 2013 politisch aktiv geblieben waren, hatten

das landesweit aufgebaute Freiwilligennetzwerk mit harter Arbeit und eisernem Willen professionell organisiert. Das eigentlich Tragische an dem Witz – der tiefe Fall von den Höhen der linken Theorie auf den harten Betonboden elementarer demokratischer Praxis – sprach vielen aus dem Herzen, die lieber bei der Theorie geblieben wären, als sich für *banale* Parteipolitik zu engagieren, bis sie sich eines Tages in der Pflicht sahen, einen weiteren Wahlbetrug durch die türkische Regierung zu vereiteln. Das erbärmliche, infantilisierte politische Klima hatte ihre intellektuellen Fähigkeiten überflüssig gemacht und sie selbst darauf reduziert, in Wahllokalen herumzustehen und zu verhindern, dass sich wie bei früheren Stimmabgaben Erdoğan-Anhänger an den Urnen zu schaffen machten. Die Retweeter des kleinen Scherzes dachten an die zurückliegenden Jahre, in denen sie amüsiert zugesehen hatten, wie das Establishment und sein verfaulter Staatsapparat von den skrupellosen Strategen einer populistischen Bewegung erschüttert und buchstäblich *dekonstruiert* worden waren. Ironischerweise hatten viele von ihnen die moderne Demokratie zuvor als reine Kosmetik für das neoliberale System betrachtet und genüsslich beobachtet, wie der Staatsapparat für seine Scheinheiligkeit bestraft wurde. Jetzt erlebten sie eine seltsame Wende – mussten sie die politische Maschinerie doch plötzlich verteidigen und das System der repräsentativen Demokratie beschützen, das die meisten von ihnen längst für passé gehalten hatten.

Leider lag zu dem Zeitpunkt, als die Wahlbeobachtung zur unumgänglichen Pflicht geworden war und sich viele Menschen in »militante Bürger« verwandelt hatten, bereits ein ganzes Jahrzehnt populistischer Herrschaft hinter der

Türkei, an dessen Ende sich zeigte, dass die politische Welt nicht den in Žižeks *großer Hoffnung* begründeten Naturgesetzen folgte. Weder hatten die rechten Angriffe auf das Establishment zu einem *großen Erwachen* geführt, noch erstanden die beschädigten politischen Strukturen (vom Staatsapparat und der gesamten politischen Maschinerie inklusive Nichtregierungsorganisationen bis hin zum jahrelang politisch und moralisch geschundenen gesellschaftlichen Kern des Landes) nach ihrem Niedergang wieder auf und reformierten sich. Das hatte zwei einfache Gründe: Erstens besitzt die Politik im Unterschied zu einem physischen Raum keine Widerstand bietende Begrenzung, die sich als »Boden« bezeichnen ließe, und zweitens gibt es selbst bei der Annahme, die Politik sei am Tiefpunkt angelangt, keinen Grund, warum sie nicht dort bleiben sollte. Dennoch behielt der Zynismus der großen Hoffnung seinen Einfluss. Er brachte oppositionelle Stimmen dazu, sich während des Niedergangs still zu verhalten, beließ sie gewissermaßen in der Schwebe. Die Befürworter *großer Erwartungen* rechtfertigten die stetig schlimmer werdende Situation mit der Beteuerung, man habe den Boden noch nicht erreicht, von dem aus es wieder aufwärts gehen könne. Weil der Mensch optimistischen Äußerungen selbst dann bereitwillig glaubt, wenn sie von der Realität immer wieder entkräftet werden, warteten die Andersdenkenden weiter auf die Erfüllung aller *Vielleichts.*

Die anhaltende große Hoffnung bewirkte schließlich nicht nur eine verspätete und damit wirkungslose politische Reaktion, sondern zerstörte auch das Vertrauen der Menschen in die politische Theorie, weil Kommentatoren an Einfluss und Glaubwürdigkeit verloren. Denjenigen, die eine düste-

re Zukunft vorhergesagt hatten, fiel es schwer, sich ein »Wir haben es euch doch gesagt« zu verkneifen.
Apropos Einfluss: An dieser Stelle gilt es, sich den jahrzehntelang andauernden intellektuellen Gewichtsverlust der globalen Linken während der achtziger und neunziger Jahre in Erinnerung zu rufen. Ohne auf die historischen und wirtschaftlichen Ursachen des Phänomens näher einzugehen, lässt sich konstatieren, dass die linken Mainstreammeinungsmacher damals genüsslich dem Luxus frönten, die Linke auf die Produktion von Kulturkritik zu reduzieren, während sie gleichzeitig bewusst oder unbewusst den Kontakt zum hart arbeitenden Durchschnittsbürger, dem heutigen *Volk*, kappten. Da ich selbst an Bord jener *Titanic* war, kann ich mit Fug und Recht behaupten, dass das Analysieren der herrschenden Bilder und die Dekonstruktion des herrschenden Diskurses mit sehr viel Bezug zu Adorno und Barthes damals für nahezu alle von uns das Höchste waren. Wir hielten uns für zu schlau, um von der Realpolitik ins Abseits gestellt zu werden, und unser intellektuelles Refugium war nicht nur sicher, sondern auch ethisch einigermaßen in Ordnung – bis unsere Hervorbringungen irgendwann nur noch wie nutzloses Dekor an einem globalen politischen Wrack wirkten.
Die Menschen, die wie unser postmoderner Anarchist plötzlich zu Fußsoldaten der Demokratie wurden, weil sie Wahlen und Auszählungen beobachteten, rochen sofort, dass etwas faul war. Genauer gesagt lag ein durchdringender, widerlicher Zwiebelgestank in der Luft, den sie zwar kaum ertragen konnten, aber mussten. Am Ende dieses Kapitels – und hoffentlich ehe Ihr eigenes Land ähnlich zu stinken beginnt – werden Sie verstehen, warum Zwiebel-

geruch unbedingt zur Demokratie dazugehört. Wenn Sie diesen Geruch nicht ertragen, müssen Sie damit rechnen, das kleinere von zwei Übeln – das alles andere als perfekte Triumvirat Demokratie, Establishment, Staat – an ein autoritäres Regime zu verlieren.

Über Recep Tayyip Erdoğans Erscheinen auf der politischen Bühne empfanden alle, die die Parteipolitik aus sicherer theoretischer Distanz beobachteten, die gleiche zynische Freude wie ihre Kollegen in Ungarn, Großbritannien und den Vereinigten Staaten über das Auftauchen der dortigen Populisten. Erdoğans AKP versetzte das Establishment mit ihrer Überrumpelungstaktik in einen Zustand permanenter Erschütterung. Sie startete Angriffe auf prominente, zuvor als unangreifbar geltende Politiker, ignorierte den allgemeinen Konsens und erwähnte immer wieder beiläufig die Möglichkeit eines Rückzugs aus internationalen Vereinbarungen. Der Ruck, der das System dabei durchfuhr und kräftig ins Wanken brachte, war ein Weckruf für Politiker jeder Couleur. Auf allen Fernsehkanälen zeigten sich bedeutende Vertreter des Establishments fassungslos angesichts der Dreistigkeit, mit der die AKP-Strategen die politischen Konventionen verwarfen, und ihre Verblüffung zauberte ein nur noch frecheres Grinsen auf die Gesichter der Populisten. Die Taktik war simpel: eine provokante Äußerung in die Debatte werfen, für Verwirrung sorgen oder einen Streit zwischen den etablierten Politikern der rechten und linken Mitte anzetteln, an den fragilen Übereinkünften im Land rütteln, sich an der entstandenen Aufregung ergötzen und die Debatte schließlich mit der Behauptung beenden, beiden Seiten fehle das Gespür für die Bedürfnisse des *Vol-*

kes beziehungsweise die politischen Forderungen der Straße seien dem Establishment längst aus dem Blick geraten.
Bei solchen kabarettreifen politischen Diskussionen saßen gewisse zynische Linke wie gebannt vor dem Fernseher und genossen das Spektakel, das ihnen unbedeutende Provinzler boten, indem sie das lange Zeit so respektierte, wenn nicht gefürchtete Establishment auseinandernahmen. »Endlich greift die Peripherie nach der Macht im Zentrum«, lautete die damals gängige Analyse, nicht anders als in den USA ein Jahr nach Trumps Wahlsieg oder in Großbritannien nach dem Brexit-Referendum. Darin steckte natürlich ein Körnchen Neid – schließlich hätte sich die Linke diesen *revolutionären* Akt gern an die eigene Fahne geheftet. Viele Linke waren von der politischen Zerstörung derart entzückt, dass sie erst Jahre später die entscheidende Frage stellten: »Und wodurch wollt ihr das Establishment ersetzen?« Und als ihnen die Frage endlich einfiel, war die mit politischem Voyeurismus verschwendete Zeit vergangen und sie sahen sich mit den realen Konsequenzen ihrer *großen Hoffnung* konfrontiert. Man erinnere sich an die Social-Media-Kommentare junger, gebildeter Briten nach dem Referendum, deren Quintessenz lautete: »Ich konnte ja nicht ahnen, dass die Leute das Referendum ernst nehmen würden.« Als den politischen Traumtänzern der jungen Generation aufging, dass ihre Stimmen folgenreicher waren als ihre Facebook-Likes, erfuhr ihr neues, nichteuropäisches Leben bereits seine Prägung durch die Real-Life-Politik, so wie unser Leben in der Türkei durch die Werte konservativer Provinzler.
Mit seiner Ansicht, ein antidemokratisches politisches Gebilde könnte eine bessere Demokratie herbeiführen, kam Žižek fast zwanzig Jahre zu spät. In der Türkei hatte man

die Frage schon bald mit autoritären Praktiken beantwortet, und als die im Außendienst tätigen neuen »militanten Bürger« direkt auf Erdoğans begeisterte Anhänger trafen, zeigte sich, dass es so gut wie unmöglich war, deren Überzeugungen zu verändern oder ihre Frustration in den Aufbau einer besseren Demokratie umzuleiten. Obendrein lernten die linken Zyniker damals, dass gute Manieren und Zurückhaltung nicht ausreichen, um Raufereien – gelegentlich sogar im wörtlichen Sinn – zu vermeiden, wenn die Gegenseite aus den Schlägern eines autoritären Anführers besteht, die zu allem bereit sind.

Unsere postmodernen Anarchisten bzw. militanten Bürger und alle, die sich in Theorien ergingen und an die Existenz eines politischen Bodens glaubten, auf den das Ganze fallen werde, mussten sich bei der Wahl 2015 im wahrsten Sinne des Wortes mit Regierungsanhängern herumschlagen, die gefälschte Stimmzettel in die Urnen werfen wollten. Tiefer, dachten sie, könne man nicht sinken. Doch dann erlebten sie, wieder als freiwillige Wahlbeobachter, das Referendum von 2017, das nach dem missglückten Putsch über erweiterte Machtbefugnisse der Regierung entscheiden sollte, und kamen zu der deprimierenden Feststellung, dass diesmal noch schamloser betrogen wurde als bei der vorangegangenen Wahl. Trotz akribischer Kontrolle des Wahlvorgangs durch die freiwilligen Helfer änderte der Hohe Wahlausschuss binnen Stunden das Wahlgesetz, nachdem die Auszählung begonnen hatte und sich eine Niederlage Erdoğans abzeichnete. Der Präsident persönlich hatte Druck gemacht und erreicht, dass eine große Anzahl falscher Stimmzettel als gültig anerkannt wurde.

Mit der Machtergreifung des autoritären Regimes erkannte

die Opposition, dass diese politische Flut selbst im Falle eines politischen Aufwachens mit althergebrachtem dissidentem Verhalten praktisch nicht zu stoppen sein würde. Und so geschah das Unvorstellbare: Die Opposition stürzte auf den neu eingezogenen politisch-moralischen Boden und durchschlug ihn. Und unser postmoderner Anarchist – und mit ihm das halbe Land, das gegen Erdoğan gestimmt hatte in einem Referendum, an dessen Ende er der türkische Alleinherrscher war – empfand diesen letzten Schlag als den Todesstoß. Er ahnte nicht, dass es noch schlimmer kommen würde.

Der Tod unseres Anarchisten war ebenso wenig ein Zufall wie der von Dario Fo. Er wäre wesentlich früher vorherzusehen gewesen. Denn hätten die damaligen progressiven Meinungsführer nicht Jahre mit dem Warten auf eine politische Metamorphose verschwendet, die sie sich als Resultat des totalen politischen Zusammenbruchs erhofften, hätten sie die Menschen früher informieren können. Was nun das »Leben danach« unseres Anarchisten und seiner Gesinnungsgenossen betrifft, so mussten sie sich darin nach all den vielen Tiefpunkten auch noch dreimal täglich Erdoğan-Reden anhören, in denen Menschen wie sie als »Plünderer« bezeichnet wurden. Darüber hinaus drohte ihnen der Präsident ganz unverblümt: »Solange sich die Bewohner von Cihangir oder Nisantasi [das SoHo bzw. Greenwich Village von Istanbul] anständig benehmen, krümmen wir ihnen kein Haar.« Sie sollten die Hölle des Autoritarismus ohne Widerrede ertragen. Und als sie sich bei den vorgezogenen Wahlen 2018 wieder aufrappelten und wieder ihre Posten als Wahlbeobachter einnahmen, lernten sie einmal mehr die

Lektion, die man ihnen schon 2017 mit dem Referendum erteilt hatte. Da begnügten sich viele ein weiteres Mal damit, *zu wissen, wo ihr Platz war.*

In einem Punkt hatte Žižek allerdings recht. Wenn der Rechtspopulismus die Macht ergreift und sich im Staatsapparat breitmacht, kommt es weithin zu einer seltsamen Politisierung. Leider handelt es sich dabei um eine Art Panikreaktion, um eine ungeeignete Abwehr gegen den Populismus und seine neuen politischen Tiefschläge, keinesfalls aber um das von Žižek erhoffte »Aufwachen«. Man kann es mit dem Kampf zweier Geschwister vergleichen, an dessen Ende das schwächere Kind unter dem Sofa hervor nach dem stärkeren tritt, um es sich vom Leib zu halten. Und das hohe Tempo, in dem der autoritäre Anführer agiert, weil ihn die Befolgung hinderlicher Rechtsvorschriften nicht kümmert, lässt der Opposition keine Zeit, sich zu besinnen und zu überdenken. Mehr, als sich des Regimes strampelnd zu erwehren, solange noch Kraft in den Beinen ist, kann sie nicht tun.

»Es gibt drei Strategien im Umgang mit Provokationen der [rechtspopulistischen deutschen Partei] AfD. Erstens die emotionale Reaktion: Der Grünen-Politiker Cem Özdemir hielt kürzlich im Bundestag eine leidenschaftliche Rede, in der er die Abgeordneten der AfD als ›Rassisten‹ bezeichnete. Das Video verbreitete sich sofort im Netz. Die zweite Strategie besteht darin, auf jede Ungereimtheit hinzuweisen, die der AfD unterläuft, die dritte darin, falschen Behauptungen mit Fakten zu begegnen …«

Anna Sauerbrey, Redakteurin beim *Tagesspiegel*, beschrieb am 14. März 2018 in einem Meinungsbeitrag für die *New*

York Times die Strategien, mit denen die Demokratie bisher gegen die neue rechtspopulistische AfD vorgeht, die stärkste Oppositionspartei im Deutschen Bundestag. Am Ende ihres Kommentars stellte Sauerbrey fest, dass noch keine der genannten Vorgehensweisen zum Erfolg geführt habe.

Aus naheliegenden historischen Gründen hätte man von deutschen Politikern wirkungsvollere Methoden bei der Eindämmung des Populismus erwartet. Wie groß muss die Ratlosigkeit sein, wenn nicht einmal die Deutschen den Populismus und seine Versuche, die politischen Mechanismen zu demontieren, besser in den Griff bekommen als meine Mutter, obwohl die wichtigsten intellektuellen und wissenschaftlichen Beiträge zum Thema von ihnen stammen …

»Da sind sie ja wieder, die ängstlichen säkularen Omas! Ha, ha, ha!«

Schon in den ersten Jahren der AKP zählte meine Mutter mit vielen anderen bereits betagteren säkularen, progressiven Mittelschichtstürkinnen zu den Hellsichtigen. Während bekannte Intellektuelle noch auf ein Wunder warteten, war sie sich bereits sicher, dass rein politische Reaktionen nichts bewirken würden, solange es der Opposition nicht gelang, die Massen gezielt von der Basis her zu mobilisieren. Mit dieser Überzeugung erfüllte sie im Grunde Žižeks Vorhersage, die Menschen würden beginnen, *sich zu überdenken und auf ihre Grundlagen zu besinnen.* Viele Frauen wie sie hatten sich als Studentinnen politisch betätigt und wussten mehr oder weniger, wie man Menschen politisch organisiert und mobilisiert. Doch die Militärputsche von 1971 und 1980 hatten die moralischen und politischen Bande zwischen der gebildeten türkischen Mittelschicht und der Arbeiterklasse sowie den unteren sozialen Schichten zerschnitten (was auch in westlichen Ländern geschah, wenn auch aus anderen Gründen). Weil diese Frauen schon seit langem keinen direkten Kontakt mehr zum *Volk* hatten, lag es für sie nahe, sich innerhalb der größten Oppositionspartei zu engagieren, die natürlich zum Establishment gehörte. Deshalb befanden sie sich 2007 in der für viele von ihnen heiklen Situation – zu einem Zeitpunkt, zu dem das Establishment als reale Gefahr galt (so wie Hillary Clinton dem Philosophen Žižek und diversen anderen politischen Analysten gefährlich erschien) –, Seit' an Seit' mit dem »korrupten« Establishment und gegen die politischen Ansichten des *Volkes* zu stehen.

Ironischerweise wurden diese Frauen von der rechtspopulistischen Regierung und von denen, die das Ganze genüsslich durch die Linse der politischen Theorie betrachteten, mit der gleichen Arroganz verhöhnt. Beide Seiten hefteten ihnen das negative Etikett »ängstliche säkulare Omas« an, das sich auf ihre sogenannte *Distanz vom Volk* bezog. Die Frauen ignorierten die Sticheleien und machten sich an die Arbeit. Sie gingen in die armen, vorwiegend regierungsfreundlichen Stadtteile, klopften an jede Tür, erzählten den Leuten, wie heuchlerisch die Regierung sei, und hielten in Cafés Vorträge über den wachsenden Konservatismus und seine spaltende Wirkung auf die türkische Gesellschaft. Letztlich setzten sie in ihrer politischen Arbeit dieselben Methoden ein wie die Koalitionsparteien im Bundestag: Sie verdammten die Skrupellosigkeit der Populisten in emotionalen Anklagen, prangerten die Regierung an, weil sie von der Partei gegebene Versprechen nicht erfülle, und setzten den offiziellen Beschönigungen Fakten entgegen. Sie wiesen darauf hin, dass jede Regierung zur Gesetzestreue verpflichtet sei, predigten den Gleichheitsgrundsatz und beharrten darauf, dass man nur dann von einer gesunden Demokratie sprechen könne, wenn sie soziale Rechte beinhalte. Wie ihre Pendants im Westen bemühten sie sich, den Unterstützern des populistischen Anführers mit *Verständnis* zu begegnen.

Doch nach jeder dieser sorgsam auf die Gefühle der AKP-Wähler abgestimmten Reden fuhr ein Lastwagen des Hilfsprogramms der Regierung mit Nudeln, Kohle und getrockneten Bohnen vor dem Veranstaltungsort vor, und AKP-Mitglieder begannen, kostenlos Lebensmittel und andere Versorgungsgüter an die meist weiblichen Anwohner zu verteilen, die gekommen waren, um sich die *ängstlichen säkularen Omas* einmal anzuhören. Meine Mutter und ihre Mitstreiterinnen müssen dagestanden haben wie Figuren aus einem Roman von Virginia Woolf, die sich in *Germinal* verirrt hatten. Oder wie die Bundestagsabgeordneten, die sich nicht erklären konnten, warum ihre ganze politische Erfahrung und ihr theoretisches Wissen angesichts des plumpen AfD-Narrativs nicht mehr zählte. Hätte man die *ängstlichen säkularen Omas* aus der Türkei gefragt, hätten sie den Mitgliedern des Deutschen Bundestags sagen können, dass es eine vierte Strategie braucht, weil die rechtspopulistische Politik gegen die anderen drei immun ist. Außerdem hätten sie den westlichen Gesellschaften – die immer glauben, ihre demokratischen Fundamente seien stärker als die der Türkei und könnten dem Rechtspopulismus besser standhalten – aus langjähriger Erfahrung heraus erklären können, dass die endgültige Machtübernahme nicht durch einen einzigen spektakulären Reichstagsbrand erfolgt, sondern ein langer,

quälender Prozess ist, in dessen Verlauf hier und da immer wieder scheinbar kleine rauchlose Feuer schwelen.
Des Weiteren hätten sie die Deutschen über die neue Masche der Rechten aufklären können, Demokratie auf die Wahlurne zu reduzieren, sodass sich die politischen Entscheidungen der Menschen an ihrer Angst vor Hunger, Arbeitslosigkeit und letztlich sozialer Unsicherheit ausrichten. Und wenn Demokratie zum reinen Wahlvorgang schrumpft, lässt sich das Schicksal eines Landes nicht mehr von der politischen Existenz seines Alleinherrschers trennen.

»Was sollen wir machen? Wir haben Hunger. Früher waren es die Linken, jetzt ist es Erdoğan.«
Im März 2007, vier Monate vor Erdoğans zweitem Wahlsieg, interviewte ich Menschen in den heruntergekommensten Stadtteilen Istanbuls zum Thema Armut. Die Leute, bei denen ich mich tagelang aufhielt, lebten in Zelten und Kartons am Straßenrand und tranken Wasser, in dem Würmer schwammen. Manche heizten mit der Kohle, die ihre Kinder unter Lebensgefahr an den Schnellstraßen aufsammelten, wobei gelegentlich eines zu Tode kam. Ich fühlte mich an die Welt von Charles Dickens erinnert, nur dass der Erzähler fehlte. Viele dieser Menschen wählten die AKP. Sie rissen sich um die kostenlosen Nudeln und die Kohle aus den Lastern, die nach den Auftritten der *ängstlichen säkularen Omas* anrückten. In den Gesprächen mit ihnen wurde mir klar, dass Erdoğan nicht nur die großen Kapitalkanäle persönlich kontrollierte, sondern auch für den Geldtransport über die schmalsten Pfade sorgte, um die Ärmsten zu erreichen und ein komplexes Netzwerk von Unterstützern aufzubauen, deren Überleben von seiner politischen Existenz abhing.

Um dieses gewaltige Netzwerk bilden zu können, nutzte Erdoğans Partei die ohnehin fatalen Lebensbedingungen dieser Menschen und, was noch wichtiger war, verknüpfte ihre sozialen Grundrechte nach und nach mit parteipolitischen Almosen. Extrem bedürftige Menschen lassen sich unschwer davon überzeugen, dass sie besser damit fahren, wenn sie einer politischen Partei als Gegenleistung für einen täglichen Laib Brot und ein paar Stückchen Kohle Loyalität erweisen, als wenn sie für soziale Gleichheit kämpfen. Die Almosen hingen natürlich von Erdoğans Großzügigkeit ab – es gab sie nur im Tausch gegen Stimmen.

Während die verschenkten Naturalien anfangs als religiös motivierte Spenden verbrämt wurden, sah sich die Partei in späteren Jahren nicht mehr bemüßigt zu verbergen, unter welchen Bedingungen sie den Armen half und wie ungleich sie öffentliche Mittel verteilte. Als Parteisprecher im März 2018 öffentlich erklärten, man werde sich beim Bau neuer U-Bahn-Haltestellen an der politischen Geografie orientieren und vor allem die Stadtteile mit den meisten AKP-Wählern berücksichtigen, schockierte das keinen mehr. Dieses gewaltige politische Projekt, das von der Brotverteilung bis hin zur Bereitstellung öffentlicher Leistungen reichte, erforderte ein unglaublich anspruchsvolles Mikromanagement, das für Erdoğan und seine Partei zur wesentlichen Komponente ihres politischen Kreuzzugs wurde. Leider legten seine politischen Gegner ihr Hauptaugenmerk unterdessen auf den Amtsmissbrauch innerhalb des Staatsapparats und erörterten in Fernsehtalkshows die Nebenwirkungen der populistischen Politik, während die meisten Hungrigen dachten: »Solange wir unser Brot bekommen, ist uns egal, was die Partei macht.«

Einige meiner Interviewpartner erzählten, früher hätten die linken Studenten Brot und Kohle *enteignet* und per Lastwagen in die Elendsviertel gebracht. Was mit den jungen Linken geschehen war, wussten die meisten Armen nicht mehr; der brutale Militärcoup hatte die Erinnerung an sie aus dem Gedächtnis des Landes getilgt. Es wäre wahrscheinlich albern gewesen und auf jeden Fall zu spät gekommen, wenn ich ihnen erzählt hätte, dass die globalen historischen Entwicklungen aus den Studentinnen *säkulare Omas* gemacht hatten. Aber auch die Omas erinnerten sich kaum an damals und hatten fast völlig vergessen, dass Politik oft weit mehr auf Brot und Hoffnung basiert als auf politischen Ideen oder deprimierenden Fakten über korrupte Beamte. Die politischen Theoretiker wiederum versagten in ihrer Aufgabe, die Menschen an den direkten Zusammenhang zwischen Demokratie und sozialer Gerechtigkeit zu erinnern, weil die meisten von ihnen an einem erzwungenen Gedächtnisverlust litten und der Begriff »soziale Gerechtigkeit« aus ihrem Wortschatz verschwunden war. Immerhin bekamen die *säkularen Omas* mit, dass es auf der Straße keine wichtigere Frage gibt als: »Warum soll ich kein Essen annehmen, wenn ich hungrig bin?«

In der Zwischenzeit wurde ein weiteres Netz gesponnen, das nichts mit Hunger, sehr viel jedoch mit unstillbarer Gier zu tun hatte. Es umfasste die Wohlhabenden, aber Einflusslosen, die vor dem Machthaber Schlange standen, um, ebenso hungrig wie die Armen, ihren Anteil am Reichtum zu bekommen. Obwohl sich das vor dem glanzvollen Hintergrund von Schlössern und Fünf-Sterne-Hotels abspielte, waren sie genauso bedürftig wie jene.

»Manche führen das Problem schlicht auf die Autokratie zurück, auf den nicht mehr existierenden Unterschied zwischen dem Kreml und Putin. Wjatscheslaw Wolodin, derzeitiger Duma-Vorsitzender und damaliger hochrangiger Putin-Berater, hat öffentlich erklärt: ›Solange es Putin gibt, gibt es Russland; ist Putin einmal weg, ist es auch mit Russland vorbei.‹ Das Konzept von Putin als Alleinherrscher wurde ganz allmählich entwickelt.«

Dies schrieb Gleb Pawlowski, der zwischen 1996 und 2011 als Kreml-Berater fungierte, für die Mai / Juni-Ausgabe 2016 der Zeitschrift *Foreign Affairs.* Der ehemalige Spindoktor, einer der Architekten von Putins Russland, hatte mit seiner Enthüllung der dunklen Seite des Regimes gewartet, bis er in Ungnade gefallen war. In seinem langen Gastbeitrag erläuterte er, wie Russland zur Ein-Mann-Plutokratie geworden war, indem man als Sicherheitsnetz für Putins politische Macht ein riesiges Geflecht aus Vasallen geknüpft hatte. Pawlowskis Beitrag kam zu spät, um dieses Netz zu entwirren, das die Gleichsetzung Putins mit dem russischen Staat und dem russischen Volk ermöglicht hatte.

Nur wenige Monate zuvor, am 16. März 2016, hatte Erdoğan im Rahmen einer seiner regelmäßig stattfindenden »Muhtar-Zusammenkünfte« eine Ansprache gehalten. Bei diesen Treffen – seine eigene politische Erfindung – versammelt er an die dreihundert niedrigrangige, auf kommunaler Ebene tätige Verwaltungsleute in seinem protzigen Palast und spricht über Themen seiner Wahl – Standing Ovations garantiert. Völlig unvermittelt erklärte er den lauschenden Muhtars, die sich für Angelegenheiten wie das jüngste Statement des amerikanischen Außenministers zu den kurz zuvor erfolgten Veränderungen in der deutschen

Handelspolitik eher wenig interessierten: »Sie wollen mich weghaben. Wenn Erdoğan verschwindet, ist die Türkei zerstört.« Anders als sonst war das keine als Demut getarnte Selbstbeweihräucherung, sondern Bekundung dessen, was inzwischen nicht nur seine ergebenen Anhänger glauben, sondern auch viele an einem schweren Fall von Stockholm-Syndrom leidende Kritiker. Wie Putin wob auch Erdoğan ein aus altgedienten Vasallen bestehendes Loyalitätsnetz und transformierte den Entscheidungsprozess bezüglich der Staatsfinanzen nach und nach so, dass am Ende jede wirtschaftliche Transaktion, von der kleinsten bis zur größten, irgendwie mit ihm in Verbindung stand.

Unnötig zu erwähnen, dass dieser Prozess in den ersten Jahren immer den Beifall des Großkapitals erhält; schließlich entspricht das Konzept des schlanken Staats dem herrschenden Narrativ des neoliberalen Systems. Der neue Rechtspopulismus fügt dem abgelutschten Motto »Ein schlanker Staat ist ein besserer Staat« nun insofern eine Variante hinzu, als der Anführer mittels populistischer Maßnahmen zum einzigen Entscheider in Sachen Wohlstandsverteilung und staatlicher Macht wird, während sich die früheren rechten oder liberalen Politiker die Macht mit dem etablierten Großkapital teilten. Manchmal geht dieser einzige Entscheider so willkürlich vor, dass sogar die persönlichen Gewohnheiten des Mannes an der Spitze, seine Vorlieben und Animositäten, darüber entscheiden, ob sich die Reichen ein Stück vom Kapitalkuchen abschneiden können. So forderte Erdoğan von ihnen beispielsweise, keine dicken Zigarren mehr zu rauchen und sich ihm gegenüber weitgehend in Demut zu üben.

»… *Und dann standen da einige der zehn reichsten Türken mit leeren Tellern um ein Omelett an. Es war wie eine Szene aus* Les Misérables*!*«

Als den etablierten säkularen Finanzleuten in Istanbul klar geworden war, dass nun ein anderes Spiel gespielt wurde und man nur noch mit persönlicher Billigung Erdoğans den Zuschlag bei öffentlichen Großausschreibungen erhielt oder an hohe Bankdarlehen herankam, trommelten sie nicht etwa die Geschäftswelt zusammen, um dagegen zu protestieren oder politischen Widerstand zu organisieren, sondern versuchten mit aller Macht, die Gunst des Anführers zu gewinnen. Am schnellsten gelangte man an seinen Hof, wenn man es schaffte, »ins Flugzeug reinzukommen«, also zu den Auserwählten zu gehören, die mit Erdoğan in der Präsidentenmaschine mitfliegen durften. Besitzer großer Unternehmen, Chefs von Betrieben mit Tausenden Angestellten, versuchten verzweifelt, im selben Hotel wie Erdoğan unterzukommen, und so mancher gab widerwillig das Rauchen auf, weil der Präsident als strikter Nikotingegner keine Gelegenheit auslässt, Raucher öffentlich zu tadeln und bloßzustellen. Ein mit mir befreundeter Wirtschaftsjournalist konnte sich das Lachen nicht verkneifen, als er mir einmal erzählte, zu welch absurden Szenen es bei diesen Reisen kommt und wie genüsslich Erdoğan die einst so mächtigen Leute herabwürdigt und zum Narren hält. »Du solltest sehen, wie die großen Bosse ihre Riesenzigarren wegstecken, sobald sich die Aufzugtür öffnet, und wie sie unter exzessivem Gebrauch von Mundspray angelaufen kommen, um nur ja in der Lobby zu sein, wenn sich Erdoğan dort aufhält!«

Der Spaß am Fangenspielen fand ein jähes Ende, als den

Chefs großer Finanzunternehmen viel zu spät klar wurde, dass sie in Erdoğans neuer Türkei nicht mehr gebraucht wurden und ihre Betriebe über Nacht unter dem Vorwand von Terrorvorwürfen konfisziert werden konnten. Daraufhin verlegten mehrere dieser Finanzunternehmen ihren Hauptsitz nach London oder New York. Es folgte ein wirtschaftlicher Exodus, bis Erdoğan 2018 sagte: »Wenn sie gehen wollen, zahlen wir ihnen sogar noch den Flug.« Er hatte sich mittlerweile eine eigene Riege aus bürgerlichen Anhängern und Geldleuten zugelegt, die er zur Aufrechterhaltung seiner Scheindemokratie benötigte. Die großen Unternehmen, die der Türkei den Rücken gekehrt hatten, wurden nun als »Plünderer« bezeichnet, also mit demselben Begriff belegt, von dem sie selbst lange geglaubt hatten, er würde nur auf Linke oder postmoderne Anarchisten angewendet. Dass dieser Prozess schon Jahre zuvor mit einem scheinbar unbedeutenden Phänomen in abgelegenen anatolischen Provinzstädten begonnen hatte, interessierte die meisten nicht.

»Warum liegt in jedem Büro oben im Regal ein Gebetsteppich?«

1997 sitze ich mit ein paar kleinen Geschäftsleuten und mehreren sehr jungen Istanbulerinnen im Konzertsaal einer gottverlassenen Kleinstadt im tiefsten Anatolien.

»Konzertsaal« ist ein Codewort. Fast jeder fromme Ort in Anatolien hat ein solches Etablissement. Es befindet sich fast immer etwas außerhalb, an der Schnellstraße, damit das konservative Provinzleben frei von Sünde bleibt – frei von Prostituierten, Alkohol und allem anderen *Schmutzigen*, etwa einem gepflegten Abendessen mit einem so bunt zusammengewürfelten Haufen wie dem an meinem Tisch. Ich trinke mit den Leuten, weil ich an einem langen Artikel über die »Anatolischen Tiger« arbeite, die Miniversion der asiatischen Tigerstaaten, wie die vier am stärksten wirtschaftlich wachsenden Nationen damals genannt wurden. Nachdem ich wochenlang die konservativsten Städte in Anatolien besucht und mit frommen mittelständischen Geschäftsleuten gesprochen hatte, stellten sich mir einige existenzielle Fragen, und aus einer gewissen geistigen Erschöpfung heraus erschien es mir als eine gute Idee, mit ein paar Männern Alkohol zu trinken – Männern, für die es zwischen mir, der Journalistin, und den am Tisch sitzenden Prostituierten kaum einen Unterschied gab. Die Männer wurden immer lockerer, ich wurde immer lockerer, bis mir die innerliche Solidarität mit den Prostituierten, den einzigen Frauen außer mir, den Mut zu der Frage verlieh, die mir seit Tagen unter den Nägeln brannte: *»Warum liegt in jedem Büro oben im Regal …?«*

Bei jedem Interview in jedem protzigen Provinzbüro waren sie mir begegnet: Regale mit völlig unberührten Ausgaben der *Encyclopaedia Britannica*, wahrscheinlich aus der Werbeaktion einer Zeitung stammend, und ganz oben ein billiger Gebetsteppich, *der Gebetsteppich des Volkes*, noch bevor das *Volk* überhaupt Thema war.

Die Männer fingen an zu kichern – was sie in der Stadt im Beisein einer Frau garantiert nicht getan hätten, schon gar nicht im Beisein einer Frau, die Fragen über Gebetsteppiche stellte, das heilige Stück Stoff jedes praktizierenden Muslims. Unter dem zustimmenden Grinsen und Nicken der anderen antwortete einer: »Wenn da oben kein Gebetsteppich liegt, macht keiner Geschäfte mit uns.«

Immer wieder derbe Zoten einflechtend, wie sie unterdrückte Männer bei der Begegnung mit einer *offenen* Frau erzählen (weil das den Halbstarken in ihnen entfesselt), berichteten sie, dass das Geld durch die Kanäle politisierter religiöser Sekten fließe und die meisten Leute ihre Frömmigkeit nur vorspiegelten, um sich in den Kreisen der Vermögenden bewegen zu können. Obwohl die AKP damals noch gar nicht gegründet war, hob das neue konservative Provinzbürgertum bereits ab. Wenige Jahre nach dem Interview waren die anatolischen Geschäftsleute mächtig genug, um nach einer politischen Vertretung zu rufen, und unterstützten die Gründung der AKP.

Von jenem Abend im »Konzertsaal« blieb mir vor allem die seltsame Frage in Erinnerung, die mir einer der Männer ins Ohr flüsterte: »Braucht man wirklich einen Mitgliedsausweis, um in Istanbul in eine Disco zu kommen?« Er war bereits wegen eines fehlenden Ausweises abgewiesen worden und wollte wissen, ob ihn die Türsteher belogen hatten. Weil ich seinen Kleinstadtstolz nicht verletzen wollte, antwortete ich erst nach einigem Zögern, dass es keine Mitgliedsausweise für Discos gebe. Jahre später kaufte dieser Geschäftsmann die Diskothek, in die man ihn nicht hineingelassen hatte, und baute sie zu einem »Familienrestaurant« um, wie in der Türkei die konservativen Lokale ohne Alkoholausschank heißen. Nach Erdoğans Machtübernahme zogen mit der Zeit alle meine damaligen Gesprächspartner sowie Dutzende andere Männer nach Istanbul und übernahmen die Betriebe, die säkulare Geschäftsleute oft aufgrund des von Erdoğan ausgeübten politischen und gesetzlichen Drucks hatten aufgeben müssen.

Das riesige Netz, das die Hochfinanz und das tägliche Brot mit politischen Zuwendungen verband – worunter ungesicherte Darlehen staatlicher Banken ebenso zu verstehen sind wie der Verkauf staatlicher Einrichtungen an enge Freunde von Erdoğan –, bildete das Fundament von Erdoğans Aufstieg und ermöglichte es seinen Anhängern, den Staatsapparat so umzubauen, dass der Staat schließlich mit seinem Oberhaupt verschmolz. Dass Erdoğans Verschwinden die Türkei zerstören würde, war irgendwann kein Propagandamythos mehr, sondern eine unbestreitbare politische Realität, die bedeutete, dass mit seinem Machtverlust dem ganzen Land die Lebensader versiegen würde. Deshalb lieferten sich die Parteiapparatschiks ihre Prügeleien mit den freiwilligen Wahlbeobachtern (inklusive unserem postmodernen Anarchisten) auch nicht allein aus politischer Überzeugung, sondern weil sie dabei tatsächlich um ihr Leben kämpften.

Man kann sich leicht vorstellen, wozu man fähig wäre, wenn das tägliche Brot, das eigene Haus, der Job oder der Privatbetrieb auf dem Spiel stünde. Sollte es Ihnen trotzdem nicht gelingen, fragen Sie die Bewohner des südungarischen Dorfs Siklósnagyfalu!

»Im Winter gibt es hier nicht viel zu tun. An manchen Tagen eigentlich gar nichts.«
Gyongyi Orgyan, eine Bewohnerin von Siklósnagyfalu, erklärte dies am 3. April 2018, wenige Tage nach der Wahl zum ungarischen Parlament, gegenüber einem Reporter der *New York Times.* Sie gehörte zu den vielen Profiteuren der erfundenen Jobs, mit denen der rechtspopulistische ungarische

Ministerpräsident Viktor Orbán Dorfbewohner bedachte, um sich ein Sicherheitsnetz aus Wählern zu knüpfen. In den acht Jahren seiner zweiten Regierungszeit hatte Orbán die Arbeitslosenquote von 11,4 auf 3,8 Prozent gesenkt, indem er Beschäftigungslose mit simplen, staatlich bezahlten und von den Kommunen aus dem Boden gestampften Sommerjobs versorgte, die jeweils nur wenige Stunden Arbeit umfassten. Die Aktion bescherte ihm zigtausend loyale Anhänger, deren Auskommen von seiner Wiederwahl abhing. Seine Machtbasis waren die Armen und die Finanzprofiteure seines Regimes, die zu »neureichen konservativen Bürgerlichen« wurden, wie Jan-Werner Müller in der *New York Review of Books* schrieb.

Obwohl Müller diese Vorgehensweise als »Orbánomics« bezeichnete, entspricht das Muster dem von Erdoğans Regime und ebenso dem des Neulings unter den Populistenführern, Trump. Nur einen Tag später, am 4. April 2018, berichtete die *New York Times* über ein ähnliches Netzwerk dankbarer Wähler im nördlichen Minnesota, das durch augenscheinlich haarsträubende ökonomische Entscheidungen entstanden war. Während sich die Wirtschaft auf den Titelseiten der amerikanischen Zeitungen über Trumps Importzölle für Waren aus China alarmiert zeigte, waren der wenig beachteten Reportage zufolge die Arbeiter in den Takonit-Minen von Minnesota hoch erfreut darüber. Die politische Tektonik der Gegend verschob sich durch Trumps »irre Wirtschaftstaktik« so stark, dass dort nach Jahrzehnten plötzlich nicht mehr demokratisch, sondern republikanisch gewählt wurde.

Angesichts solcher Meldungen könnte man den Bau einer Mauer zwischen Mexiko und den Vereinigten Staaten einmal mit anderen Augen betrachten und darin ein lang ersehntes Beschäftigungsmodell erkennen, einen Funken Hoffnung für Tausende Bauarbeiter. Man könnte sich auch fragen, wie viele Leser der *New York Times* bereit wären, Blut, Schweiß und Tränen für den Schutz demokratischer Institutionen im Kampf gegen die hungrigen Massen zu opfern. Oder wie viele von Trumps Kritikern die Zeit und Energie aufbrächten, sich in militante Bürger zu verwandeln, um die Flut aufzuhalten. Genauer gefragt: Welcher große Finanzunternehmer würde sich aufgrund moralischer oder politischer Bedenken weigern, in ein so gewaltiges öffentliches Bauprojekt zu investieren? Ich sehe schon die zu Tausenden demonstrierenden Bauarbeiter vor mir, die »Wenn die Mauer verschwindet, verschwindet auch Amerika!« rufen und ihre Mittagspausensandwiches essen, die ebenso von den beauftragten Bauunternehmen bezahlt sind wie ihre Social-Media-Promotion. Nach den Erfahrungen in der Türkei kann ich mir bei dieser Demonstration sogar weitere tausend Leute vorstellen, die mit dem Mauerbau gar nichts zu tun haben, sich aber trotzdem die Seele aus dem Leib brüllen, einfach weil man ihnen Sandwiches geschenkt hat. So geschehen bei Hunderten von AKP-Demonstrationen in der Türkei, wo die Demokratie zwar weniger stabil und das Establishment schwächer, der Hunger der Menschen aber gleich groß ist.

Deshalb spielt es für die Übernahme des Staats durch populistische Politiker gar keine Rolle, was Nigel Farage von der UKIP in einem Pub in Dorset von sich gibt oder wie sich die Trump-Anhänger in Kentucky fühlen. Wirklich wichtig ist, ob die Pubgäste in Dorset über das nötige Kleingeld verfügen, um den Wahnsinn zu unterstützen, oder nicht. Oder ob Trump-Anhänger in einem ländlich geprägten County fern der Hauptstadt neue ökonomische Netzwerke aufbauen, die zwar anfangs lachhaft wirken, am Ende aber alles andere als lustig sind. Die wahre Macht des Populismus hängt von der Reorganisation von Finanztransaktionen und ökonomischen Beziehungen ab; sie erweist sich anhand der Antwort auf die Frage, ob die neuen Wirtschaftsprofiteure ausreichend zahlreich und etabliert genug sind, um ein Sicherheitsnetz knüpfen zu können, das es dem Populistenführer ermöglicht, die Macht im Staat zu ergreifen. In Anbetracht der Aggressivität und Gefährlichkeit dieser geld- bzw. brotgeleiteten politischen Operationen muss man immer wieder zu Selbstberuhigungsmaßnahmen greifen, um nicht verrückt zu werden.

»Das lassen sie ihm nie und nimmer durchgehen.«

In den Wohnzimmern Amerikas und aller europäischen Länder, in denen der Rechtspopulismus nach der Macht greift, ziehen die Zuschauer der Abendnachrichten diese abstrakte Linie, sobald der populistische Anführer ein Tabu bricht. Ich weiß aus meinen in der Türkei gemachten Erfahrungen, wie lästig die naheliegende Frage ist: »Wer sind denn diese sie, die ihn daran hindern werden zu tun, was er will?« In der Türkei variierte die Antwort anfangs je nach politischer Einstellung der befragten Person. »Na, das Establishment«, hieß es dann, oder: »Die Armee natürlich.« Aber auch: »Jetzt vor den Wahlen werden sich die oppositionellen Kräfte vereinen und das Ganze stoppen«, »Das lässt der *deep state* nicht zu« oder »Die Leute lassen sich nicht grenzenlos verarschen«. Doch eines Tages, wenn alle unumstößlichen Gewissheiten vom populistischen Anführer eingeschmolzen und zu Schwertern geschmiedet sind, ist das Land der brutalen Macht des Regimes ganz ohne den abfedernden imaginären Schutz staatlicher Institutionen oder demokratischer Verfahren ausgesetzt. Das jedenfalls sagte ich zu David Simas, dem CEO der Obama Foundation, als ich ihn am 11. April 2018 in Oxford traf. Bestimmt empfand er meine Worte damals noch als arg pessimistisch.

»Das dient alles der Selbstberuhigung. Ein Jahr lang war die amerikanische Opposition überzeugt, man könnte Trump per Impeachment stoppen. Als das Jahr um war und sich das Impeachment als juristisch und politisch abwegige Option erwiesen hatte, trösteten sie sich plötzlich mit der Hoffnung auf die Zwischenwahlen.«

So lautete einer meiner Redebeiträge in der vom »Skoll World Forum« veranstalteten Podiumsdiskussion über »Populismus, Polarisierung und gesellschaftliches Engagement«. Simas, ein ehemaliger Berater von Präsident Obama, lächelte höflich, während ich sprach. Unmittelbar zuvor hatte er die Hoffnung geäußert, die nächsten Zwischenwahlen würden Trump schwächen. Ähnlich wie wir Türken schon seit Jahren sorgte er sich wegen der von Trump herbeigeführten Polarisierung und suchte nach Wegen, die entstandenen Spannungen zu überwinden. Sein Vorschlag unterschied sich kaum von dem, den viele in der Türkei gemacht hatten: die sozialen Bindungen der Bürger mittels Verständnis stärken und eine offenere Kommunikation zwischen Trump-Fans und Trump-Hassern herstellen. So gut gemeint sein Ansatz war, so deutlich sah ich voraus, wozu er führen würde: dazu, dass Tausende Amerikaner – wie zuvor Tausende Türken – ihre Zeit auf der Suche nach einem gemeinsamen emotionalen Nenner mit den Trump-Wählern verschwendeten, obwohl in dieser Situation keine Paartherapie, sondern sehr viel tiefergehende, politische Lösungen dringend erforderlich waren – vor allem angesichts der schwerwiegenden Entscheidungen, die der populistische Anführer zu diesem Zeitpunkt bereits Schlag auf Schlag traf und mit denen er Traditionen erschütterte, die bis dato als tabu gegolten hatten. So pöbelte Donald Trump während einer Pressekonferenz im Weißen Haus, die er abhielt, um sich den zweifelhaften Sieg bei den Midterm-Wahlen zuzuschreiben, einen CNN-Reporter an. Weltweit zeigten Nachrichtensender in unzähligen Wiederholungen, welch beispielloser Tonfall und Gestus dabei zum Einsatz gekommen war. Anschließend verklagte CNN das Weiße Haus, nachdem dieses besagtem CNN-Korrespondenten die Akkreditierung entzogen hatte. Apropos »Schlag auf Schlag« – bei der Lektüre dieses Buchs wird Ihnen wahrscheinlich auffallen, dass Sie einige darin geschilderte Vorfälle bereits vergessen haben, obwohl sie Ihnen zum Zeitpunkt des Geschehens schockierend, unfassbar und denkwürdig erschienen.

Drei Tage nach der Podiumsdiskussion bombardierte die NATO in Syrien, und die Lage hatte sich schon wieder verändert. Die britische Premierministerin Theresa May, der französische Präsident Emmanuel Macron und der amerikanische Präsident Donald Trump, die allesamt unter großem innenpolitischem Druck standen, vereinbarten aufgrund von Berichten über einen in der Stadt Duma erfolgten Giftgasangriff auf Zivilisten eine gemeinsam durchgeführte einmalige nächtliche Bombardierung. Obwohl Wladimir Putin und die syrische Regierung behaupteten, ein solcher Angriff habe nie stattgefunden, hielten sich die westlichen

Mächte nicht lange damit auf, die internationale Gemeinschaft von ihrem Vorgehen zu überzeugen, und der legendäre britische Journalist Robert Fisk fuhr nach Duma und berichtete im *Independent*, er habe keine Beweise für einen Giftgasangriff gefunden. Abgesehen von der Frage, ob der Angriff stattgefunden hatte oder nicht, war weder die Zustimmung der Parlamente eingeholt noch ein auch nur eilig zusammengezimmerter internationaler Konsens über die Bombardierung erzielt worden. Weil alles so schnell ging, blieb der Opposition weder Zeit, sich *auf ihre Grundlagen zu besinnen und sich zu überdenken*, noch sich in diejenigen *verständnisvoll einzufühlen*, die nach einer militärischen Reaktion riefen.

Am 13. April, einen Tag vor dem Bombenangriff, saß ich auf der Bühne des Lincoln Center in New York ausgerechnet neben der früheren Außenministerin und demokratischen Präsidentschaftskandidatin Hillary Clinton. Sie moderierte während der »Women in the World«-Konferenz die Podiumsdiskussion zum Thema »Die wachsende Gefahr – der Aufstieg der Autokraten«. Ich erzählte einem rund dreitausendköpfigen Publikum vom falschen Vertrauen in die staatlichen Institutionen und der Illusion, dem Irrglauben, sie könnten die Demokratie vor dem Wahnsinn der populistischen Anführer bewahren. Die Entscheidung, in Syrien zu bombardieren, war bereits gefallen, und die Bevölkerung dreier Länder, die keine Möglichkeit erhalten hatte, der Militäraktion zuzustimmen, wurde wieder einmal weltweit als Kriegshetzer betrachtet. Nach dieser spontanen politischen Entscheidung, die man unter Umgehung aller demokratischen Kontrollmechanismen getroffen hatte, wurden Trump, May und Macron von ihren Anhängern als

die wahren Anführer ihrer Nation bejubelt. Das erinnerte mich stark an die Begeisterung, die berüchtigten Populisten wie Putin und Erdoğan so oft entgegenschlägt …
Den Zuschauern im Lincoln Center blieb nur der Applaus, um der Ansicht, sie seien Angehörige einer Nation von Kriegstreibern, vehement zu widersprechen. In den darauffolgenden Tagen wurde Theresa May im Parlament zu einer bereits durchgeführten Aktion befragt. Im Kern lautete ihre Antwort: »Die Operation lag in unserem nationalen Interesse. Assad hat gegen sein eigenes Volk Giftgas eingesetzt und damit gegen internationales Recht verstoßen. Wir haben entsprechend gehandelt.« Punkt. Wie immer in scheinbar krisenhaften Zeiten musste sich die Nation hinter dem politischen Anführer – in diesem Fall der Anführerin – versammeln. Angesichts ihrer instabilen Innenpolitik werden May und Macron zwar nur selten als Populisten per se bezeichnet, doch ihr leichtfertiger Umgang mit dieser internationalen Krise imitierte in gewisser Weise die populistische Technik, Dinge im Handumdrehen und mit möglichst wenig öffentlicher Diskussion zu regeln, aber auch das populistische Bild von der idealen Nation als einer vereint hinter dem Anführer stehenden Kraft.

Nur wenige Tage später beraumte Erdoğan in ganz ähnlicher Manier vorgezogene Wahlen an, um seine Macht weiter zu stabilisieren, obwohl das Vorhaben beispiellos war und der Vorsitzende der drittgrößten Partei sowie Tausende andere politische Gefangene als Terrorverdächtige im Gefängnis saßen. Selbstverständlich lag die Wahl »in unserem nationalen Interesse«. Wie in den USA, Großbritannien und Frankreich war es auch in der Türkei zu spät, um die Eu-

phorie der Erdoğan-Anhänger noch zu dämpfen und ihnen zu erklären, dass der Staat und das Rechtssystem damit umgangen würden und man einen Präzedenzfall für die ganz nach eigenem Belieben ausgeübte grenzenlose Macht von Politikern schaffe. Ironischerweise hörte ich in den drei Tagen meiner Teilnahme am »Skoll Forum« und am »Women in the World«-Summit immer wieder denselben Satz: »Das lassen sie ihm nie und nimmer durchgehen.«
Aus mir unerklärlichen Gründen verschließen viele Menschen die Augen vor der Tatsache, dass sich ihre politischen Anführer, ganz gleich welcher Couleur, zunehmend weniger um Konsens oder Zustimmung scheren. Damals spielte Trump gerade seine Spielchen mit der CIA und dem FBI, tauschte Führungspersonen in beiden Organisationen aus und lehnte eine überparteiliche Untersuchung der russischen Einmischung in den Wahlkampf ab. Durchaus denkbar, dass sich in irgendeinem Raum in den düsteren Korridoren des CIA-Hauptquartiers mitten im Herzen des amerikanischen Establishments Mitarbeiter gegenseitig versicherten: »Das lassen sie ihm nie und nimmer durchgehen …« Wir stellen uns unsere Institutionen immer als mächtige, abstrakte Gebilde vor und vergessen, dass *sie* in Wirklichkeit Menschen sind, die sich vielleicht wie gelähmt fühlen und nicht reagieren können. Diesen klassischen Fehler im Umgang mit dem Autoritarismus begeht sogar das Führungspersonal solcher Institutionen.

Anders als viele glauben, ist der Wendepunkt im langwierigen Prozess der Demontage von Staatsapparat und Rechtssystem nicht erst dann erreicht, wenn Kader aus gefügigen, loyalen Partei- oder Familienmitgliedern existieren. Die

Möglichkeit, nach Gutdünken mit dem Staat zu spielen, eröffnet sich den Anführern bereits dann, wenn es ihnen gelingt, ihn zu unterminieren und als *überflüssig* erscheinen zu lassen. Im Nu dringen alles verändernde Fragen in die Debatte ein: »Brauchen wir diese Institutionen wirklich?« »Brauchen wir wirklich sechs Spitzenämter im Außenministerium? Die sind doch schon seit mehr als einem Jahr vakant, und es geht auch ohne sie.« »Wofür ist das britische Parlament gut, wenn man es nicht mal benötigt, um über den Eintritt in Kriegshandlungen zu entscheiden?«

Während der populistische Anführer dafür sorgt, dass der Staat allgemein als überflüssig empfunden wird, befeuert er gleichzeitig mit Hilfe einer starken Propagandamaschinerie und mit Unterstützung zahlreicher ihm ergebener und von den Almosen der Partei abhängiger Menschen die Vorstellung, seine Macht und die seiner Anhänger wäre größer als die des Establishments. In der Zeit, in der keine Reaktion des Establishments auf die Verdrängung der Rechtsstaatlichkeit durch den populistischen Anführer erfolgt, entsteht eine neue Stimmung. Immer mehr Leute denken sich: »Das, was wir für die eigentliche Macht gehalten haben, erweist sich plötzlich als Papiertiger.« Ja, sogar die CIA, das FBI und der Supreme Court! Offenbar sendet der Anführer den Massen mit seinem ständigen Herumgefummle an den Institutionen die indirekte Botschaft: »Da, schaut, der Palast der Macht ist leer – übernehmen wir ihn!« Bei den frühen Versuchen, diese Institutionen auszuschalten, zählen nicht so sehr die tatsächlichen Veränderungen – die Neubesetzung von Ämtern oder die Frage, ob etwa die Entscheidung über die Bombardierung in Syrien richtig oder falsch ist –, sondern das Erzeugen einer öffentlichen Stimmung, in der das Gefühl vorherrscht, der Staat sei todgeweiht und warte schon lange darauf, vom *Volk* geplündert zu werden. Ist diese Stimmung erzeugt, wird die nächste Wahl zur reinen Formsache, mit der man dem Anführer bestätigt, dass er das Land weiterhin regieren und das geplünderte öffentliche Vermögen an seine Anhänger verteilen kann. Denn um den Massen die politische Meuterei fortlaufend präsentieren zu können, muss der Anführer die Wahlmaschinerie ständig am Laufen halten. Jede Wahl mischt die Karten neu und verleiht neuen Gruppen oder Einzelpersonen die Hoffnung, diesmal vielleicht das große Los zu ziehen und sich ebenfalls am Staatsvermögen bereichern zu können.

»Finden hier bald Kommunalwahlen statt oder was ist los?«

Nachdem ich auf Bitten meiner deutschen Journalistenkollegin bereits viele Plakate ins Englische übersetzt hatte, fragte sie mich, ob es in der Türkei demnächst wieder Wahlen gebe. Die Plakate, die an kleinen Überführungen, an Straßensperren und kommunalen Baustellen hingen, zeigten Erdoğan, wie er Babys küsste oder rote Bänder durchschnitt. Die Aufschrift lautete immer: »Ihm und seinen Istanbuler Bezirksbürgermeistern gilt unser Dank.« »Nein, es stehen keine Wahlen bevor«, antwortete ich. »Aber angesichts der täglichen Propaganda könnte man es glatt meinen.«

An den von AKP-Bürgermeistern ausgehängten schmeichlerischen Plakaten zeigt sich das Doppelspiel des Populistenführers in aller Deutlichkeit. Die pausenlose Wahlkampfatmosphäre, die sie suggerieren, ermöglicht es dem Anführer, zwei Rollen gleichzeitig zu übernehmen. Er wird nicht nur zum Staat selbst, sondern gibt gleichzeitig vor, ein

Oppositionsführer wolle die Macht an sich reißen. Wenn dann noch die bewusst geschaffene politische Illusion eines Angriffs auf das Establishment dazukommt, obwohl der Anführer selbst gerade zum Establishment wird, versteht man, warum Kritik an einem Populistenchef dem Kampf Bruce Lees gegen die Spiegelbilder des Bösewichts gleicht. Wirft man dem Anführer vor, er sei ein Alleinherrscher, schlüpft er in die Rolle des Oppositionsführers; versucht man, ihn als solchen zu erwischen, macht er sich wieder zur Verkörperung des Staates selbst und beschuldigt die Opposition, ständig mit parteipolitischem Streit beschäftigt zu sein. Der populistische Anführer lähmt das politische System, um nach und nach den gesamten Staatsapparat zu infiltrieren. Partei und Staat werden eins. Der Anführer braucht die staatliche Macht, demontiert sie jedoch immer dann, wenn es Kritik auszuweichen gilt. Der Staat, dieser Papiertiger, wird dabei kleiner und kleiner, bis er nur noch ein Papierknäuel ist, mit dem man in Erdoğans Protzpalast Fußball oder in Trumps Mar-a-Lago Golf spielen kann.

Auch das Recht, das der Vorstellung nach über aller Politik thront, ist nicht gegen die Einmischung durch den populistischen Führer gefeit. Solange der Staat profitabel ist, kann der Anführer auf ein politisches Klima vertrauen, in dem immer weniger Menschen die Demontage des Rechtssystems hinterfragen und es für ihn nach und nach leichter wird, diejenigen, die es tun, als Terroristen abzustempeln. Wenn dann die Opfer des repressiven Systems, die Verteidiger des Rechtsstaatsprinzips, wegen »terroristischer Propaganda« inhaftiert werden, stoßen sie mit ihrem Protest auf taube Ohren. Jeder, der – mit Erdoğans Worten – »den Weg versperrt«, ist von nun an ein Terrorist und wird inhaftiert, damit er den reibungslosen Ablauf nicht stört. Nicht zufällig betrachten die konservative Regierung in Großbritannien und die Trump-Administration in den USA das Rechtsstaatsprinzip genau wie Erdoğan als Hindernis für den Volkswillen, sobald Richter – beziehungsweise »die Feinde des Volkes«, wie die britische *Daily Mail* und die regierungsfreundlichen Medien in der Türkei sie nennen – gegen die Regierung entscheiden. Die vom populistischen Anführer hervorgerufene Ignoranz und Parteilichkeit kann solche Ausmaße erreichen, dass das *Volk* eines Landes gefährlicher wird als die Mitglieder von al-Qaida.

»Zum ersten Mal in meiner richterlichen Laufbahn musste ich die Polizei um Rat und um Schutz vor den Emotionen bitten, die da geschürt wurden«, erklärte Lord Chief Justice John Thomas im März 2017. Das Verbrechen, dessen sich Thomas als höchster Richter in England und Wales schuldig gemacht hatte, bestand in einer Entscheidung gegen die britische Regierung. Seinem Urteil zufolge bedurfte die Auslösung des Artikels 50 und damit der Prozess des Ausstiegs aus der EU der Zustimmung des Parlaments. Die Entscheidung brachte ihm ernstzunehmende Drohungen wütender Brexiteers ein, die bedrohlicher wirkten als die bis dahin von ihm verurteilten al-Qaida-Mitglieder. Völlig zu Recht schrieb der Journalist Nick Cohen am 3. Februar 2018 im *Guardian*: »Wir haben in Russland, Ungarn, Polen, den Vereinigten Staaten und Venezuela gesehen, wie gewählte Autokraten Machtbeschränkungen beiseitefegten oder es zumindest versuchten. Das Volk hat ihnen den Regierungsauftrag erteilt; somit ist jeder, der sich ihnen in den

Weg stellt, ein Feind der Demokratie. […] Dass dies hier noch nicht geschehen ist, heißt nicht, dass sich die Briten mit dem schönen Gedanken trösten dürfen, es könne hier nie geschehen.«

Das Alarmierendste an diesem Prozess ist, dass zwischen dem Erscheinen solcher Artikel und der Verabschiedung von Gesetzen, die jede Form der Kritik an der Regierungspartei kriminalisieren, wesentlich weniger Zeit vergeht, als die sich an die jahrhundertealten Säulen des Staates klammernden Amerikaner und Briten glauben wollen. Wenn es dann losgeht mit den Gerichtsverhandlungen, lösen sie zunächst Erstaunen aus; dann aber wächst ihre Zahl zu rasch, als dass man sie verhindern, geschweige denn analysieren könnte.

»Allein 2017 müssen es mehr als 160 Anhörungen gewesen sein. Aber das waren natürlich nicht alle, sondern nur die, bei denen ich dabei war. Einige überschnitten sich mit anderen Anhörungen, deshalb mussten wir uns aufteilen, um möglichst viele zu verfolgen. Neulich befürchtete der Rest der Welt offenbar den Ausbruch des Dritten Weltkriegs, aber ich konnte nicht mal die Nachrichten lesen. Die Verhandlungen haben uns völlig fertiggemacht.«

Elif Ilgaz, früher Journalistin, jetzt – wie so viele – arbeitslos, verfolgt als Aktivistin politische Gerichtsverfahren in der Türkei und zählt zu den bekanntesten Vertretern ihres Metiers, die sich für inhaftierte Kolleginnen und Kollegen engagieren. Mit gequältem Lächeln versucht sie die Verfahren zusammenzuzählen, die sie im Jahr 2017 miterlebt hat – Verfahren gegen Akademiker, die Friedenspetitionen gestartet hatten, gegen Studenten, die aus unterschiedlichsten Gründen festgenommen worden waren, gegen Gewerkschafter und Lehrer. Die Liste ist endlos. Als Elif Aktivistin wurde, besuchten ihre Zwillinge die Grundschule; jetzt stehen sie kurz vor dem Studienabschluss. »Mittlerweile leben wir quasi im Gerichtssaal. Wir kommen zu nichts anderem mehr«, sagte sie einige Tage nach dem Bombardement in Syrien am Telefon. So sieht das Leben türkischer Oppositioneller seit Jahren aus. Die täglichen Verfahrenstermine in ihren Kalendern lassen ihnen nicht nur kaum Zeit für anderweitigen Widerstand, sondern vermitteln ihnen auch das Gefühl, machtlos und gedemütigt zu sein, so als wäre das Ganze ein Riesenwitz auf ihre Kosten. Anfangs schrieben einige von uns Artikel à la Nick Cohen. Dann wurde im Jahr 2010 der Journalist Ahmet Şık, »einer von uns«, frühmorgens von der Polizei aus seiner Wohnung geholt und galt fortan als »Terrorist«. Während man ihn in den Streifenwagen stieß, rief er: »Die Türkei ist ein Mafiastaat! Jeder, der an ihm rührt, wird abgeholt!«

»Lendvai ist sich [in seinem Buch *Orbáns Ungarn*] nicht sicher, wie er Orbáns Regime nennen soll. [...] Letztlich entscheidet [er] sich für die Bezeichnung ›Führerdemokratie‹, um Orbáns ungewöhnlich große Machtfülle hervorzuheben. Außerdem bringt er den von dem ungarischen Soziologen Bálint Magyar stammenden Begriff ›Mafiastaat‹ ins Spiel, um zu verdeutlichen, dass die Herrschaft von [Orbáns Partei] Fidesz nur wenig mit Politik zu tun hat, sondern schlicht einer ›politischen Familie‹ die Möglichkeit eröffnen soll, das Land unter dem Schutz ihres Paten auszurauben.«
Die Rezension von Jan-Werner Müller erschien in der ersten

Aprilwoche 2018 in der *New York Review of Books.* Nur einen Monat zuvor hatte man Ahmet Şık nach Verbüßung einer mehr als zwölfmonatigen Haftstrafe endlich zum zweiten Mal aus dem Gefängnis entlassen. Vor den Kameras konnte er sich nicht zurückhalten und rief wieder: »Die Türkei ist ein Mafiastaat!« Ahmet hatte in seiner Hochsicherheitszelle nur wenige Bücher lesen dürfen und wird den Urheber des Begriffs, den ungarischen Soziologen, nicht gekannt haben, doch nach zwei jeweils mehrmonatigen Gefängnisaufenthalten ohne Verhandlung zur Klärung des lächerlichen Terrorvorwurfs wusste er aus Erfahrung, dass jeder, der an den Paten rührt, *in der Hölle schmoren* wird.

Nach seiner ersten, uns alle schockierenden Festnahme schrieb ich in meiner Kolumne: »Jetzt ist es so weit. Jetzt machen sie genau das, was ihr ihnen nicht zutraut.« Damit waren die Dinge gemeint, über die viele dachten: Das lassen sie Erdoğan nie und nimmer durchgehen. Die Verfahren, die Hunderte von säkularen Kommentatoren, Armeeangehörigen, Journalisten, politischen Aktivisten, Gewerkschaftern, Wissenschaftlern und Intellektuellen – wie Ahmet Şık – ins Gefängnis brachten, waren nicht aus heiterem Himmel gekommen. Schon Monate zuvor hatten regierungsnahe Medien mit schwarzer Propaganda Rufmord an den »Terroristen« begangen. Regierungsfreundliche Journalisten hatten bestimmte Leute ins Visier genommen, als kriminell verunglimpft und Staatsanwälte öffentlich aufgefordert, sie sofort festnehmen zu lassen. Damit hatten sie das politische Klima so aufgeheizt, dass es sich kein Staatsanwalt mehr leisten konnte, von der Inhaftierung der mittlerweile öffentlich bekannten Leute abzusehen, wenn er nicht selbst zum Ziel der schwarzen Propaganda werden wollte, weil er der Forderung des *Volkes*, also der Partei, nicht nachgekommen war.

Eine Zeit lang kursierte unter türkischen Journalisten, Wissenschaftlern und Dissidenten die scherzhafte Begrüßung: »Schön, dich zu sehen. Dann sitzt du also nicht im Knast!« Geriet einer von uns ins Visier regierungstreuer Medien und wurde mit schwarzer Propaganda überschüttet, riefen die Freunde an und sagten: »Keine Sorge, bald bringen wir in Silivri gemeinsam eine Zeitung heraus.« Silivri ist das vor zehn Jahren eröffnete riesige Hochsicherheitsgefängnis, ein Betonmonument des autoritären Regimes siebzig Kilometer außerhalb von Istanbul. Es verfügt über einen eigenen Gerichtssaal, um den Angeklagten nach den Sitzungen die Rückkehr in die Zelle zu erleichtern und ihren Freunden die Anwesenheit bei den grotesken Verfahren zu erschweren. In den meisten Prozessen ging es um die Reaktion auf schwarze Propaganda, wobei immer der »Schuldige« seine Unschuld zu beweisen hatte, nie umgekehrt. Da man sich in einem *Krieg gegen den Terrorismus* befand und ein *nationales Interesse* vorlag, mussten sich die Richter nicht mehr an die Gesetze halten, sondern konnten den irren Launen derer nachgeben, die berufsmäßig Lügen über jeden verbreiteten, der dem Paten die Verneigung verweigerte. Einmal forderten im Lauf einer einzigen Woche prominente Autoren in nicht weniger als sieben Kolumnen für ein und dieselbe regierungsfreundliche Zeitung meine Festnahme. Doch obwohl auch ich der schwarzen Propaganda ausgesetzt war, gehöre ich zu den wenigen Glücklichen, die das Innere des Silivri-Gefängnisses nur von Besuchen her kennen – in meinem Fall von einem Besuch bei Ahmet Şık.

»Noch nie war die schwarze Propaganda in diesem Land so ausgefeilt und wirkungsvoll.«
Ich sitze im Londoner Reform Club, einer der vielen Institutionen, die wegen ihrer imposanten Architektur mit massiven alten Säulen von den Briten für unangreifbar gehalten werden, und unterhalte mich beim Tee mit dem Journalisten Patrick Cockburn über die gegen Oppositionelle gerichtete schwarze Propaganda der Rechtspopulisten. Der *Sun*-Artikel »Corbyn und der Kommunistenspion« ist noch nicht erschienen – die »kleine James-Bond-Story«, um es mit Corbyns Worten zu sagen, in der man ihn beschuldigt, Staatsgeheimnisse an einen tschechischen Spion verkauft zu haben, wird erst im Februar 2018 gedruckt. Dennoch sind die Zeiten in Großbritannien spannend genug, um, wenn auch mit aller Vorsicht, Parallelen zur Türkei zu ziehen.
Cockburn ist stärker als ich gewillt, die Unterschiede ebenso herauszustreichen wie die Ähnlichkeiten. »Großbritannien ist das einzige Land, dessen Opposition eine echte Alternative zum starken Establishment darstellt. Diese Alternative könnte das Land retten.« Gemeint ist Corbyns Verstaatlichungsprojekt, eine Vision, die weit über das hinausgeht, was andere sozialdemokratische Parteien in Europa und in der Türkei propagieren, wo die fortschrittliche Opposition nie so kühne Vorschläge zugunsten der Armen und gegen soziale Ungerechtigkeit gemacht hat. Cockburn ist klar, dass ich mit dem Hinweis auf die Ähnlichkeiten zwischen den beiden Ländern darauf anspiele, dass der Rechtspopulismus eine globale Bewegung ist, die in jedem Land nach denselben Mustern vorgeht, unabhängig von der Stärke des Establishments oder der Stabilität der jeweiligen Demokra-

tie. Die Aufmerksamkeit auf diese Muster zu lenken, ist ja auch das Ziel dieses Buchs. Doch Cockburn bleibt bei seinem relativ großen Optimismus in Bezug auf sein Land. Schließlich frage ich ihn nach der wachsenden Zahl britischer Bürger, die nach dem Referendum einen irischen Pass beantragen, und erzähle ihm eine Geschichte.

»Ich habe einen Freund, den die Nationalstaaten ideologisch überhaupt nicht interessieren und der Irland mir gegenüber noch nie erwähnt hat. Nun hat er aber eine irische Großmutter und beantragte wie fünfzigtausend andere auch nach dem Referendum einen irischen Pass, um EU-Bürger bleiben zu können. Jetzt behauptet er plötzlich, er fühle sich als Ire, obwohl er kaum je dort war. Könnte es also sein, dass Jahre nach dem Karfreitagsabkommen …«

Ehe ich den Satz zu Ende bringe, unterbricht mich Cockburn, um eine noch interessantere Geschichte zu erzählen.

»Vor ein paar Jahren boten die Regierungen in Spanien und Portugal den sephardischen Juden als ›Geste der Wiedergutmachung‹ Pässe an. Es ging um die Nachkommen der Sepharden, die im fünfzehnten Jahrhundert von den katholischen Königen zu Zehntausenden vertrieben wurden. Vor dem Brexit nahm das kein Mensch ernst, aber inzwischen versuchen britische Juden, ihre Familiengeschichte bis ins Mittelalter zurückzuverfolgen, um sich einen zweiten Pass zu sichern.«

Nach und nach kommen wir auch auf die Grenzsituation in Nordirland, die Zeit nach dem Brexit und den möglichen Einfluss ethnonationalistischer Spannungen auf die britische Politik zu sprechen. Cockburn meint, er sehe keinen Grund, weshalb die Spannungen nicht wiederaufleben sollten. »Ich sage Ihnen, was passieren wird!«, rufe ich in die düstere Stille des Reform Clubs hinein. »Um den Staat zu infiltrieren, rüttelt der Rechtspopulismus so lange an den fragilen Übereinkünften des Landes, bis es zu gravierenden Spannungen kommt. Sobald der Anführer Dissidenten als Terroristen bezeichnen kann und die Gesellschaft zu stark polarisiert ist, als dass sich die Menschen im Namen der Gleichheit vor dem Gesetz gegenseitig unterstützen, lässt sich das Rechtssystem viel leichter zerschlagen und die Opposition viel besser durch Gerichtsverfahren lähmen. Genau wie in der Türkei!«

Natürlich würden mich die meisten Angehörigen des britischen Establishments wegen des Vergleichs zwischen ihrem Land und der Türkei als »leidenschaftlich« bezeichnen, was für Briten fast genauso schlimm ist wie »interessant«. Doch Cockburn, der mit eigenen Augen gesehen hat, wie schlimm es in den Ländern des Nahen Ostens und in der Türkei geworden ist, weiß, woher ich komme. Eine Zeit lang schweigen wir beide, ganz so, wie es sich im Reform Club gehört.

Während ich von der Pall Mall aus an jahrhundertealten Gebäuden, Members-only-Clubs und wunderschönen alten Säulengängen vorbei zum Piccadilly Circus gehe, frage ich mich, wie viele der wohlhabenden Leute in dieser Gegend bereit wären, das Karfreitagsabkommen zu verteidigen, wenn es hart auf hart käme. Oder wie viele sich den Protesten gegen die illegale Bombardierung Syriens angeschlossen haben, gerade angesichts der Tatsache, dass die britische Regierung erklärtermaßen eine »ablehnende Stimmung« in Bezug auf Flüchtlinge schaffen möchte. Oder, noch interessanter: Wie viele britische Bürger wären bereit, ihre sozialen Rechte zu verteidigen, anstatt sich mit den

Brosamen zu begnügen, die als Almosen von den Tischen der Systemgewinnler fallen – und das, obwohl sie wissen, dass sie wegen des lahmgelegten National Health Service in einem Krankenhausgang sterben könnten? Wie viele Pfeiler wären nötig, um die Demokratie eines Landes aufzurichten, in dem, wie am 14. Juni 2017 geschehen, zweiundsiebzig Menschen in einem Londoner Sozialbau-Hochhaus verbrennen, weil die Bezirksbehörden Kosten sparen wollten? Wenn die Opposition nicht so geschmeidig ist wie das Geld und wenn soziale Ungerechtigkeit mit verheerender Wirkung ignoriert wird, beginnt die Demokratie, komisch zu riechen. Genauer gesagt: nach verschimmelten Zwiebeln zu stinken.

»Nein, du musst die Zwiebeln essen! Tu's für die Demokratie!«

Mein griechischer Verleger Grigoris Bekos ist ein richtiges Original. Im Zeitalter von Facebook, in dem alle gleich aussehen, aber jeder anders zu sein versucht, trifft man nur noch selten auf Menschen wie ihn. Es ist wie immer heiß in Athen an diesem Sommertag im Jahr 2016, an dem wir uns getroffen haben, um über zwei meiner Bücher zu sprechen, die gerade ins Griechische übersetzt worden sind. Gregoris hat für die sechs Interviews, die ohne Zwischenpause vor mir liegen, eine Dachterrasse mit Blick auf die Akropolis ausgesucht. Weil hinter mir die Geburtsstätte der Demokratie aufragt und ich über Demokratie sprechen werde, ist die Botschaft unmissverständlich.

Während des Interviewmarathons gestattet mir Grigoris netterweise zehn Minuten für ein kleines Mittagessen, und wie es wahrscheinlich jede Türkin an meiner Stelle täte, mache ich mich nach mehreren Wochen in London, wo das Essen immer wie ein überambitioniertes Experiment schmeckt, mit Inbrunst über den köstlichen Griechischen Salat her. Plötzlich bemerke ich, dass er rohe Zwiebeln enthält. »Mist, jetzt stinke ich während der Interviews!« Grigoris erwidert, wie immer in getragenem Ton: »Meine Liebe, wenn du die Demokratie verteidigen willst, musst du die Zwiebeln essen und den Geruch mögen.« Als ich lache, fährt er fort: »Wusstest du, dass die alten Athener jeden Tag mit einem Laib Brot und einer Zwiebel unter dem Arm zur Akropolis hinaufgegangen sind, weil sie bei der Errichtung der ersten Demokratie der Welt nicht verhungern wollten? Demokratie ist ein harter Job, und sie duftet bestimmt nicht nach Blumen.« Wie ein Geschichtslehrer hebt er den Finger und sagt: »Deshalb sind Zwiebeln ganz wichtig für die Demokratie!«

Mir fällt ein, wie mein Freund Emre, Besitzer einer großen Textilfabrik in Istanbul, in der Nacht des 1. November 2015 von der Wahlbeobachtung zurückkam. »Die Typen von der AKP brachten Fladenbrot mit«, erzählte er, »und der Raum hat den ganzen Tag nach Zwiebeln gestunken. Als wäre der Kampf gegen sie nicht schon schwer genug.« Obwohl Zwiebeln das Einzige sind, was er nicht ausstehen kann, blieb er eisern neben der Wahlurne stehen, bis sie versiegelt wurde. Er musste bleiben, um die vielen Jahre wiedergutzumachen, in denen er Zwiebelgestank, praktische Politik, das wahre Leben nicht glaubte ertragen zu können. Mit bitterem Lachen fügte er in Anspielung auf den Scherz des berühmten postmodernen Anarchisten hinzu: »Ich weiß eben, *wo mein Platz ist*, wie Erdoğan sagt – offenbar bei den Zwiebelessern.«

FÜNF

Entwerfen Sie Bürger nach Ihrem Geschmack

Sie weint nicht, und ich halte ihr nicht die Hand, denn so betritt keine toughe Frau die Abtreibungsklinik. Ich habe einen Schokoladenkuchen dabei, das Einzige, was sie sich für die »Party danach« gewünscht hat. Gestern sind schon genug Tränen geflossen. Da sagte sie: »Ich schaffe alles allein. Ich habe in diesem Scheißland bis jetzt alles allein hingekriegt. Aber das ist zu viel. Mein Kampf gegen die Frauenfeindlichkeit und obendrein ein Kind – das geht nicht.« Kurz vor Mitternacht hatte sie sich wieder beruhigt und beschlossen, den ganzen emotionalen *Kack* bis zur nächsten Therapiesitzung beiseitezuschieben.

Jetzt sind wir also in der Klinik. Wie verkaterte Rockstars sehen wir aus mit unseren riesigen Sonnenbrillen. Während sie in den sterilen Papierkittel schlüpft, macht sie klägliche Witze über die Ausschneidepuppen, mit denen wir als kleine Mädchen gespielt haben. Ihr Handy klingelt. Ihr Vater. Sie stellt es auf stumm und gibt es mir. Während wir schweigend auf die Ärztin warten, vibriert es leise weiter. Das verdammte Ding hört nicht auf. »Das Leben lässt mich einfach nicht in Ruhe«, murmelt sie nach dem Handy greifend. »Ja, Papa? Ist es was Dringendes? Ich bin gerade …

bei einer Besprechung.« Plötzlich werden ihre Augen größer und größer wie zwei im Zeitraffer gefilmte aufblühende Nelken. Sie drückt ihren Vater weg und brüllt: »Schwester!« Zwei Krankenschwestern erscheinen an der Tür. In der für durchdrehende Türkinnen typischen Haltung – die eine Hand in die Hüfte gestemmt, mit der anderen wild herumfuchtelnd – schreit sie: »Wer hat meinen Vater angerufen? Wer hat meinem Vater von der Scheißschwangerschaft erzählt? Ich will eine Antwort!« Die ältere und offenbar aufgewecktere der beiden erwidert leise: »Verdammt, nicht schon wieder …«

Wir stehen zu dritt an ihrem Bett. Die Krankenschwester hält ihr die eine Hand, ich die andere. Jetzt zeigt der Film eine in Zeitlupe welkende Nelke. Unter Verwendung jeweils passender Flüche erklärt die Schwester: »Jeder positive Test wird im Labor erfasst. Dann wird man als Erste angerufen. Ist man nicht erreichbar, kontaktieren sie den Ehemann und informieren ihn über die Schwangerschaft, und wenn man Single ist, melden sie sich beim Vater, ganz egal, wie alt Sie sind. Man nennt das ›Gesundheitskontrolle in der Schwangerschaft‹. Aber natürlich sollen dadurch Abtreibungen verhindert werden, falls man mit dem Gedanken spielt. Falls man es selbst machen will, meine ich. Das gibt es jetzt schon eine ganze Weile. Auch Privatkliniken müssen den Behörden jede Abtreibung melden. Und wenn Sie verheiratet wären, hätten Sie außerdem die schriftliche Zustimmung Ihres Mannes benötigt. Andernfalls wird für die Klinik eine saftige Geldstrafe fällig. Die Dreckskerle tun alles, um ihre Hände zwischen unseren Beinen zu behalten!«

Solidarisch marschieren wir zu dritt in den OP. Ich übergebe sie der Ärztin; sie weint jetzt hemmungslos. Die Ärztin nimmt sie in die Arme.

Zwei Stunden später essen wir in ihrem Zimmer Kuchen. Sie zupft ständig den Papierkittel zurecht. Es ist das Jahr 2014, und dies könnte das Schlussbild einer besonders langen Langzeitdoku mit dem Titel *Das Ende. So backen Sie sich die ideale Bürgerin für Ihre Diktatur* sein.

Seit Anbeginn der Geschichte hat noch jedes soziale, religiöse oder politische Projekt die Frauen wie Ausschneidepuppen behandelt – ihnen das ideologische Outfit der herrschenden Macht angeheftet oder entrissen. Vom Naziideal der Frau, für die es nur »Kinder, Küche, Kirche« geben durfte, über Stalins Arbeiterheldin, die »neue sowjetische Frau«, bis hin zur Kämpferin von heute, die gleichzeitig karrierebewusst und glücklich verheiratet ist, Kinder und einen flachen Bauch hat, ist der Wunsch nach Ausschneidepüppchen nie versiegt. Das Bild der Frau, und manchmal auch ihre Seele, wird nach dem Geschmack des jeweiligen Regimes geformt und wieder umgeformt. Sie soll als Schaufensterpuppe für die ideale Bürgerin werben, wie die herrschende politische Macht sie sich vorstellt. Ausnahmslos jedes Regime setzt bei den Frauen an, wenn es das Bild des idealen Bürgers zu entwerfen gilt. Einen neuen Mann zu erschaffen, dauert eine Generation; die Umgestaltung der Frau glaubt man über Nacht erledigen zu können. Und leider finden sich für diese Projekte trotz ihrer offensichtlichen Frauenfeindlichkeit immer weibliche Unterstützer, deren innere Substanz die Biegsamkeit von Knete aufweist. Deshalb ist es kein Zufall, dass in jedem Land, das derzeit einen erstarkenden Rechtspopulismus erlebt, Frauen als Erste und am lautesten reagieren. Sie spüren schon früh die Frauenfeindlichkeit, diese Stütze des Rechtspopulismus. Auch diejenigen, die lieber erst mal abwarten, erkennen irgendwann, dass sich, sobald der autoritäre Anführer den Weg zur Macht beschreitet, für jede Frau die Frage stellt, ob sie sich zu Knete machen lässt und dem Wohlgefallen des Anführers / *Vaters* ihre Würde opfert oder sich auf einen blutigen Kampf einlässt, der mit der klaren Ansage »Danke, aber nein danke« beginnt.

»Denken Sie mal drüber nach. Wir würden gern mit einer Frau wie Ihnen zusammenarbeiten.«

Wir schreiben das Jahr 2009. Erdoğans Regime bemüht sich widerwillig um die Zustimmung der säkularen Türken. Es wird das letzte Mal sein; danach fällt die Entscheidung, eigene, zur neuen Türkei passende Bürger zu kreieren. Der Rest »darf gerne gehen«. Der exzessive Gebrauch des Wortes »Verständnis« hat dem Begriff jede Bedeutung genommen, und aufgrund der zunehmenden Polarisierung besteht im Alltag nicht mehr der kleinste Konsens. In dieser Phase werden auf großen Tafeln Wohnbauprojekte »nur für Säkulare« und »nur für Religiöse« angepriesen – erstere aus Angst, letztere aus Begeisterung. Das gesellschaftliche Regelwerk löst sich nach und nach auf. Wann immer eine Frau belästigt wird, weil sie Shorts trägt, oder ein Mann Prügel kassiert, weil er im heiligen Monat Ramadan nicht fastet, sprechen die Regierungsfreunde grinsend von einem *Einzelfall*, den man nicht dramatisieren solle. Nicht dem Täter, sondern denen, die das Ereignis publik machen, gilt der Vorwurf, die Gesellschaft zu polarisieren und von den Werten des *Volkes* abgekoppelt zu sein. Und wenn die Reaktion auf einen solchen Angriff allzu stark ausfällt, rügt Erdoğan seine Anhänger schon einmal teilnahmsvoll: »Das ist nicht richtig. Wir respektieren Frauen!« Da er über dem Gesetz steht, darf ihn niemand nach seinem eigenen Beitrag zur wachsenden Polarisierung und zur zunehmenden Aggressivität gegenüber säkularen Frauen fragen. Zudem höhlt er das Justizsystem durch dessen Politisierung so stark aus, dass das Land von seiner Gnade abhängig wird und ein echtes Rechtsverständnis kaum mehr existiert. In dieser Zeit schlägt das Regime die unkooperativen Frauen mit der einen Hand, während es ihnen mit der anderen einen Olivenzweig reicht. Eine extrem verwirrende Zeit.

Nachdem ich mehrmals nachdrücklich dazu eingeladen worden bin, nehme ich an einem Vorstandstreffen der AKP-Frauenorganisation teil. Der Konferenzraum in der nobel ausgestatteten Parteizentrale wird von einem in knalligen Farben gehaltenen Foto des großen Anführers Erdoğan dominiert. Die Regionalvorstände der Frauenorganisation, teils mit Kopftuch, teils ohne, spielen mir eine ganz normale Sitzung vor. Der Raum erinnert an das Klassenzimmer einer Mädchenschule mit lauter pflichtbewussten, wohlerzogenen und unnatürlich zufriedenen Schülerinnen. Die einzige Lokalpolitikerin, eine zierliche, nervöse Frau, ist offenbar die Vorsitzende der Organisation. Alle anderen wirken zu entspannt, als dass sie sich jemals in einer Männerwelt hätten durchkämpfen müssen. Nach Abschluss der gruselig-harmonischen Zusammenkunft, die den sonderbaren Anschein perfekter Einigkeit vermittelt hat, bittet mich die Vorsitzende in ihr Büro und redet sofort Tacheles. »Wir möchten mit Frauen wie Ihnen zusammenarbeiten.« Frauen wie ich, das sind Frauen, mit denen sie nicht zusammenarbeiten können und eigentlich auch nicht sollen: ledig, offen kritisch, links, unabhängig und alles andere, was nicht in eine fromme Gemeinschaft passt. Sie erzählt mir, dass die Organisation jede Woche eine Frau *aus dem anderen Lager* einlädt. Ihre vertrauenswürdige Ausstrahlung lässt erahnen, dass das verlockende Angebot eines Olivenzweigs in dem durch und durch polarisierten, jede weibliche Solidarität zerstörenden Klima bereits bei vielen Frauen verfangen hat. Die Bitte um Verständnis fühlt sich wie eine Waffenruhe nach ermüdendem Kampf an. Allerdings ist keineswegs klar, ob es sich dabei um eine Einladung zu Friedensverhandlungen auf Augenhöhe oder um die Aufforderung zur Kapitulation handelt. Deshalb sage ich: »Danke, aber nein danke.«

Einige Jahre später ernennt Erdoğan erneut eine Frau zur Ministerin für Frauen und Familie, die Kinderehen für »im Grunde völlig harmlos« hält. Bei einer regierungsfreundlichen Frauenrechtskonferenz im Jahr 2014 kann Erdoğan ohne Furcht vor Widerrede sagen: »Unsere Religion [der Islam] weist der Frau *eine* Aufgabe zu: die Mutterschaft. Den Feministinnen kann man das nicht erklären, weil sie die Idee der Mutterschaft nicht verstehen.« Im selben Jahr wettert er gegen die Pille – sie sei *Landesverrat.* Abtreibung und Kaiserschnitt bezeichnet er als Mord. Kein Mensch versteht, was am Kaiserschnitt plötzlich falsch sein soll, aber in der Folgezeit führen die Kliniken weniger Sectio-Entbindungen durch. Die Zahl der Frauenmorde ist sprunghaft angestiegen, und Kinderehen werden von Erdoğan und seiner Partei als Bestandteil »unserer traditionellen Werte« legitimiert und gefördert.

2017 tauchen in den sozialen Netzwerken jeden zweiten Tag erschütternde neue Videos und Fotos von Grundschülerinnen auf, die als kopftuchtragende ideale Minifrauen verkleidet ihren männlichen Freunden bei Festlichkeiten zum Jahresende die Füße waschen, oder von fünfjährigen Mädchen, die im Tschador vor künstlicher Mekka-Kulisse beten. Und Frauen wie ich geraten sofort in die Rolle der Schlampe, sobald das Regime in unserem Alltagsleben und unserem Intimbereich herumstöbert. Staatlichen Schutz vor Gewalt dürfen wir höchstens von den wenigen Frauen und Männern erwarten, die ihre Beamtenstelle bisher behalten konnten und ihre beruflichen Aufgaben höher achten als Erdoğans Worte, obwohl sie damit ihren Job riskieren.

2016 läuft die Massenfertigung der neuen Bürgerin auf Hochtouren, sei es durch Umformung der bereits vorhandenen Frauen, sei es durch konservative Erziehung der jüngeren Generation. Die neuen Produkte haben inzwischen Marktreife erlangt: fromm, gehorsam, sanftmütig, still und größtenteils ans Haus gefesselt. Die Toleranz / Verständnis / Dialog-Phase ist abgeschlossen; jetzt muss das alte Modell gegen die neue Version ausgetauscht werden. Die braven Parteimädchen warten schon lange darauf, jede bisher von einer säkularen Frau eingenommene gesellschaftliche Position zu besetzen – selbstverständlich mit Zustimmung ihrer männlichen Aufpasser. Aber Moment mal – wenn alle Frauen brav, anständig und konservativ sein sollen, was haben dann eine Transgenderfrau und eine sexy Sängerin in Erdoğans Palast zu suchen, wo sie an seinem Tisch sitzen und mit ihm das Fastenbrechen am Ende des Ramadan feiern?

Das Foto wurde der nationalen und internationalen Presse zur Verfügung gestellt. Bülent Ersoy, bekannt als »Diva«, hat sich 1981 einer Geschlechtsangleichung unterzogen und ist nicht nur die bekannteste Transgenderperson der Türkei, sondern auch eine Ikone der klassischen türkischen Musik und Königin des extravaganten, theatralischen Glamours. Gemeinsam mit Sibel Can, ehemalige Bauchtänzerin und populärste Sängerin der Türkei, unterhält sich Diva angeregt mit Erdoğan und der First Lady. Die beiden ganz offensichtlich dem *anderen Lager* zugehörigen Frauen lächeln lieb und blicken Erdoğan nach Anerkennung heischend an. Es ist das perfekte Foto für die neue Bürgerin der Türkei: »Ihr müsst euch nicht unbedingt verändern, müsst kein Kopftuch tragen oder so. Wir bitten nur um euren Gehorsam und eure Unterwürfigkeit.« Andernfalls …

Stunden vor dem Dinner ist die Polizei in der Istanbuler Innenstadt mit Gummigeschossen und Tränengas gegen eine Gay-Pride-Parade vorgegangen, bei der die tolerante Haltung der Regierung in Bezug auf Hassmorde angeprangert wurde. Heute aber zeigen die Fernsehsender natürlich Diva mit ihren endlosen devoten Lobgesängen auf Erdoğans Männlichkeit und nicht die lästige Version in Gestalt schwuler Bürger. Das Einzige, was dem Gästeaufgebot des Regimes an diesem Abend fehlt, ist eine internationale Größe. Jemand wie Lindsay Lohan beispielsweise.

»In der Türkei lässt man jeder Frau ihren Willen. Es ist echt toll hier – alles, was man machen will, wird akzeptiert«, erklärt der amerikanische Filmstar Lindsay Lohan im Oktober 2016. Während ihres Aufenthalts in der Türkei trägt sie Kopftuch – ein plumpes, abgesprochenes Manöver, das der Regierung Publicity einbringen soll. Und sie hat recht: Solange man Erdoğan lobt (»Er hat ein großes Herz«, sagt Lohan), ist die Türkei ein wundervolles Land für Frauen. Da ist es nicht so schlimm, dass in den sozialen Medien

Nacktfotos von dir kursieren. Ein Kopftuch macht jede Vergangenheit ungeschehen und sorgt dafür, dass du trotzdem als Aushängeschild für den frommen autoritären Anführer und als Werbung für *die Sache* Verwendung findest. *Stanno tutti bene!*

Mittlerweile werden auf allen gesellschaftlichen und politischen Ebenen Lehrer, Wissenschaftler, Abgeordnete und Beamte durch Parteimitglieder ersetzt – oder durch deren Ehefrauen oder Töchter, die meisten davon Kopftuchträgerinnen. Für die Einwechslung der idealen Parteibürgerin sorgen neue Verordnungen, die sämtliche Lebensbereiche umfassen. Während Erdoğan und seine Kumpane ihren Traumfrauen ein schönes Dasein bescheren, wird das Leben aller anderen immer schwerer. Frauen, die sich nicht »anständig« kleiden, erfahren den Alltag zunehmend als bedrohlich, manchmal geradezu als gefährlich. Einmal kommt es sogar dazu, dass Frauen in Shorts auf die Straße gehen, um sich mit Mädchen zu solidarisieren, die wegen ihrer kurzen Hosen angegriffen worden sind. Die primitiven Attacken rufen albern wirkende Trotzreaktionen hervor, die in den Medien kaum Erwähnung finden, weil die Anfeindungen gegen die unerwünschte Version der türkischen Bürgerin so schnell eskalieren. Es sind aber nicht nur Männer, die sich, angespornt von frauenfeindlichen regierungsamtlichen Verlautbarungen oder Verordnungen, zu solchen Angriffen hinreißen lassen. Die neue, dank des Parteinarrativs erboste Frauengeneration erledigt die Sache noch besser. Hier eine Geschichte für diejenigen, die sich nicht vorstellen können, zu welcher Gnadenlosigkeit die »anständigen Töchter« fähig sind – Frauen, die inzwischen glauben, sie dürften sich alles erlauben –, wenn sie von der Leine ihres Anführers / Vaters gelassen werden.

»Sie hat sich umgebracht, also war sie Atheistin und kommt in die Hölle. Immerhin – eine sozialdemokratische Stimme weniger :)«
So lautete der Tweet, den ein Vorstandsmitglied der AKP-Jugendorganisation, eine Frau Ende zwanzig, im April 2018 sendete. (Der Smiley ist kein Tippfehler von mir, sondern entspringt ihrem Verständnis von Humor.) Sie reagierte damit auf den Suizid einer Lehrerin, die sich wie 43 andere der 439 000 arbeitslosen Lehrer aus Verzweiflung das Leben genommen hatte. Die AKP-Twitterin, klassisches militantes Parteimäuschen der AKP, hatte ungefähr dasselbe Alter wie die Lehrerin. Beide waren mit der AKP als Regierungspartei aufgewachsen: Die eine wurde zum idealen Mädchen des Regimes, die andere nicht.
Die Haltung der AKP-Frau ist nicht ungewöhnlich unter den Mitgliedern und Anhängern der Partei. So erwähnen manche Fernsehmoderatoren den Tod säkularer, die Gefolgschaft verweigernder Menschen immer nur beiläufig. Das Kopftuch der AKP-Frau war keineswegs das wichtigste oder entscheidende Merkmal ihres »idealen« Profils, denn viele Kopftuchträgerinnen protestierten gegen das üble Posting, während viele AKP-Anhängerinnen ohne Kopftuch den »witzigen« Tweet teilten und zusätzliche Smileys hinzufügten. Anders als die westlichen Medien es gern darstellen, erfolgt die Polarisierung nicht einfach zwischen bedeckten und nicht bedeckten Frauen. Die beiden Gruppen unterscheidet nicht das, was sie auf dem Kopf, sondern was sie *im* Kopf haben. Nach der verqueren Freudenbekundung

der jungen Tweeterin schwappte eine Welle der Empörung durch die sozialen Medien. Viele fragten sich nicht zum ersten Mal in den vergangenen Jahren: »Wann seid ihr so grausam geworden?«

»Wann seid ihr so grausam geworden? Ein Mensch, ein pensionierter Lehrer, ist wegen des exzessiven Einsatzes von Tränengas gestorben – und da grinsen Sie höhnisch und sagen: ›Ruhe er in Frieden, aber er hätte Erdoğan nicht kritisieren dürfen.‹? Wann sind Sie zu einem solchen Menschen geworden? Sie sagen: ›Er ist unser Ministerpräsident, er hat Charisma, also kann er tun und lassen, was er will.‹ Seit wann denken Sie so? Hören Sie mir zu und antworten Sie! Nennen Sie mir bitte das genaue Jahr, in dem Sie so ein Mensch geworden sind. Wann genau war das?«

Das sage ich in meiner Funktion als *die mutige Schriftstellerin, die den Erdoğan-Anhänger fertigmacht*, in der bekanntesten türkischen Polittalkshow, nachdem der Mann die am 10. Juni 2011 gegenüber Oppositionellen hemmungslos ausgeübte Polizeigewalt verteidigt hat. Die Frage »Wann seid ihr so grausam geworden?« wurde zu einer Art Motto – so oft wiederholt, dass noch Jahre später als Erstes mein wutverzerrtes Gesicht erschien, wenn man sie auf Türkisch googelte. Viele, die in Anbetracht der radikalen, bewusst herbeigeführten Polarisierung zwischen den idealen Bürgern des Regimes und der restlichen Bevölkerung selbst fassungslos waren, werden die Frage als rein rhetorisch empfunden haben. Ich hatte den Mann jedoch ganz ernsthaft nach dem genauen Zeitpunkt seiner Verwandlung gefragt, nach dem Augenblick, in dem seine menschlichen Werte völlig pervertiert wurden. Ich wollte erfahren, wann beziehungsweise unter welchen Umständen Menschen ihre angeborene Empathie gegenüber anderen verlieren und mit politischem Hass aufgeladen werden.

Dank der jüngsten politischen Geschichte der Türkei durfte ich schon als junge Journalistin lernen, dass Folterer ganz normale Menschen sind. Extrem hasserfüllte Soziopathen bilden die absolute Ausnahme und gelten nicht als ideale Kandidaten für den Job. Obwohl die böse Tat den Täter letztlich ebenso traumatisiert wie das Opfer, sind Folterer die meiste Zeit ihres Lebens normale Familienväter, die ihre Kinder nach einem langen Arbeitstag in die Arme schließen. Und wenn gelegentlich einer seine Verbrechen gesteht, nennt er zwei Gründe dafür. Der erste lautet: »Wir hatten keine Wahl, es war unser Job.« Bohrt man ein bisschen tiefer, kommt der zweite zum Vorschein: »Sie waren böse, und wir wollten das Böse im Land ausmerzen. Es ging uns um die Sache.«

Wenn die Sache früher oder später aufgrund politischer Veränderungen obsolet geworden ist, stehen sie mit dem Wissen, dass *sie* das Böse verkörpern, ganz allein da und müssen bis zu ihrem Tod damit leben, einen Großteil ihrer Menschlichkeit an eine Sache verloren zu haben, die mittlerweile als unsinnig gilt. Keine einfache Kunst. Deshalb touren sie dann wie erbärmliche Bettler durch die Medien und wollen unbedingt gestehen und Vergebung erlangen. Fast immer sprechen sie dabei sehr leise, weil sie wissen, dass die Opfer ihre Peiniger an der Stimme erkennen. Die Bitte um Vergebung ihres immensen Hasses erfolgt im Flüsterton.

Faschismus steht in großen roten Lettern auf Madeleine Albrights Buch, und der Untertitel lautet *Eine Warnung.* Die ehemalige amerikanische Außenministerin erklärt, dass sie sich nicht nur wegen der Wahl Donald Trumps gezwungen gesehen habe, das Buch zu schreiben, sondern auch, weil es ihrer Beobachtung nach eine noch weit größere Gefahr für die derzeitige Politik und Gesellschaft gebe, die sie ohne zu zögern »Faschismus« nennt. An der Princeton University untersucht sie mit ihren Studenten die Hauptsymptome der aktuellen politischen und gesellschaftlichen Malaise in den USA und versucht, sie begrifflich zu fassen. Eine der drei wichtigsten Methoden, mit denen man den Faschismus etablieren könne, bestehe darin, »die Empathie beiseitezuschieben«. Man fragt sich unwillkürlich, wie viel Empathie wohl in der Welt gefordert war, in der Albright zu den bedeutendsten Politikern zählte und die sie offensichtlich als eine bessere empfindet. Anders gesagt: Wie viel Ressentiment ist normal und gerechtfertigt in einem neoliberalen System, in dem der Gewinner alles bekommt, ohne sich (wie im Kapitel über das postfaktische Zeitalter beschrieben) für die ungerechte Verteilung von – nun ja, so ziemlich allem, Gerechtigkeit inklusive, erkennbar zu schämen? Wer zieht die rote Linie zwischen dem normalen Ressentiment, das erforderlich ist, um in Zeiten wie diesen zurechtzukommen, und dem exzessiven Hass, der den Menschen zum Faschisten, zum Angehörigen einer *Hassmiliz* macht?

»Der stirbt doch sowieso.«

In der ersten Maiwoche 2018 erlebten die amerikanischen Mainstreammedien eine Art Empathieorgie. Sämtliche Nachrichtensender zeigten sich zutiefst besorgt über eine

Äußerung, die aus einer Besprechung von Mitarbeitern des Weißen Hauses geleakt worden war. Der republikanische Senator John McCain, Kriegsheld für viele Amerikaner, harter Kritiker Trumps und als unantastbar geltende politische Figur, war an einem Gehirntumor erkrankt, und offenbar hatte ein Mitglied der Trump-Administration nicht nur McCains Kritik in Grund und Boden verdammt, sondern obendrein gesagt: »Der stirbt doch sowieso.« Fast eine Woche lang warteten die Zeitungen und TV-Sender gespannt auf eine Entschuldigung aus dem Weißen Haus, und meine Frage – »Wann seid ihr so grausam geworden?« – wurde leicht variiert in mehreren Fernsehdebatten gestellt. Die Diskussionen kreisten um die Bedenken hinsichtlich des Charakters der Trump-Unterstützer. Zunehmend wurde befürchtet, dass die vom Weißen Haus propagierten Werte im ganzen Land Verbreitung finden und einen neuen Typ Bürger hervorbringen könnten: einen vom Hass zerfressenen Widerling. Trotz dringender Bitten um eine Entschuldigung blieb das Weiße Haus bei seiner eiskalten Haltung: »Durchstechereien aus einer Mitarbeiterbesprechung kommentieren wir nicht.« Damals dachte ich, und mit mir bestimmt viele andere: Was würde eine Entschuldigung überhaupt bringen? Würden die Leute in Trumps Weißem Haus damit automatisch gute Menschen werden? Würde eine Entschuldigung wirklich ausreichen, um die Kehrtwende herbeiführen?

Wer für die Demokratie kämpft, ohne gegen die neoliberalen Werte an sich eingestellt zu sein, hat das Problem, dass ihm eine gute Geschichte über seine menschlichen Ideale fehlt. Denn um für ein politisches Ziel zu werben, benötigt man ein in sich geschlossenes Narrativ mit einer positiven Figur, einem idealen Bürger, den man als Modell für die ethische Ausrichtung des eigenen Systems präsentieren kann. Deshalb reagieren diese Leute auf die entscheidenden Fragen entweder mit Schweigen oder mit einem wahren Redefluss, der verbergen soll, dass sie nichts zu sagen haben. Die entscheidenden Fragen lauten nämlich: »Wer ist der gute Mensch in *deiner* Geschichte?« »Wer ist *dein* idealer Bürger?« »Welche tollen Werte hat *dein* Typ oder *deine* Frau?«

Ohne eine gute Geschichte, die sie verbindet und für die Wahrung bestimmter Werte sorgt, können Menschen nicht gemeinsam leben und funktionieren. Das Fehlen eines Narrativs im Neoliberalismus, das Fehlen von *Sinn und übergeordneter Sache*, ist für viele unerträglich. Da die Menschen heute in einem Zustand des moderaten Ressentiments leben müssen, das heißt, den akzeptierten Grad an Ressentiment aufzuweisen haben, der für das neoliberale System unabdingbar ist, quält sie das ständige Bedürfnis nach einer *Sache*, einem trigonometrischen Punkt, der ihnen in Bezug auf Gut und Böse Orientierung gibt. Das ethische Vakuum des Neoliberalismus, seine Ignoranz gegenüber der Tatsache, dass der Mensch Bedeutsamkeit braucht und verzweifelt nach dem Sinn seines Lebens sucht, begünstigt das Erfinden einer *Sache*, und sei es die abgründigste oder seichteste. Anders als die Systemverteidiger glauben, kann der Wunsch, mehr, beziehungsweise die Angst, weniger zu haben, die innere Leere des Menschen nie füllen. Wer die Nordkoreaner, al-Qaida oder den IS als »Verrückte« bezeichnet, macht es sich zu leicht und verkennt, dass eine sinnstiftende Sache mehr Stoßkraft entwickeln kann als die mächtigste Kriegsmaschinerie. Der Rechtspopulismus versorgt den Neoliberalismus mit einer Sache. Der gewaltige Hunger der Massen nach einer Sache wird mit einer einfach gestrickten Geschichte gestillt, deren Bösewicht von Anfang an feststeht: die Elite, die Hexen (Frauen), die Ausländer, die Verräter oder wer auch immer. Im Grunde ist der Rechtspopulismus, sosehr ihn die etablierten Politiker auch beklagen, die Prothese, die das fehlende Narrativ des Neoliberalismus durch eine wunderbar unversehrte *Sache*, einen herrlich unversehrten *Sinn* ersetzt. Die Sehnsucht des Menschen nach einer Sache wird durch die im Brustton der Überzeugung vorgebrachte Geschichte des autoritären Anführers gestillt. Der Bösewicht *dieser* Geschichte stammt allerdings nicht unbedingt aus den Reihen der autoritären Führer.

»Immer wenn ich Mark Zuckerberg mit seinen ewigen T-Shirts, Jeans und Turnschuhen sehe, muss ich an den Ausspruch von Umberto Eco denken, dass der Faschismus nicht zwingend in Uniform auftaucht. Inzwischen wissen wir, dass er auch in Freizeitkleidung erscheinen kann.«

Im April 2018 gehörte ich zu den Hauptrednerinnen der Re:publica Berlin, Europas größter Konferenz rund um das digitale Leben, und sprach über den idealen Bürger der neoliberalen Werteordnung. Lange waren High-Tech-Persönlichkeiten in T-Shirt und Hoodie die Ausschneidepuppen des neoliberalen Systems, die Idealbürger und somit Pioniere der Menschheit gewesen. Seit Steve Jobs hatte man sie als die Propheten der neuen Welt bewundert und ihre Offenbarungen vor lauter Wissens- und Fortschrittsdrang kaum erwarten können. Zeigten sie sich bereit, ihre Weisheit – sprich: ihre neuesten Geräte – zum Vorschein zu bringen, wurden diese Auftritte im Rahmen spektakulärer, weltweit übertragener Shows zelebriert, als übermittelten sie uns Normalsterblichen eine Botschaft von ganz oben. Anfangs war alles gut und erschien alles sauber – sauber wie ein weißer iPod. Dann kam Mark Zuckerberg.

Zunächst sah man in ihm die Kraft, die die Menschheit zusammenzuschweißen würde, und blickte seiner jeweils neuesten Offenbarung so erwartungsvoll entgegen, als stünde eine die Zukunft des Planeten verändernde Rede des UN-Generalsekretärs bevor. Doch während der Senatsanhörungen über den Missbrauch von Facebook-Daten im April 2018 entpuppte sich der Idealbürger unserer Zeit – welch Überraschung! – als junger Mann, dem es sehr viel um Profit und relativ wenig um die Wahrheit, um Politik und das Wohl der Menschheit ging.

Kaum verwunderlich, dass sich die neue Generation der Internetpioniere und werbebedürftige Aktivisten für gute Zwecke seit etwa zehn Jahren zusammenschließen und geschickt konzipierte unpolitische, »sozial verantwortlich« ausgerichtete Kampagnen ins Leben rufen, um eine »Sache« zu kreieren, mit der die große Leere, das tödliche Vakuum im Herzen des globalen Kommunikationsnetzwerks gefüllt werden soll. Die wohl berühmteste Kampagne dieser Art war die »Ice Bucket Challenge«, die auf die Nervenkrankheit ALS aufmerksam machen sollte und weltweit von vielen Menschen, darunter Spitzensportler und Politiker, aufgegriffen wurde. Die Propheten boten der Menschheit unterhaltsame Spiele, die trotz ihrer Verbreitung im Netz erbärmlich wenig echte Veränderung bewirkten. Mit dieser Form globaler Kommunikation wurde kaum etwas kommuniziert, geschweige denn eine Sache von Dauer vermittelt. Damals bewahrheitete sich wieder einmal die Vermutung, dass der Horror vacui, die Abscheu vor der Leere, nicht nur für die Natur, sondern auch für die Politik gilt: Das Vakuum im World Wide Web wurde erfolgreich mit seriös klingenden großen, von rechtspopulistischen Anführern definierten »Sachen« gefüllt.

Die unzähligen neuen Geräte und Kommunikationsplattformen mögen nicht unmittelbar zum Erstarken des Rechtspopulismus beigetragen haben; doch der menschliche Geist hatte durch die jahrzehntelange Entpolitisierung brachgelegen wie ein unbebautes Feld und erwies sich als fruchtbarer Boden für alle, die behaupteten, ihre Sache sei es wert, verbreitet zu werden. Allerdings zeigte sich, dass Empathie nicht einfach entsteht, indem man Menschen miteinander verbindet. Die Leute mit der »wahren« Sache – ob nun Trump, Putin oder Erdoğan – füllten munter die Leere im Herzen des Internets, verwandelten die Menschen in Kämpfer für das Ressentiment und verkündeten ihren Anhängern: »Niemand kümmert sich um euch, deshalb müsst ihr euch auch um niemanden kümmern. *Die sterben sowieso.*« Systematisch manipulierten sie den Groll und die Wut der vernachlässigten Massen und formten daraus ein fremdenfeindliches, aggressives Narrativ. Diese Streiter wurden zu idealen Bürgern des Rechtspopulismus, zu Menschen, die »Er stirbt ja sowieso« sagten oder »Wenn er der Sache im Weg steht, hat er den Tod verdient«. Und das einzige Mittel, das gegen dieses starke politisch-ethische Gift angeboten wurde, war Googles netter, süßer Leitspruch »Don't be evil«. [Sei nicht böse.]

Aber wie sollen wir denn nun sein? Aus welcher Richtung kommt das Böse? *Welche* Sache könnte die Menschen so miteinander verbinden, dass sie moralisch unversehrt bleiben? Welchen Weg sollen wir einschlagen? Sie wissen es nicht? Die aber schon. Zumindest glauben sie es, und das genügt bereits.

»Das ist unsere Sache«, hat Erdoğan im Lauf der Jahre wieder und wieder gesagt, »und wer uns im Weg steht …« Der Inhalt der Sache, die er in die türkische Politik trug, wurde nie verdeutlicht. In den sechzehn Jahren seiner Herrschaft hat er nie wirklich definiert oder erläutert, was seine Sache eigentlich ist, auch wenn mit der Zeit klar wurde, dass er nicht nur eine islamische, ultrakonservative Türkei, sondern auch ein autoritäres Regime will, in dem sogar die Kinder politisiert werden und dem Herrscher gegenüber absoluten Gehorsam zu zeigen haben, um so seine idealen Bürger zu werden.

»Alles Notwendige ist veranlasst – wenn Sie es bitte freundlicherweise überprüfen würden, Herr Präsident.«

Am 23. April, dem »Feiertag der Nationalen Souveränität und des Kindes«, gedenken die Türken der Konstituierung des Parlaments im Jahr 1920. Einen Tag lang werden alle hochrangigen Ämter von Kindern übernommen, während die eigentlichen Amtsträger als Stellvertreter fungieren. Die vorübergehende Herrschaft der Kinder soll symbolisieren, dass sie die Zukunft des Landes sind. 2010 führte diese schöne Tradition zu einem peinlichen Moment für den damaligen Ministerpräsidenten Erdoğan. Das toughe kleine Mädchen, das für einen Tag seinen Job übernehmen durfte, sprach in einer Pressekonferenz über die Demokratie und beantwortete die Fragen der Journalisten. Als die Kleine gefragt wurde, was sie vom Präsidialsystem halte, das Erdoğan damals zu forcieren begann, sagte sie: »Da bin ich leider anderer Meinung als der Ministerpräsident. Die Türkei ist eine Demokratie und sollte es auch bleiben.« Erdoğan lachte nervös, und alle im Raum erstarrten.

Acht Jahre später, am 23. April 2018, saß ein kleiner Junge auf Erdoğans Präsidentenstuhl. Noch bevor die Journalisten Fragen stellen konnten, warf Erdoğan dem Bildungsminister einen Blick zu, mit dem er ihn zu fragen schien, ob alles unter Kontrolle sei. Daraufhin sagte der Minister: »Alles Notwendige ist veranlasst …« Der Junge war entsprechend vorbereitet worden und beantwortete die Fragen wie gefordert mit einem auswendig gelernten Text voller Phrasen, die zuvor von der Partei freigegeben worden waren. Das bemerkenswerteste Bild des Tages gab jedoch ein neunjähriges Mädchen ab, das als Parlamentspräsidentin auftrat – das Kind trug Kopftuch. Das an die Presse ausgegebene Foto war die perfekte Darstellung stolzer Väter mit dem von ihnen selbst hergestellten Produkt: das Mädchen in der Mitte zwischen dem realen Parlamentspräsidenten und dem realen Ministerpräsidenten, dahinter Erdoğan, dessen Hände auf der Schulter des Kindes ruhten, als wollte er eine Trophäe im Krieg um *die Sache* präsentieren. Die älteren Versionen des Mädchens waren bereits so grausam, dass sie sich im Namen der Sache über den Suizid einer verzweifelten Frau lustig machten; jetzt war die Stunde der Kleinen gekommen, der man zweifellos das von der Partei geforderte Ressentiment gegenüber den Mitbürgern anerziehen würde.

Beim Betrachten des Fotos fragte ich mich, ob die Sache noch existieren würde, wenn das kleine Mädchen erwachsen wäre, oder ob es sich dann dafür schämen würde wie jeder, dessen Sache sich aufgrund von politischen Veränderungen erledigt hat. In jedem Fall war die politische Symbolik des Fotos eine viel zu schwere Last für die Schultern eines Kindes. Das Mädchen war kein Profi wie Lindsay Lohan und zu jung, um zu wissen, dass sein Kopftuch Teil einer riesigen Flagge war. Für Erdoğan und seine Anhänger ist jedes Kopftuch im Land mit einer riesigen magischen Flagge verwoben, mit der sie heftige Spannungen zwischen der vorbildlichen Bürgerin und allen anderen Frauen erzeugen. Die Flagge soll die sozialen Unterschiede innerhalb der Parteianhängerschaft kaschieren und verdecken, dass die parteiinterne Bourgeoisie stinkreich ist. Sie wird vor jeder Wahl geschwenkt, um politisches Kapital aus den weiblichen Anhängern zu ziehen und mit der Behauptung »Unsere kopftuchtragenden Schwestern werden gedemütigt« für Empörung zu sorgen. Es ist die Flagge, unter der die idealen Frauen des Regimes versammelt und die weniger idealen in die Ecke der Unerwünschten gestellt werden.

»Sie setzen sich besser auf die andere Seite, Ms Temelkuran.«

Schreiben hat für mich etwas Mönchisches. Nach Monaten am selben Tisch, vor derselben Wand, die immer gleiche Musik in Endlosschleife im Ohr und die immer gleiche schäbige Strickjacke am Leib, wird das Ganze so öde, dass ich nur noch fertig werden will. Doch dazwischen gibt es Phasen, in denen der Körper rebelliert und »Ich will hier weg!« schreit. Dann gehe ich zum Arbeiten nach draußen. Mit seinem großen, aus osmanischen Zeiten stammenden Pavillon ist der Emirgan-Park eines der schönsten Fleckchen am Bosporus. Als ich den Park an einem Tag im Frühling 2014 mit meinem Laptop betrat, fielen mir die zahlreichen Luxuswagen auf, die dort parkten: Porsches, Ferraris, Bentleys, Hummers; Mercedes S-Klasse war das Mindeste. Im überfüllten Pavillongarten fand irgendein Treffen nur für Kopftuchträgerinnen statt, die ausschließlich Luxusmarken trugen. Ich weiß nicht, ob es an meinem leicht vergammelten Aussehen lag oder daran, dass ich nicht dazugehörte, aber die Frauen machten mir ein bisschen Angst. Ich kam mir vor wie ein Eindringling, wie eine Unbefugte, eine Frau aus dem anderen Lager. Ein Kellner, der mich offenbar nicht nur erkannt hatte, sondern auch wusste, wo ich politisch stand, und mein Unbehagen nachvollziehen konnte, verkniff sich ein Lächeln, während er auf mich zuging. Meine fragend hochgezogenen Brauen genügten, um den ganzen politischen Kontext in Erfahrung zu bringen. »Das geht schon eine ganze Weile so«, berichtete er. »Das ist jetzt *ihr* Versammlungsort. Gilt natürlich nur für die Reichen.« Mittlerweile träfen sich in mehreren Häusern an beiden Bosporusufern die Partei-Girlies, allesamt neureiche Frauen, und frönten den Vergnügungen des neuen Osmanentums, das ebenfalls zu Erdoğans *Sache* gehört. Der Kellner bugsierte mich sanft in eine stille Ecke. »Sie setzen sich besser auf die andere Seite, Ms Temelkuran.«

Der falsche Gegensatz zwischen idealer und nicht idealer Frau ist dem Geschmack der Partei entsprechend konstruiert: auf der einen Seite das »gemeine Mädchen« (säkular, ungehorsam), auf der anderen das »gemobbte Mädchen« (der Partei gegenüber loyal). Ein solcher bewusst angezettelter Zickenkrieg erfordert nicht viel – meist genügen ein paar

Ziegen, die mitmachen wollen, und ein paar, die dazu nicht bereit sind.

»Wir stehen nicht mehr im Schatten! Und wir lassen uns nicht mehr von irgendwelchen Rüpeln vorschreiben, was wir tun sollen!«

Was wie der Beginn eines #MeToo-Tweets oder die Absichtserklärung einer unterdrückten Minderheit aussieht, war in Wirklichkeit die Einleitung zum 2018 erschienenen Manifest von womenvotetrump.com. Nach jahrelanger unerträglicher Unterdrückung, die allen, auch den Mitgliedern der Bewegung, bis 2017 gar nicht bewusst gewesen war, verkündeten diese auf ihrer Website, von nun an nicht mehr schweigen zu wollen. Besonders erzürnt zeigten sie sich, nachdem Sarah Huckabee Sanders, die Pressesprecherin des Weißen Hauses, beim White House Correspondents' Dinner von der Comedian Michelle Wolf durch den Kakao gezogen worden war. Bei diesem jährlich stattfindenden Event machen sich die in Washington ansässigen politischen Journalisten traditionellerweise über den Präsidenten und seine Mitarbeiter (und umgekehrt) in witzigen Reden lustig. Wolf, die in diesem Fall die politische Elite der Hauptstadt repräsentierte, teilte in ihrer Rede hart gegen die Pressesprecherin des Weißen Hauses aus. Sanders saß da und musste es hinnehmen, dass sich die angesichts ihrer Funktion als Trumps Sprachrohr angestaute Wut über sie ergoss.

Am nächsten Tag begann zwischen den idealen Bürgerinnen und allen anderen Frauen ein typisch amerikanischer Zickenkrieg zu brodeln. Sein Ausbruch ließ nicht lange auf sich warten. Die Flagge dieser Kontroverse war nicht das Kopftuch; diesmal bestand sie aus Schildern, die von Trump-Unterstützerinnen geschwenkt wurden und deren Aufschrift »Mit Demut gegen Boshaftigkeit« lautete. Auf Fox TV und anderen Pro-Trump-Kanälen kündigten die schikanierten Anhängerinnen ihren Widerstand an. Die Kontroverse wurde im High-School-Jargon angeheizt und Wolf als »das gemeine Biest« abgestempelt, während man Sanders wegen ihrer abends zuvor gezeigten Beherrschung als »Frau mit Klasse« lobte. Wieder war durch eine nette kleine Polarisierung eine *Sache* – oder die Illusion einer Sache – ins Leben gerufen und das Spektrum an Vorzeigefrauen verbreitert worden.

»Wer hätte nicht gern eine Tochter wie Ivanka Trump?«
Auch dieses Zitat stammt von der Website der Trump-Unterstützerinnen. Damit die Produktion von weiblichen Vorbildern richtig in Schwung kommen kann, braucht der Anführer eine Art Bauanleitung für die ideale Bürgerin. So wie Ivanka Trump (ihrem Vater zufolge »eine Frau mit perfektem Körper«) in den Anfängen der Trump-Regierung als ideale Frau präsentiert wurde, spannte man auch Erdoğans Tochter Sümeyye in den ersten Herrschaftsjahren ihres Vaters ein. Wer in der neuen Türkei hätte nicht gern eine Tochter wie Sümeyye Erdoğan? Eine fromme, gebildete, aber gehorsame junge Frau, die für ihren Vater, für den Anführer, für die Sache oder für das, was ihr Vater darunter versteht, alles tun würde!

Wenn Sie das alles lächerlich finden – vor allem weil Sie wissen, dass die Vetternwirtschaft den Partei-Girlies Millionen eingebracht hat –, könnte es, Gott bewahre, passieren, dass Sie diese Frauen beleidigen und dann ein »gemeines«

Mädchen sind. Ist die moralische Überlegenheit einmal futsch, bekommt man sie so leicht nicht zurück – da kann man sich politisch korrekt verhalten, wie man will.

»Wie Sie sehen, gibt es weder in politischer noch in ethischer Hinsicht das geringste Problem.«

Zeitgleich mit Trumps Aufkündigung des Atomdeals mit dem Iran melden am 7. Mai 2018 alle Fernsehsender die Nachricht von dem Schweigegeld, das er einem oder mehreren Pornostars gezahlt haben soll. Auf den Bildschirmen geht es heiß her. CNN International bringt für ein Livegespräch eine Frau aus dem *anderen Lager* mit einer Trump-Anhängerin zusammen, die ihrer Rolle nur mit Mühe gerecht wird, indem sie mehrmals wiederholt: »Wir haben ihn ja nicht wegen seines Privatlebens gewählt.«

Ihr Gegenüber belässt es bei rhetorischen Fragen, um nur ja nicht die Grenze zur »Beleidigung« zu überschreiten – eine ziemlich massive Grenze im sozialen und politischen Leben Amerikas. Während sie mehrmals fragt, ob das Schweigegeld »aufgedrängt« worden sei, was bei Trump kein Einzelfall wäre, und ob man es moralisch vertreten könne, Frauen mit Geld zum Schweigen zu bringen, sagt die Trump-Anhängerin immer dasselbe: »Er tut viel für unser Land, und das ist, was zählt.« Die einseitige Diskussion führt unweigerlich in eine Sackgasse, in der nur noch »Er ist unser Mann, aber das kapiert ihr nicht, weil ihr nicht an unsere Sache glaubt« gegen »Wir verstehen einfach nicht, wie man sich da nicht schämen kann« steht. Irgendwann hört die Frau aus dem *anderen Lager* auf, Fragen zu stellen, um nur ja nicht als »die Gemeine« rüberzukommen. Die Moderatorin grinst hilflos. Die viel zu dezente Aufforderung an die Trump-Frau, sich wenigstens zu schämen, stößt auf taube Ohren. Die »Frau mit Klasse« hält eisern an ihrer unbekannten Sache fest. Am selben Tag bin ich wegen einer Lesung in Portland, Oregon. Ich spreche über den politisch sichtbar werdenden weltweiten Niedergang der Moral und über die Möglichkeit, ihn zu überwinden, indem wir uns die Historie des Problems ansehen. Wie immer kreisen viele Fragen aus dem Publikum um meine persönliche Situation – warum ich in Zagreb lebe, wie es mir in meinem »freiwilligen Exil« ergeht und so weiter. Der Klassiker kommt von einer Frau: »Fühlen Sie sich in Gefahr?« Lächelnd erwidere ich mit einem Seitenhieb auf die Situation meines Gastlands: »Nichts für ungut, aber fühlen *Sie* sich in Gefahr? Immerhin haben Sie einen Präsidenten, der Frauen begrapscht.« Der globale Angriff auf die Frauen und der damit verbundene Versuch des Rechtspopulismus, sie in Figuren aus *Der Report der Magd* zu verwandeln, betrifft Frauen jeder Nationalität, jeder sozialen Schicht, jeder Religionszugehörigkeit und schließt auch die Privilegierten nicht aus. Die Dame nickt besorgt. »Mit den Frauen, den ›Schwachen‹, beginnen sie«, fahre ich fort, »und danach sind die anderen dran.« Als ich hinterher meine Bücher signiere, kommt die Frau zu mir und erklärt, wie schrecklich sie die Polarisierung der amerikanischen Frauen findet. »Ich verstehe es einfach nicht. Ich meine, ich verstehe nicht, warum das so ist.« Ich antworte knapp: »Vielleicht ist es völlig egal, ob wir den Grund – beziehungsweise die *Sache* – verstehen oder nicht. Vielleicht gibt es da gar nichts zu verstehen.« Denn die Antwort auf die Frage »Wann seid ihr so grausam geworden?« lautet, ob sie nun von Amerikanern, Deutschen oder Bürgern irgendeines anderen Landes gestellt wird: Die Veränderung setzte an dem Tag ein, an dem der Anführer von einer *Sache* sprach oder sie zumindest andeutete. Solange es eine Sache gibt und der Anführer eine Linie ziehen kann zwischen denen, die dafür und denen, die dagegen sind, machen die Menschen vor keinem ethischen Vergehen Halt. Ein Blick in die Geschichte genügt. Neu ist, dass die heutigen rechtspopulistischen Bewegungen gar keine substanzielle, edle sogenannte Sache kennen – kein schriftlich verfasstes Programm, dem sie sich verpflichtet fühlen, und noch nicht einmal ein ideologisches Narrativ, das als Deckmantel dienen könnte. Es geht ihnen nur um die Macht.

Robert O. Paxton schreibt in seinem 2005 erschienenen Buch *The Anatomy of Fascism* [dt. *Anatomie des Faschismus*, 2006], dass weder Hitler noch Mussolini über ein klar umrissenes Parteiprogramm verfügten, was es beiden ermöglichte, ihre jeweilige politische Bewegung wenn nötig jederzeit umzuformen. Doch die autoritären Führerfiguren des 20. Jahrhunderts hatten immerhin noch einen ideologischen Ausgangspunkt, irgendeinen »Ismus«, unter dem sie agierten, während sich die heutigen Autokraten nie offen zu einer Ideologie bekennen. Sie haben nur ihre persönlich gegebenen Versprechen und sich ständig verändernden Ziele. Deshalb muss ihren Anhängern gezeigt werden, was sie tun und wie sie sich verändern sollen, um den Forderungen des Anführers zu entsprechen. Nach jedem politischen Haken, den ihr Anführer schlägt, müssen sie herausfinden, welches Verhalten nun angebracht ist, um nicht in der falschen Bürgerkategorie zu landen. Die einzige Orientierungsmöglichkeit in diesem sich ständig wandelnden politischen Umfeld ist der unumstrittene Mann an der Spitze. Über die rasanten Umschwünge auf dem Weg zur sogenannten Sache wird mit Hilfe der Hundepfeife informiert, deren Ton Anführer und Anhänger verbindet. In diesem neuen Umfeld fallen politische Ungereimtheiten und mangelnde Integrität nicht nur kaum ins Gewicht, sondern ermöglichen es dem Herrscher geradezu, seine Kritiker mittels rasch herbeigeführter Richtungsänderungen im Diskurs so zu verwirren, dass diese es kaum wagen, das neue Phänomen auch nur zu benennen, was die Leute im *anderen Lager*, die unerwünschten Bürger, natürlich verunsichert.

»Aber es ist doch unsere Aufgabe, den Grund des Ganzen herauszufinden! Wir sollten doch mit diesen Leuten ins Gespräch kommen und zumindest versuchen, ihre Sache zu verstehen!«, sagt eine amerikanische Studentin nach einer Diskussion, die ich im Mai 2018 mit Studierenden führe. Ich widerspreche mit einem klaren, definitiven Nein und stelle ihr folgende Frage: »Bemühen Sie sich oder bemühen wir uns genauso, wenn es darum geht, ›unsereins‹ zu verstehen? Wann haben Sie zuletzt mit progressiven Menschen gesprochen, um *ihre* Sache zu verstehen?« Weil die Studentin schweigt, versuche ich, es ihr genauer zu erklären: Hätte man nicht so viel Energie bei der Anstrengung vergeudet, Verständnis für die Anhänger von populistischen Anführern aufzubringen, sondern diese für das Gespräch mit dem *anderen Lager*, also dem eigenen, genutzt, wäre vielleicht alles anders gekommen. Im Lauf der Diskussion hat sich herausgestellt, dass die Zuschauer im Saal nicht halb so viele Artikel über Bernie Sanders wie über Trump gelesen haben, und nach einer Weile sind wir uns einig, dass es wesentlich weniger Berichte über die Gedanken und Gefühle von Sanders-Wählern als über die von Trump-Anhängern gibt. Wer vor den Worten und Taten des Herrschers / Täters wie das Kaninchen erstarrt, vergisst, dass er der drohenden Gefahr durch eigenes Tun entgehen kann. »Kaninchen können nicht denken«, sage ich. »Entweder macht das Kaninchen den ersten Schritt und läuft weg, um sich in Sicherheit zu bringen … oder eben nicht.«

»Erinnerst du dich an das Fernsehinterview mit dem ›berühmten‹ Troll? Nein, das hast du natürlich vergessen. In den letzten Jahren war ja so viel los. Er sagte damals: ›Wir wollten erst die Frauen schwächen und dann sehen, was passiert. Es war nur ein Experiment.‹ Erinnerst du dich jetzt?«

Die Frage wird mir von Aylin Aslım gestellt, einer wunderschönen und sehr politischen Songschreiberin. Und ein Rockstar ist sie auch. Wir sind mit gemeinsamen Freunden in Nordspanien. Als es in der Türkei gefährlich wurde, sind einige von uns vorübergehend ins Ausland gegangen, während sich andere, darunter Aylin, in abgelegene türkische Küstenorte zurückgezogen haben. Um uns den kurzen Urlaub und die begrenzte gemeinsame Zeit fern der deprimierenden, chaotischen türkischen Politik nicht zu verderben, meiden wir jedes Gespräch über unsere Niederlage und unseren Rückzug. Aylin hat als Erste von uns Angriffe durch Regierungsanhänger erlebt. Einmal wurde in den sozialen Netzwerken gedroht, man werde mit Macheten zu ihren Konzerten kommen und ihre Telefonnummer und Wohnadresse veröffentlichen, falls jemand Lust habe, sie persönlich zu attackieren. Gleichzeitig kursierten diverse Lügengeschichten, die sie als Inbegriff des Bösen darstellten.

Weil toughe Frauen das nicht tun, sprechen wir kaum je über die Beschädigung, die unser Leben in den letzten Jahren erfahren hat, sondern leben einfach weiter. Doch hier, in einem anderen Land und mehrere Jahre danach, erzählt mir Aylin, wie verzweifelt sie damals war. Nicht die Angriffe selbst zermürbten sie, sondern das Schweigen ihrer Freunde und die Sinnlosigkeit der brutalen Attacken. »Sobald eine Frau angegriffen wird, die weder Schwester noch Ehefrau eines Mächtigen ist, wird es merkwürdig still. Keiner will sich die Hände schmutzig machen. Man soll sich dann selbst aus dem Sumpf ziehen, was natürlich unmöglich ist. Aber das Allerschlimmste ist, dass es nicht den geringsten Grund dafür gibt. Sie haben mein Leben zerstört, um ein Experiment durchzuführen – nur so, zur Übung –, bevor sie sich Frauen vorknöpften, die stärker im Establishment verankert sind als ich.«

Frauen werden nicht zu politischen Heldinnen gemacht, es sei denn sie sind bereits tot. Frauen erhebt man nur selten zu Symbolen des Widerstands, um die Opposition zu mobilisieren. Genau deshalb setzen autoritäre Regime bei den Frauen an. Das Regime weiß, dass Rufmord und jede andere Form von Gewalt gegenüber weiblichen Oppositionellen oder vom Regime nicht erwünschten Bürgerinnen bei den Dissidenten so gut wie nie eine Reaktion auslösen. Deshalb ist Claudette Colvin, die sich schon neun Monate vor Rosa Parks geweigert hatte, im Bus ganz hinten zu sitzen, für viele eine Unbekannte. Das ledige, schwangere Teenagermädchen, ein gefundenes Fressen für die Befürworter der Rassentrennung, war nicht ehrbar genug, um der Bürgerrechtsbewegung als Galionsfigur zu dienen.

Deshalb ist es womöglich wichtiger, sich mit dem weiblichen Opfer zu solidarisieren, ohne seine Ehrbarkeit unter die Lupe zu nehmen, als zu versuchen, die Gründe für den Angriff zu verstehen. Schließlich machen uns solche Angriffe zu Ausschneidepuppen des Regimes, zumindest aber zu Versuchstieren für die Experimente, die dazu führen sollen. Das Opfer ist nicht nur deshalb Opfer, weil es angegriffen wurde, sondern auch, weil es mit der Belastung kämpft, den Täter nicht verstehen zu können. Der Wunsch, ihn zu verstehen, entspringt keiner fatalen Empathie, sondern dem Bedürfnis des Opfers, dem, was ihm widerfahren ist, einen Sinn zu verleihen. Aber solange wir Menschen es noch nicht verstanden haben, benötigt das radikal Böse keinen bestimmten Grund. Und selbst wenn es ihn bräuchte, müsste die Suche danach dem Täter aufgebürdet werden. Tausend zerbrochene Seelen und zerstörte Leben in der Türkei haben uns Frauen eines gelehrt: Sie wollen, dass wir so sind wie sie, das ist alles. Und die einzige sinnvolle Gegenwehr, mit der wir uns selbst und einander schützen können, ist Solidarität. Nur so lässt sich die politische Atmosphäre verändern und in etwas Überholtes verwandeln, in eine böse Sache, die nur eine vorübergehende Erscheinung war.

»Eine Gesellschaft, die auf Profitstreben beruht, ist zum Scheitern verurteilt.«

Am 9. Mai 2018, zwei Tage nach der Veranstaltung in Oregon, entdecke ich in der Lobby meines Hotels eine regionale Wochenzeitung, die *Willamette Week*. Auf der Titelseite ist das Foto einer jungen Frau zu sehen, die in ein Megafon ruft. Die Überschrift lautet: »Das Sozialisten-Netzwerk«. Die ganze Stadt, heißt es in dem langen Artikel, sei merkwürdig politisiert, seit es der sechsundzwanzigjährigen Olivia Katbi Smith als Erster in der Geschichte der Vereinigten Staaten gelang, Angestellte von Fast-Food-Lokalen gewerkschaftlich zu organisieren.

> Der Anteil der Bewohner Oregons, die bei der Wahlregistrierung das Feld »Kein Mitglied einer Partei« ankreuzen, stieg seit Januar 2016 um 58 Prozent, während der Anteil der Demokraten nur um 15 Prozent wuchs. Das sagt viel über die Einstellung junger Wähler zur Politik. Sie suchen nach etwas Neuem – nach etwas Neuem wie den Democratic Socialists of America (DSA), die zwar noch keine offizielle Partei sind, zu deren Versammlungen jedoch bis zu zweihundert Menschen kommen, während sich für die Versammlungen der Demokratischen Partei Portland nur etwa hundert Menschen, vorwiegend Rentner, und für die der Republikanischen Partei Portland fünfzehn interessieren.

In dem Zeitungsartikel erzählt Olivia die Geschichte ihrer Veränderung. Als Obama nach 2008 die Banken rettete, wurde ihr klar, dass die Establishment-Demokraten den Armen »nur Knochen zuwerfen« und die Partei sich im Grunde nicht von den Republikanern unterscheidet. Junge Frauen wie Olivia machten »Sozialismus« zu dem Begriff, der 2016 in den USA am häufigsten auf Wikipedia gesucht wurde. Sie ist Teil der neuen Linken. Auf dem Foto sieht man das Gesicht einer jungen Frau, die sich an etwas längst Vergessenes erinnert hat: dass sie ein handlungsfähiges politisches Subjekt ist und dass es in der Politik in Wahrheit um die alltäglichen Bedürfnisse geht – entscheidendes Wissen, das in den achtziger Jahren verloren ging. Olivia erinnert sich an etwas, was ihre Mutter – wie die säkularen Omas in der Türkei – vergessen musste. Sie gehört zu den Tausenden Frauen auf der ganzen Welt, die den von Girlpower geprägten Zeitgeist nutzen, um Menschen im Namen der sozialen Gerechtigkeit zu politisieren und zu organisieren. Diese Frauen haben erkannt, dass die neue linke Agenda in den etablierten Parteien nicht voranzubringen ist. Olivia ist angetreten, um ihrem Umfeld in Erinnerung zu rufen, was die Progressiven im Land in den achtziger Jahren vergessen haben: dass es eine Alternative gibt. Sie ist die neue Frau, die schaffen könnte, was den konventionellen Kritikerinnen mit ihren zögerlichen Fragen in den TV-Diskussionen zwischen Demokratinnen und Trump-Anhängerinnen nicht gelingt: die Ausschneidepuppen des Regimes herauszufordern. Denn sie hat Antworten, sie hat einen Gegenentwurf zur rechtspopulistischen Illusion einer *Sache.* Sie ist das Kaninchen, das sich traut.

»Gibt es denn Hoffnung?«

Nach jedem Vortrag über den Zustand der Welt, egal, ob ich ihn in türkischen, anderen europäischen oder in amerikanischen Städten halte, herrscht im Publikum eine Zeit lang mit tiefen Seufzern durchsetztes verlegenes Schweigen. Ich komme mir dann immer wie eine moderne Kassandra vor. Und fast jedes Mal lautet die erste Frage, die schließlich gestellt wird: »Gibt es denn Hoffnung?« Meine inzwischen auswendig gelernte Antwort darauf lautet: »Hoffnung ist etwas sehr Zerbrechliches. Ich glaube lieber an Entschlossenheit – an die Entschlossenheit, Schönheit zu schaffen, politische Schönheit.« Manchmal sitzt ein ganz besonders entschlossener Mensch im Publikum und fragt daraufhin: »Und worauf gründet die Hoffnung?« Meine Antwort ist immer dieselbe: »Auf den jungen Frauen.«

Nie in der gesamten Geschichte der Menschheit waren wir, die Frauen, so mächtig wie heute. Und was noch wichtiger ist: Zum ersten Mal in der Geschichte lernen die Frauen, dass es weder Angst macht noch peinlich ist, mächtiger zu sein als Männer. Die neue Generation von Frauen, die nicht mit Aschenputtel-Geschichten, sondern mit *The Hunger Games* und *Mad Max 2* aufwuchsen, ist bereit, die Waffenruhe zu beenden, die es den Männern erlaubt, das politische Establishment zu dominieren. Sie haben erkannt, dass es nie einen Frieden zwischen Gleichgestellten gab, sondern nur eine unwürdige Kapitulation. Auch deshalb wird in vielen Ländern von der Krise der Männlichkeit gesprochen und in den USA von Männern aus dem Alt-Right-Umfeld behauptet, sie hätten ein »Recht« auf Sex mit Frauen. Und auch deshalb gehört Frauenfeindlichkeit in der gesamten westlichen Welt zum Rechtspopulismus. Die Spannungen nehmen zu. Alles scheint auf einen baldigen Krieg hinauszulaufen, in dem Parteipolitik und die herkömmlichen politischen Lager keine Rolle mehr spielen – auf einen großen Krieg um kleine Forderungen.

»Ich kämpfe, damit ich unter der Woche arbeiten und am Samstag Tango tanzen kann.«

Im Jahr 2003 ruiniert die Wirtschaftskrise in Argentinien das Leben vieler Menschen, bringt aber auch neue Formen von Solidarität hervor und treibt Angehörige der Mittel- und Unterschicht in den Zusammenschluss zu einem karnevalartigen politischen Widerstand, den ich im nächsten Kapitel näher betrachten werde. Die Leute führen eigene Währungen ein, organisieren Tauschmärkte und ziehen in Protestmärschen durch die Straßen. Mit einer Packung Reis unter dem Kopf liege ich auf der Sitzbank eines sehr frühen fensterlosen Morgenzugs. Der Reis ist für eine *piquetera*

bestimmt, eine Frau, die Barrikaden bewacht. Die Protestierenden haben die wichtigsten städtischen Verkehrsadern blockiert und schwingen täglich ihre Eisenstangen im Kampf gegen die Polizei. Ich bin mit einer der Stadtteilanführerinnen verabredet, einer zierlichen, sanften, leise sprechenden Vierundzwanzigjährigen, die in einer Hütte mit Lehmboden lebt und ihr zwölf Monate altes Kind allein großzieht. Sie serviert Mate, das Einzige, was sie anbieten kann, und wir reden über das Land, über die schrecklichen Lebensbedingungen armer Frauen. Sie erzählt mir, wie sie, ihr dick eingepacktes Baby im Arm, mit der Polizei kämpft. Nach einer Stunde frage ich sie, warum sie das alles macht, was sie sich von der Zukunft erhofft. »Dass ich unter der Woche arbeiten und am Samstag Tango tanzen kann …«
Sie will nicht die Welt verändern, spricht nicht von einer globalen Revolution, sondern wünscht sich einfach ein vernünftiges Leben – das ist ihre *Sache.* Dieser bescheidene Wunsch bringt sie dazu, sich den politischen Mächten physisch entgegenzustellen und das Leben ihres Kindes aufs Spiel zu setzen. Sie wird von manchen als Terroristin bezeichnet und widerspricht sicherlich dem Bild der Bürgerin, wie sie nach den Vorstellungen bestimmter Leute sein soll. Und obwohl sie so wenig fordert, muss sie hart dafür kämpfen.

Ich habe in den letzten Jahren oft an diese junge Argentinierin gedacht, weil ich ihr Gesicht in wechselnden Formen und Farben überall vor mir sehe. Die Frauenfeindlichkeit der rechten Bewegungen und die zögerliche Auseinandersetzung ihrer Schwestern mit der herkömmlichen Politik haben einen neuen Typ Frau hervorgebracht. Obwohl diese Frau nur selten in Fernsehdiskussionen oder überhaupt in den Mainstreammedien erscheint, stoße ich überall auf sie, ganz gleich, in welchem Land. Sie verliert sich nicht im politischen Diskurs, weil sie weiß, dass man eine Sache nur mit einer eigenen Sache bekämpfen kann. Sie fordert keine Macht, lehnt sie im Gegenteil ab. Sie will ein anständiges Leben für alle und hat erkannt, dass Verständnis und andere Techniken der Paartherapie gegen politische Polarisierung und die aggressiven Inhalte der politischen Kräfte nichts ausrichten können. Wie die Statue des kleinen Mädchens vor dem Gebäude der New Yorker Börse fürchtet sie weder Bullen noch Bullys. Vor allem aber glaubt sie nicht mehr an das bestehende Rechtssystem, sondern an Gerechtigkeit. Und ein »Minenesel« ist sie auch nicht.

»Sie waren der Minenesel«, sagt eine Frau im Speisezimmer eines nur für Mitglieder zugänglichen Londoner Clubs im April 2018. Eine alte Freundin hat mir Zugang zur neuen türkischen Diaspora verschafft, alles schwerreiche Frauen, etwa in meinem Alter und sehr gebildet. Einige sind Sozialdemokratinnen, einige gehören wohl der rechten Mitte an. Obwohl sie erst seit wenigen Wochen in London leben, haben sich alle bereits Häuser in den besten Gegenden gekauft. Ihre Kindermädchen und Hausangestellten haben sie über die informelle »Relocation-Agentur« engagiert, ein Geschäftsmodell, das dank türkischer Exilanten der Oberschicht seit dem gescheiterten Militärputsch von 2016 und der darauffolgenden endlosen Ausgangssperre in diversen europäischen Städten floriert. Einige Angehörige der Diaspora haben ihre Geschäfte bereits nach London verlegt, während andere noch dabei sind, alle Alternativen zu prüfen.

Ich hatte die Einladung angenommen, weil ich mich für die Welt dieser privilegierten Immigrantinnen interessierte – und es wurde interessant! Meine behutsamen Fragen verwandeln das schicke Dinner schon bald in eine gruppentherapeutische Sitzung, in der es um die Unbilden des Lebens im Ausland geht. Eine Frau sagt: »Ich liebe London, aber hier bin ich niemand, und das kenne ich nicht. Das ist ein ganz neues Gefühl für mich.« Sie hat jahrelang als Führungskraft in einem multinationalen Unternehmen in der Türkei gearbeitet. Eine andere berichtet von den Problemen mit ihrem Friseur – nicht, dass es in europäischen Großstädten keine guten Friseure gäbe, aber anders als in der Türkei fühlt sie sich in den Londoner Salons nicht wie eine Prinzessin behandelt. Wieder eine andere gesteht, dass sie nach der Ankunft in London ihren Namen geändert hat. »Mein Name hat mir noch nie gefallen – da dachte ich, wenn ich schon ein neues Leben beginnen muss, gönne ich mir auch gleich einen neuen Namen.« Als auf der Liste der traumatischen Erfahrungen das Thema Maniküre erreicht ist – die Briten können es einfach nicht –, wird ihnen durch meine Anwesenheit plötzlich peinlich bewusst, wie belanglos ihre Probleme sind, und eine meint voller Mitgefühl: »Na ja, verglichen mit dem, was Sie durchgemacht haben …« Und eine andere fügt hinzu: »Sie waren ja der Minenesel.« Diese türkische Redewendung entspricht dem Kanarienvogel der Bergleute und bezieht sich auf die Esel, die früher von den Soldaten in die Minenfelder geschickt wurden und zuhauf in die Luft flogen – ein Schicksal, dem nach Ansicht der Frauen im Club das meine offenbar gleicht.

Deshalb lenke ich das Gespräch wieder auf die Vergangenheit, in die ersten Jahre Erdoğans und seines neuen Bür-

gertums, und bekomme zu hören, wie offen sie, die Angehörigen der etablierten säkularen Geschäftswelt, Erdoğan gegenüber damals waren und wie anders sie sich alles vorgestellt haben. Eine Frau, die als Leadership Coach arbeitet, berichtet, sie habe sogar einmal einem AKP-Funktionär einen effizienteren Führungsstil beigebracht. »Eigentlich war der ein guter Mensch. Der hatte ein richtig gutes Herz.« Das Fazit jedenfalls lautet: »Wir haben geglaubt, es würde zu einem Dialog kommen. Dass es *so* werden würde, hätten wir nicht gedacht.«
Mit »so« ist die Situation eines Landes gemeint, in dem ihre Töchter keine wirklich säkulare Schule besuchen können, in dem Unternehmen über Nacht konfisziert werden, weil irgendwer den Besitzer des Terrorismus beschuldigt, in dem eine Frau auf der Straße wegen ihrer Kleidung angegriffen werden kann, in dem sie aus Angst vor Inhaftierung nicht einmal auf Facebook schreiben können, was sie wollen. »Zuerst hat man ja die Kurdinnen und Sozialistinnen attackiert. Bis es *so* wurde, sind immerhin einige Jahre vergangen«, sage ich. Jetzt bedeutet *so*, dass sie in London sitzen und besprechen, was passiert ist, ohne je den Mund aufgemacht zu haben, bevor die Unterdrückung auch sie erreichte – wobei es ihnen dann immerhin freistand, das Land zu verlassen. In diesem Moment wird die rettende Dessertkarte gebracht. Ich kann nur noch sagen: »Es tut dem Menschen gut, wenn er sich mal als Niemand fühlt. Daraus kann man sehr viel lernen.« Wir lächeln uns höflich an, und sie beginnen, sich über ihre Mitgliedschaften in Londoner Clubs zu unterhalten. Auch das ist neu für sie, aber sie haben bereits kapiert, dass sie so etwas brauchen, wenn sie in diesem Land jemand sein wollen. So lernen sie

auf ihre Art, wie man sich als unterdrücktes Mitglied einer politischen Minderheit fühlt.

»Jetzt … habe … ich … keinen Platz mehr, … um noch ein … totes Kind … zu begraben.«

Sie bringt es kaum heraus; es klingt nicht wie Sprechen, sondern als würde sie Glas zerkauen. Es ist der Sommer des Jahres 2018, und wir haben uns in eine stille Ecke der University of California, Los Angeles, verdrückt. Sie, eine kurdische Ethnologin, und ich, die türkische Autorin auf Lesereise, rauchen heimlich mitten auf dem rauchfreien Campus. Ich rechne ständig damit, dass irgendjemand, der hier etwas zu sagen hat, wie aus dem Nichts auftaucht und uns anbrüllt, aber ihr ist das alles völlig egal. Lächelnd sagt sie: »Ich bin Kurdin«, was in diesem Zusammenhang heißt: »Nach allem, was ich durchgemacht habe, geht mir das sonst wo vorbei.« Nach Jahren des Kampfes sind wir jetzt beide in einem Land, in dem unsere Geschichten übersetzt werden müssen und dabei viel verlieren. Als Mitglied kurdischer Intellektuellenkreise gehörte sie zu den ersten Opfern der Repression und musste schließlich emigrieren. 2016 wurden die Anti-Terror-Angriffe der Regierung im vorwiegend kurdischen Südosten der Türkei so heftig, dass die Leute ihre Häuser nicht einmal verlassen konnten, um die Toten zu begraben. Sie mussten die Leichen bei sich behalten und lagerten tote Babys in Gefriertruhen. Deshalb sprechen wir abgehackt, in unvollständigen Sätzen. »Es ist schwer, darüber zu reden«, sagt sie, und ich erwidere: »Ja, es ist schwer.« Wir rauchen drei Zigaretten hintereinander, ohne uns dabei anzusehen. Denn das tun Frauen, wenn sie schon wissen, wie es ist, ein Niemand zu sein. Man spricht nicht darüber.

Und am Ende ähnelt man nie den Figuren in *Der Report der Magd*, sondern gleicht verblassenden Silhouetten, die nicht gern reden. Echter Schmerz ergibt kein hübsches Foto und keine schicke TED-Story. Wer echten Schmerz empfindet, möchte ein Niemand sein und dem *bewundernden Sumpf* entfliehen, der die Geschichten exilierter Frauen so liebt – dem Sumpf, von dem Emily Dickinson schrieb.*

Nur wenige Tage nach diesem Gespräch zweier Niemande nannte Erdoğan »Freiheit, Gerechtigkeit und Demokratie«, als er nach sechzehn Jahren an der Macht seine Wahlversprechen für 2018 aufzählte. Kaum hatte er es gesagt, änderte sich die arrogante Haltung seines innersten Zirkels, denn selbst diesen Leuten war klar geworden, dass mit dem Designprogramm zur Erschaffung idealer Bürger nun keine Wahlen mehr zu gewinnen waren. Ein Mann mit Leitbildfunktion in der Partei, ein wichtiger Erdoğan-Berater, der 2014 nach dem Grubenunglück von Soma einen Kumpel mit Tritten traktierte, weil der nach dem Verlust eines Angehörigen Gerechtigkeit gefordert hatte, entschuldigte sich plötzlich für sein widerliches Verhalten. Die Entschuldigung erinnerte an jene, auf die das amerikanische Volk vergeblich wartete, nachdem Senator McCain aus dem Weißen Haus heraus verhöhnt worden war.

Jahrelang hatten die wichtigsten AKP-Gestalten ihre Parteianhänger bedenkenlos dazu aufgefordert, Kritiker verbal und manchmal auch körperlich anzugreifen; jetzt setzten sie ihre Wahlgesichter auf. Erdoğan stellte sich wie immer über das Gesetz und beteuerte höchstpersönlich, denjenigen, die

* Anspielung auf Emily Dickinsons Gedicht *Nobody*, dessen letzte Zeile »to an admiring bog« lautet. (M. G.)

der AKP-Vorstellung vom idealen Bürger nicht entsprächen, solle mehr Gerechtigkeit widerfahren. Innerhalb weniger Tage verbogen sich die härtesten Parteivertreter so mühelos, als bestünden sie aus Knete, und wurden, als wäre das überhaupt möglich, normale, empathiefähige Menschenwesen. Wer die Absurdität des Vorgangs nicht erfasst, möge sich vorstellen, Trump würde, nachdem er jahrelang rechtsextreme Rassisten gerühmt hat, vor einer Wahl plötzlich ein Plakat mit der Aufschrift »Black Lives Matter« in die Höhe halten. Ist eine Sache in der Welt und beschränkt sich diese Sache auf Machtgier, werden die Inhalte so unwichtig, dass noch der Grausamste eine Zeit lang den Weihnachtsmann vorspielen kann, um der Sache zu dienen. Und diejenigen, die nicht nur die Geschenke zurückweisen, sondern das Ganze obendrein als Verbrechen gegen die Menschenwürde und den letzten Versuch der politischen Macht bezeichnen, die Bürger dem Parteientwurf entsprechend zu formen, werden Waisen ihres eigenen Landes.

Im Sommer 2018 hielt ich in der Standford University vor etwa hundertfünfzig Menschen einen Vortrag über einige Themen dieses Kapitels, so auch über den oben erwähnten Umgang mit der Hoffnung. Dennoch stand eine junge Frau aus dem Publikum auf und fragte mich lächelnd: »Ich würde trotzdem gern noch einmal fragen, ob es Hoffnung gibt.« Lachend antwortete ich: »Selbst wenn es keine mehr gibt, sind da immer noch Sie und ich, junge Frau!« Ich denke, das genügt. Vielleicht ist es sogar mehr als genug. Und manchmal ist es einfach alles, was wir haben.

SECHS

Sollen sie über das Grauen lachen!

»Der einzige Unterschied zwischen Guantánamo und letzter Nacht war, dass es den Opfern gestern am liebsten gewesen wäre, die Folter hätte nie aufgehört.«

Meine Freunde am Brunchtisch verdrehen die Augen, aber das ist mir egal. Ich überlege, was wohl besser schmeckt – die Walnussmarmelade, die sie aus der Türkei mitgebracht haben, oder mein frisch gepresster Kater-Killer. Gestern Abend haben sie mich aus meinem Zagreber Bunker gezerrt, um mir mein Heimweh mit ein bisschen »Spaß« auszutreiben. Deshalb fahre ich schon jetzt am Vormittag schwere Geschütze auf und erläutere die beruhigende Wirkung elektronischer Musik mit ihren Herzschlagrhythmen, denke laut darüber nach, warum das neoliberale System dazu neigt, Spaß durch Freude zu ersetzen, und beklage natürlich den Niedergang der Dance Music, ihre tragische Entwicklung hin zu einem Zustand zwischen Katatonie und Schlaffheit. Meine Zusammenfassung der vergangenen Nacht schmücke ich kräftig aus: das Stroboskoplicht, das die Clubgäste offenbar in epileptische Anfälle versetzen sollte, der wummernde Sound, der an eine altbewährte Schlafentzugsmethode erinnerte, und eine unkommunikative, grotesk synchron hin- und herschwankende Menschenmasse, die aus Mitgliedern einer durchgeknallten Sekte zu bestehen schien.

Meine Freunde behaupten, ich hätte es nicht kapiert. Zwei von ihnen, beide über vierzig und professionelle Festivalbesucher mit Burning-Man-Namensschildchen, versuchen mir klarzumachen, dass man als Angehöriger der *chemical brotherhood* viel mehr von dem karnevalähnlichen Spaß habe und die ausdruckslosen Augen gestern Nacht Leuten gehörten, die mit MDMA oder Ecstasy zugedröhnt und deshalb mit *Freude* erfüllt gewesen seien. »Genau das meine ich«, sage ich. »Diese Leute waren doch nur Einzelwesen, die sich in unterschiedlich stark erweiterten Realitäten bewegten, völlig unfähig zu irgendeiner Form von gegenseitiger Verbindung. Sehr praktisch in der heutigen Welt! Und wer so tut, als würde ihm das alles Spaß machen, beweist nur, dass er keine echte Freude mehr empfinden kann. Außerdem ...« Die Tischrunde kontert mit dem klassischen Argument: »Du alter Kontrollfreak hast doch nur Angst davor, loszulassen und dich ins Karnevalsgetümmel zu stürzen!«

Ich lege das Besteck aus der Hand. »So ein Quatsch! Ihr wisst genau, dass ich den Karneval liebe – aber den *echten*!«

Und wie sie es wissen! Denn seit dem Sommer 2013 können wir es nicht oft genug sagen: *Mensch, wir waren dabei!*

Den Saum meines langen Rocks in den Gürtel gesteckt, das T-Shirt um den Kopf geschlungen laufe ich mit nur einem Schuh an den Füßen durch Ankara. Es ist der Abend des 31. Mai 2013, zwei Tage nach dem Ausbruch der Massenproteste in Istanbul, in deren Verlauf sich das ganze Land einer karnevalesken Widerstandsbewegung gegen ein repressives System angeschlossen hat, das zu diesem Zeitpunkt seit zehn Jahren an der Macht ist. In Ankara blockieren primitive, hastig errichtete Barrikaden alle zum Schwanenpark im Stadtzentrum führenden Straßen. Junge Leute, die bisher höchstens Strandfeuer gemacht haben, schichten jetzt Unmengen Holz auf, um einen Aufstand zu zelebrieren. Gerade hat die Polizei Tränengas versprüht, und auf meiner augenreibend erfolgten Flucht ging einer meiner Ballerinas verloren.

Der Mensch ist wirklich komisch: Weil Mut und Freude größer werden, wenn er sie teilt, Angst und Schmerz aber kleiner, lache ich wie die vielen anderen ringsum, während mir die Tränen beißend über die Wangen laufen und der nackte Fuß auf dem Asphalt brennt. Ein Mann mit einem Tuch vor dem Gesicht brüllt mir durch das Gewimmel der fliehenden Menschen zu: »Hey, ich hab deinen Schuh! Lauf weiter!« Als wir nach einer Weile stehen bleiben und der Typ das Tuch abnimmt, sehe ich, dass ich ihn von früher kenne. »Hier, bitte schön«, sagt er und gibt mir den Schuh. »Das Aschenputtel der Revolution!« Wir platzen los, lachen so unkontrolliert, dass sich unsere Gesichter verzerren, und umarmen uns. Ich weiß nicht mehr, ob wir das früher schon einmal getan haben. Hastig bringen wir uns auf den neuesten Stand. Er ist mittlerweile ein *stinkreicher* Anwalt, während ich gefeuert worden bin. Er hat gerade einen Vertrag über mehrere Millionen Dollar ausgearbeitet, während ich nach einer literarischen Veranstaltung auf dem Weg aus dem Südosten der Türkei nach Istanbul war, meinen Anschlussflug aber sausen ließ, als ich von den Ereignissen in Ankara hörte. Nachdem wir uns sekundenlang leicht dämlich angegrinst haben, ruft er: »Das ist ein richtiger Karneval! Hier steppt der Bär!« Wieder werden wir von Tränengas eingehüllt. Da verpasst er mir einen leichten Schubs. »Lauf, Aschenputtel, lauf!« Wir trennen uns, rennen in unterschiedliche Richtungen, werfen uns ausgelassen in die Wogen eines Menschenmeers, voller Zuversicht, dass das Wasser uns tragen wird.

Wildfremde Leute umarmen, küssen und beschützen einander. Menschen jeden Alters tanzen zwischen den Polizeiangriffen; Arm und Reich singen unter Einsatz zuvor noch nie genutzter Bereiche ihrer Lunge. Ab und zu fällt mein Blick auf das erstaunte Gesicht eines Jugendlichen, der zum ersten Mal die eigene skandierende Stimme vernimmt. Jetzt lernen sie, so laut zu rufen, dass sie sich selbst nicht mehr hören. Die Freude an der Grenzüberschreitung, am Überwinden angestauter Angst mündet in einen großen, herrlichen Rausch des Einsseins, in dem das eigene Ich verschwindet. Diese Nacht tilgt alles Wissen um das Böse im Menschen. Plötzlich nehmen wir einander nur noch als Quelle alles Guten wahr, obwohl uns die Tränengasschwaden des Bösen umhüllen. Man twittert: »Wir sind schön!«

Zwischen den Tränengasattacken geben die Menschen – im persönlichen Kontakt und online – die witzigsten Kommentare ab, die das Land je gehört hat. Sie verspotten die Repräsentanten der Obrigkeit, die heiligen Kühe, das Unantastbare und Furchterregende. Ketzerisch, wie es noch tags zuvor undenkbar gewesen wäre, twittert jemand mit dem Profilnamen »Allah« von ganz oben: »An alle, die heute Nacht auf der Straße sind: Ein Platz im Himmel ist euch sicher!« Alle trotzen gemeinsam dem Schmerz und der Gefahr. »Na los doch, nur zu!«, brüllt die Menge nach jeder Tränengassalve. Und wenn der Wind den Rauch vertreibt, tauchen die tanzenden Silhouetten wieder auf und singen:

»Hat aber gar nicht weh getan!« Biergläser werden in die Höhe gereckt, und spontan entsteht eine Karnevalshymne: »Auf dein Wohl, Tayyip!« Es ist, als hätten wir die in den Jahren der Unterdrückung zurückgehaltene Wut plötzlich hinuntergeschluckt und verdaut und würden sie nun als Lachen ausspucken. Wie wir unsere wiedergefundene Kraft genießen! Wir haben gelernt, die Nacktheit des Königs zu benennen – jetzt ist sein Thron nur noch ein lächerlicher Kinderhochstuhl.

Die Menge scheint mit einer Stimme zu sprechen. Ständig werden Witze gemacht, und jeder Witz entreißt dem Leben ein weiteres Stück schmückendes Beiwerk, bis seine Substanz enthüllt ist, seine ganze Schlichtheit. Das Lachen reinigt. Zu Beginn zielt der offene Spott auf den grausamen Herrscher und seine heuchlerische Regierung, später überhaupt auf alles Arrogante. Weil wir Darsteller und Zuschauer zugleich sind, empfindet jeder einen heiligen Schauer und strahlt ihn selbst aus. Wie durch Zauberkraft lernen unsere Körper, sich im Einklang mit der plötzlichen Flut von Geschwisterlichkeit zu bewegen. Schlagartig kennt der Leib keine Grenzen mehr; der Unterschied zwischen persönlich und öffentlich, männlich und weiblich, jung und alt, fremd und vertraut ist vergessen, so als hätten wir immer schon ein einziger Körper sein können und uns in dem Moment daran erinnert, als alle gemeinsam den Entschluss dazu fassten.

Inmitten der Schwaden ein faszinierendes Bild: ein junger Mann und eine junge Frau, wahrscheinlich Studenten, halten einen Schwan aus dem Schwanenpark fest, um ihn vor dem Tränengas zu schützen. Ich wusste es damals noch nicht, aber die Bestimmtheit, mit der sie Schönheit und Eleganz vor dem Rohen und Bösen zu behüten versuchen, wird mich zu meinem neuen Roman *Stumme Schwäne* inspirieren. Wichtiger aber ist, wie sehr diese Geschehnisse mich und viele andere Angehörige meiner zynischen Generation davon überzeugen werden, dass sich im Herzen der Menschen etwas noch Unverdorbenes verbirgt, etwas, das unberührt geblieben ist von Ideen wie Hierarchie, Macht, Besitz und all den anderen jahrtausendealten Anhängseln, die das Wesentliche des Lebens schmälern und die Freude daran ersticken. In den sozialen Netzwerken beschreiben die Menschen ähnliche Momente unfassbarer Freundlichkeit: »Ich kann es nicht glauben. Obwohl wir hier sterben könnten, sind alle so höflich und nett zueinander.« Doch wie viele Menschen, die im Lauf der Jahrhunderte von einer ähnlichen Karnevalsstimmung ergriffen wurden, weiß ich bis heute nicht, ob das Erleben so vollkommener Menschlichkeit, so unverfälschter Lebensfreude, eher Segen oder Fluch war.

*»[…] im Karneval [galten] alle als gleichrangig. Hier, auf den Karnevalsstraßen, herrschte eine spezifische Form des zwanglosen familiären Kontakts unter Leuten, die im gewöhnlichen Leben, d. h. außerhalb des Karnevals, durch unüberwindbare Barrieren von Stand, Besitz, Dienststellung, Familienstand und Alter getrennt waren.«**
Dies schrieb der russische Literaturwissenschaftler Michail Bachtin Ende der dreißiger Jahre des vergangenen Jahrhun-

* Michail Bachtin, Rabelais und seine Welt: Volkskultur als Gegenkultur; aus dem Russischen von Gabriele Leupold, herausgegeben und mit einem Vorwort versehen von Renate Lachmann, Frankfurt am Main: Suhrkamp 1987, S. 58.

derts. Er versuchte zu verstehen, was in der ersten Phase der russischen Revolution wirklich passiert war und wie aus dem ursprünglichen Karneval der Revolution unter Stalin lustlos absolvierte Massenkundgebungen werden konnten. Er muss von den Geschehnissen genauso fasziniert gewesen sein wie wir im Sommer 2013 von denen in der Türkei und wollte beweisen, dass es diese Reinheit der Seele damals wirklich gegeben hatte, dass sie kein Märchen gewesen war und ihn sein Gedächtnis nicht trog. Vielleicht wegen der besonderen Einsamkeit, in die solche Erinnerungen führen, suchte er sich über die Jahrhunderte hinweg einen Gesprächspartner und fand ihn in François Rabelais, einem französischen Ordensbruder, der im sechzehnten Jahrhundert gelebt und den Roman *Gargantua und Pantagruel* verfasst hatte.

Beide, Rabelais wie Bachtin, beschäftigten sich mit dem rebellischen Lachen der Massen. Nachdem Bachtin den jahrhundertealten Text analysiert hatte, schrieb er das Buch *Rabelais und seine Welt*, um dieses Lachen und das, was es bewirken kann, zu verstehen. Zu Beginn von Rabelais' Roman heißt es: »Fürwahr, hier lernt ihr keine Meisterschaft, / es sei denn in des Lachens hoher Kunst, / denn andrer Stoff fand bei mir niemals Gunst, / da ich den Schmerz sah, der euch höhlt und narrt. / Von Lachen schreib' man, nicht von Tränenbrunst, / denn Lachen ist der Menschen Eigenart.«*
Bachtin wiederum setzte ein Zitat von Alexander Herzen an den Anfang seines Buchs: »Man müsste die Geschichte

* François Rabelais, Gargantua. Pantagruel, aus dem Französischen übersetzt und kommentiert von Wolf Steinsieck, Übersetzung der Verse und Nachwort von Frank-Rutger Hausmann, Stuttgart: Reclam 2013, S. 15.

des Lachens schreiben.«* Die drei Männer wagten gewissermaßen Arm in Arm den Blick in die Tiefen des kollektiven Lachens, dieses *allzu menschlichen* und deshalb umso wundervolleren Ausdrucksmittels. Bachtin wusste, dass nur Zeugen karnevalesken Widerstands einander wirklich verstanden, selbst wenn Jahrhunderte sie trennten. Und wie die Zeugen der fröhlichen Widerstandsbewegungen im frühen 21. Jahrhundert wusste er, dass das Lachen der Massen auch nach dem Zerfall des Widerstands eine unauslöschliche Spur in der Seele hinterlässt und alle Beteiligten für immer verändert.

In der Sowjetunion erschienen Bachtins Bücher erst ab 1965, aus naheliegenden Gründen: Er erzählte die Geschichte unkontrollierter und daher gefährlicher Freude – einer Freude, die Lieder erfand und die Nacktheit der Könige verkündete. Der geniale Bachtin versuchte, dieses spezifische Lachen zu entziffern, das allem Künstlichen als *terroristisch* gilt. Ihn interessierte der mutige Narr, der das Brimborium der Macht spitzfindig provoziert, nicht der *pagliaccio*, der brav seine lustigen Streiche vollführt, um sich seinen Lebensunterhalt zu verdienen: »Es war der *Sieg über die Angst*, den der Mensch [...] am Lachen besonders deutlich fühlte, Sieg nicht nur über die mystische Angst [...] und die Angst vor den Naturkräften, sondern vor allem über die moralische Angst [...]. Die Angst vor allem Heiligen und Verbotenen [...], vor göttlicher und menschlicher Macht, vor Geboten und Verboten, vor dem Tod und der Sühne nach dem Tod, vor der Hölle [...] schien im Lachen besiegbar.«**

* a. a. O., S. 111.

** a. a. O., S. 140.

Wie Bachtin versuchen auch die Teilnehmer der karnevalesken Widerstandsbewegungen des 21. Jahrhunderts noch immer zu verstehen, woher das Lachen, dieses magische, alles verändernde Werkzeug des Widerstands, kommt. Sie suchen seinen Ursprung nicht nur aus intellektueller Neugier, sondern auch in der beharrlichen Hoffnung, den revolutionären Augenblick wiedererwecken zu können. Deshalb scherzen und lachen die Teilnehmer der Proteste vom Tahrir-Platz und Gezi-Park und aller anderen ähnlichen Massenproteste, vertiefen sich in den Humor wie in ein Ritual, in eine Séance, die den Geist der Straße zurückbringen soll.

»Wir sind Gandalfs Soldaten!«

Irgendwer fing damit an, und plötzlich sah man es überall. In jenem Sommer 2013 wurde auf vielen Wänden und Mauern in der Türkei etwas in dieser Art verkündet. Nachdem die Protestierenden von der Regierung als Komplizen einer Verschwörung bezeichnet worden waren, erklärten sie sich zu Soldaten Gandalfs, zu Soldaten anrüchiger türkischer Pornostars, Yodas, altehrwürdiger Volksmusiker sowie des Fußballers Didier Drogba, und eine Zeit lang konnte man sogar meinen Namen in diesem scherzhaften Zusammenhang lesen. Eine Generation, die es nicht gewohnt war, Teil einer politischen Organisation zu sein, erfand eine neue Logik, ein Rebellennarrativ. Anstatt dem Herrscher zu widersprechen und »nein« zu sagen, nutzten die Leute das Absurde und Lächerliche und ließen ihn mit seiner Wut allein auf offener Bühne stehen. Dabei waren sie wesentlich besser organisiert als viele Armeen der Geschichte. Ohne jedes Kommando gingen, redeten, atmeten und lachten sie in perfekt aufeinander abgestimmtem Rhythmus.

Kein Wunder, dass man noch heute vom »Gezi-Spirit« spricht, wenn die Rede auf jene rauschhaften Tage kommt und man gefragt wird, wie es gelingen konnte, sie so harmonisch zu durchleben. Auch Bachtin und Rabelais kannten diesen Spirit, der deshalb Ausdruck des äußersten Widerstands gegen die Macht war, weil er aus einer großen Gemeinschaftlichkeit heraus entstand, die den Machthunger verspottete und die Machtlosigkeit feierte, indem sie sich jede Beleidigung des Herrschers sofort zu eigen machte. »Ja, wir sind Plünderer!«, hieß es, als Erdoğan die Leute als Plünderer beschimpfte, »Ja, wir sind Alkoholiker, richtige Säufer!«, schrien sie zurück, »Ja, wir sind eine einzige gigantische Verschwörung, ein Komplott der Aliens!«, brüllten sie. Und als ein Erdoğan-Berater behauptete, die Protestierenden wollten seinen Chef mittels Telekinese ermorden, reagierten sie mit dem Spruch »Wir sind Meister der Telekinese!«

Die Kraft dieses Spirit war nicht nur eine Folge des wundervollen Humors, der die Mächtigen verhöhnte, sondern auch des Gefühls der Geschwisterlichkeit, entstanden in einem Karneval, der das Beste in jedem zum Vorschein brachte. Vertrauen, dieses in der Ära des Überflusses so rar gewordene Gut, wurde jedem von jedem geschenkt. Über Nacht verwarf die Ethik des Karnevals einen ganzen Wertekanon, der auf aggressiver Individualität und der Notwendigkeit basierte, sich vor anderen zu schützen.

»Hier sind die Schlüssel. Morgen hole ich den Wagen wieder ab.«

Ich gab einem Fremden vor einem Parkplatz in Beşiktaş meine Schlüssel und legte die letzten fünf Kilometer zum

Gezi-Park am Taksim-Platz zu Fuß zurück. Es war der Morgen nach meiner Aschenputtel-Nacht in Ankara, der Tag, an dem Tausende nach der Arbeit das Stadtzentrum besetzten. Weil die Straßen gesperrt waren und der öffentliche Verkehr ruhte, um die Zufahrt zum Gezi-Park zu blockieren, waren wir alle zu Fuß unterwegs. In Beşiktaş, dem letzten Stadtviertel, in dem man sein Auto noch hatte abstellen können, gab es schon keine Parkplätze mehr. Nach mehreren vergeblich gedrehten Runden hatte ich einen Gebäudewächter bemerkt, der auf seinen Spazierstock gestützt die vorbeiziehenden Leute betrachtete, und ihn gefragt, ob er meinen Wagen hüten könne. »Klar doch«, hatte er geantwortet und sofort meine Schlüssel bekommen. »Schreien Sie ein paar Parolen für mich mit!«, rief er mir noch zu. In jenem Sommer war es völlig normal, anderen zu vertrauen. Es gab so gut wie keinen Argwohn mehr.

Wie friedliche Lava strömte die Menge gemächlich durch das Zentrum von Istanbul. Die Menschen besetzten den Raum nicht einfach nur, sondern interagierten mit ihm, formten ihn ständig um. Eine Gruppe verwandelte ihn nach und nach in ein Forum; ein Forum löste sich auf, und plötzlich wurde getanzt; der Tanz zog weitere Leute an und brachte ein neues Forum hervor. Plötzlich gab es eine Bibliothek und gespendetes Essen für die Parkbesetzer; eine Sanitätsstation wurde errichtet, ein Malkurs für Kinder veranstaltet. In einer Ecke verarztete man die Straßentiere, die Tränengas abbekommen hatten. Plötzlich war alles da, was Menschen normalerweise nicht auf die Beine stellen können, nachdem sie sich die ganze Nacht gegen die Polizei gewehrt haben. Der Platz war von der friedlichen Lebendigkeit erfüllt, die Kinder haben, wenn sie Sandburgen bauen.

Die Menschen bauten träumend und träumten bauend, bis Träumen und Bauen eins waren.
Über Nacht verwandelte sich das Lachen vom gelegentlichen emotionalen Ausbruch in die Begleitmusik zu ganz neuen Aufgaben – Gasmasken aus Plastikflaschen basteln, Barrikaden reparieren, Plakate gestalten mit Aufschriften wie »Ruf deine Soldaten zurück, Tayyip – wir gehen jetzt heim und vögeln!« Das Gefühl, aus einer Starre erwacht zu sein, war so intensiv, dass viele aus Angst, auch nur einen Moment dieses Lebendigseins zu verpassen, nicht mehr schlafen konnten. Der Flow des Gezi-Spirit riss nie ab, weder auf den Straßen noch in den sozialen Netzwerken. Der alles erfassende Flow *war* dieser Spirit.
Doch ebenso wenig wie die Ägypter auf dem Tahrir-Platz, die Tunesier in der Kasbah und die Griechen auf dem Syntagma-Platz ahnten wir damals, dass nach dem Ende der Proteste, nach dem Blick auf den Menschen durch das Kaleidoskop des Karnevals alle Teilnehmer zu einsamen Vagabunden der Geschichte werden würden. Wie Bachtin sollten auch sie bald erfahren, dass sie ihr ganzes restliches Leben auf der Suche nach Gefährten sein würden, mit denen sie an die grandiosen Tage zurückdenken und sich vergewissern könnten, dass all das wirklich geschehen war, dass Menschen wirklich einen historischen Augenblick lang zu solcher Freundlichkeit fähig waren und ihr Lachen den Königen Angst einjagte. Noch ahnten sie nicht, dass sie eines Tages verzweifelt versuchen würden, ihr eigenes Revolutionsgelächter zu imitieren.

»*V-wie-Vendetta*-Masken, vier Dollar das Stück. Nur en gros abzugeben.«

»*V-wie-Vendetta*-Masken, fünf Dollar pro Stück. Alles Originale!«
»*V-wie-Vendetta*-Masken …«
Im Jahr 2018 findet man auf türkischen Websites zahllose Anzeigen für die Maske, die einst Symbol der Gezi-Proteste war. Beim Scrollen denke ich an die Zeit zurück, als diese Masken noch keine toten Reste im Ausverkauf waren, sondern der Angst ins Gesicht lachten. Einem stehen sie allerdings noch lebhafter vor Augen als uns: Präsident Erdoğan. Gleich nach dem Putschversuch im Juli 2016, drei Sommer nach den Gezi-Protesten, rief er seine Anhänger zum Taksim-Platz, damit sie die Gespenster vertrieben, die noch immer im Gezi-Park lachten. Er wollte zeigen, dass auch seine Leute ein Spektakel veranstalten konnten, und war wie Stalin und ähnliche Gestalten felsenfest überzeugt, der Karnevalsgeist ließe sich mittels reglementierter Demonstrationen heraufbeschwören, wenn sie nur gewaltig genug ausfielen. Doch weil Erdoğans Anhänger, von ihm »Wächter der Demokratie« genannt, im Namen der Macht handelten, waren sie unfähig zu spontanem Humor und standen wie gelähmt da, bis man ihnen sagte, sie sollten Lärm machen. Tagelang mussten die armen AKP-Mitglieder auf Befehl ihres Anführers als miese Imitatoren der Gezi-Protestler auf dem Platz bleiben und immer wieder das Lied »Tayyip Erdoğan« schmettern, das nach einer Nacht auf der Straße nur noch schauderhaft klang. Der Gezi-Humor dieser Leute war eine erbärmliche Nachahmung des Originals und wertete dieses letztlich nur auf. Der Befehl, den Platz zurückzuerobern, wurde zwar rein körperlich erfüllt, doch der Spirit so offensichtlich verfehlt, dass sich Erdoğan nach einigen Tagen zu einer scheinbar belanglosen Äußerung gezwungen sah:

»Wir werden die Kaserne [auf dem Taksim-Platz] bauen, ob es ihnen passt oder nicht!« Das war eine Anspielung auf den Beginn der Gezi-Proteste, die sich an seinem Plan entzündet hatten, eine osmanische Kaserne auf dem Taksim-Platz wiederaufzubauen. Auch Erdoğan wurde noch immer vom Gezi-Spirit verfolgt.

Die Masken, die den Herrscher so erschreckt hatten, waren zwar noch in Umlauf, hatten sich aber in eine Ware verwandelt. Es fehlten die Gesichter dahinter, die dem Grinsen erst das Rebellische verliehen hatten. Das Karnevalslächeln wurde sarkastisch, und schon zersetzte Zynismus die Freude. Der Spirit war in Millionen Teile zersplittert, die sich jedes für sich auf Abruf bereithielten, weiterzuleben versuchten und glaubten, er wäre aufrechtzuerhalten, solange sie es schafften, in den sozialen Netzwerken zu lachen und andere zum Lachen zu bringen.

»*What good's permitting some prophet of doom? / To wipe every smile away? / Life is a cabaret, old chum / So come to the cabaret.*« [Wer hört schon auf die ewigen Schwarzmaler, die einem das Lachen vermiesen? Das Leben ist ein Cabaret, mein Freund – also, nichts wie hin!]

Wer als Arbeitsloser von genialen arbeitslosen Künstlern umgeben ist, wird zu Dingen inspiriert, die er sich nie zugetraut hätte. Im Herbst 2015 saß ich da und schrieb ein Cabaretprogramm. Mittlerweile hatten alle Dissidenten ihren Job verloren und machten etwas völlig anderes als zuvor. Schauspieler sangen, Wissenschaftler eröffneten Cafés, Lehrer wurden Bauarbeiter (und manche stürzten auf den Baustellen zu Tode). Alle standen am Rand des emotionalen und finanziellen Abgrunds.

Die ringsum herrschende Weltuntergangsstimmung hatte mich zu der Überzeugung gebracht, Cabaret wäre das nächste große Ding. Wenn das autoritäre Regime freies Denken und künstlerische Kreativität verjagt, ziehen sich die Menschen in die Häuser zurück, erklärte ich meinen arbeitslosen Schauspielerfreunden. Der blockierte *Flow* regimekritischer Energie würde sich auf der Suche nach einem Versteck in die hintersten Ecken flüchten und dort zu überleben versuchen. Jetzt wird die Freude grotesk, sagte ich. Und zum ersten Mal wurde uns klar, warum in Deutschland die Zeit von Hitlers Aufstieg auch die große Zeit des Cabarets, der Revue, war. Wir erkannten, dass diese zirkusähnlichen Spektakel nur von denen aufgeführt wurden, die wegen ihres Rückzugs und ihrer Hilflosigkeit wütend auf sich selbst waren. Unser Humor war ätzend geworden, und die einst vom Geist des Karnevals berührten Narren gingen nun aufeinander los. Unser Cabaret kam zwar letztendlich nie zur Aufführung, doch dafür bot sich uns ein böses Cabaret, wo immer der verbitterte Geist von Gezi lauerte. Der Gezi-Spirit war beschädigt und wütend und forderte mit seinem *finstern Stoff** ein Opfer – den damals im Karneval entdeckten Humor.

»Diese Hipster können sich einfach nicht wehren!«

Am 17. Juni 2016, im dritten Sommer nach den Gezi-Protesten, kursierte in den sozialen Medien das Foto eines stark blutenden jungen Mannes. Drei Männer aus einem angren-

* Vgl. John Milton, *Das verlorene Paradies,* übersetzt von Adolf Böttger. http://www.zeno.org/Literatur/M/Milton,+John/Epos/Das+verlorene+Paradies/Zweiter+Gesang, letzter Aufruf am 02.01.2019

zenden konservativen Stadtviertel hatten einen Schallplattenladen in Cihangir, dem Greenwich Village von Istanbul, mit Stöcken gestürmt und damit gedroht, Menschen bei lebendigem Leib zu verbrennen. Der Angriff auf den Plattenladen, der mit zwei Schwerverletzten endete, unter ihnen der blutende Hipster auf dem Foto, war ausschließlich deshalb organisiert worden, weil eine kleine Gruppe junger Leute im heiligen Monat Ramadan dort Musik gehört und Alkohol getrunken hatte. Nachdem sie eine kurze Aussage gemacht hatten, wurden die Angreifer freigelassen, und der Eigentümer des Hauses vertrieb die Besitzer des kleinen Ladens. Bewohner des Viertels gingen auf die Straße und protestierten gegen den Vorfall. Doch in der darauffolgenden Nacht las man in den sozialen Medien verletzende Scherze über den Angriff. Die Opfer, hieß es, seien einfach zu schwach gewesen, um sich gegen die Eindringlinge zu wehren. Die Anspielungen und der Humor erinnerten zwar an die Gezi-Proteste, doch diesmal waren die Witze voller Häme und Sarkasmus, ganz ohne das damals allgegenwärtige Mitgefühl. Im Gegensatz zu den Tagen von Gezi wollten sich die Menschen jetzt nicht mit den Opfern solidarisieren und lachten nicht *mit* ihnen, sondern *über* sie. Die eigene Ohnmacht wurde nicht mehr gefeiert, nicht mehr verwertbar gemacht.

Drei Jahre nach dem Ende des Widerstands war nicht zu erkennen, ob die Leute keine Opfer mehr sein wollten oder schlicht leugneten, Opfer – Mitopfer – zu sein. Der gewaltige Unterschied zwischen der Zurückweisung der Opferrolle und dem Leugnen des Opferseins schien vergessen. Der Sarkasmus ließ den Unterschied zwischen gut und schlecht Gemeintem verschwimmen; es kam zu kleinen, aber bezeichnenden ethischen Verfehlungen.

Die allmählich entstehende Gewohnheit, den Unterdrückungsmaßnahmen und der Gewalt des Regimes mit sarkastischem Humor zu begegnen, und die fast suchtartige Gegenwehr in Form widerständigen Lachens machten es schwierig, zwischen fröhlicher, würdevoller Zurückweisung der Opferrolle und reinem Leugnen zu unterscheiden. Und, wichtiger noch: Das Lachen, das während der Gezi-Proteste die Vielfalt gestärkt hatte, diente nun, als der Protest unterbunden und der *Flow* gestoppt war, der Zerstörung und Spaltung von Regimegegnern. Wer zu grenzenlosem Sarkasmus nicht fähig war, wer es nicht über sich brachte, den karnevalesken Ansatz auf Gewaltakte auszuweiten, wurde vom »Wir«, vom Widerstand, ausgeschlossen. Der schleichende Zynismus veränderte zeitweise den Charakter des Karnevalnarrativs; man wurde zu ungeduldig, um die Weinenden zu trösten. Die Zartbesaiteten (und manchmal auch die schuhlosen Aschenputtel) sahen sich alleingelassen. Nach diesem desillusionierenden Wandel von allumfassender Freude zu ausgrenzendem Sarkasmus wurde man leicht zum *Schwarzmaler.*

»Bitte passen Sie auf, wenn Sie lachen. Achten Sie ganz genau darauf, warum und wie Sie es tun!«
Während mein dramatisch klingender Appell im riesigen New Yorker Lincoln Center verhallt, fühle ich mich wie eine Spielverderberin. Vier Monate nachdem Trump die Präsidentschaft angetreten hat, lachen hier im April 2017 dreitausend Frauen bei jedem Witz, der auf der Bühne über *den ersten orangeroten Präsidenten* gerissen wird. Dabei brauchen die Teilnehmerinnen des Women's Summit gar keine Witze, um loszuprusten; schon die Erwähnung von

Trumps Namen wirkt wie ein geheimes Sitcom-Stichwort für den Einsatz der Lachkonserve. Und so bin ich, eine der Rednerinnen am Eröffnungsabend, plötzlich in der Rolle der *Schwarzmalerin.*

Hektisch erzähle ich, wie viel Zeit wir in der Türkei verschwendet haben, indem wir mit Humor und Sarkasmus auf den Rechtspopulismus reagierten und unsere Ängste wegzulachen versuchten, und erkläre, dass wir unsere politische Kultur damit in eine Sackgasse geführt und einen neuen Fatalismus – immer mit hinzugefügtem Smiley – hervorgebracht haben. »Das ist die erste Phase«, sprudelt es aus mir heraus. »Was dann kommt, ist alles andere als lustig. Dann wiederholen Sie nämlich das Lachen des Anfangs immer und immer wieder, bis es irgendwann zu dünn klingt, um Ihre Angst in Schach zu halten.«

Doch meine Forderung an die Amerikanerinnen, die zeitraubenden Schockphasen schneller zu durchlaufen, kommt zu früh und ist meiner Verzweiflung geschuldet. Denn ich erinnere mich an unsere erste Phase, als wir unser Lachen ebenso als Schutz und Waffe zugleich empfanden, ebenso als essenziell und unverzichtbar wie diese Frauen ihr Lachen in diesem Moment. Wir glaubten, intelligente Witze über unsere Realität würden sie ungefährlich machen, und manchmal bewunderten wir uns selbst so sehr für die schiere Masse an geistreichem politischen Humor, dass die brutale Wirklichkeit, die diese Witze erst hervorbrachte, fast bedeutungslos wurde. Mein Publikum ist noch nicht so weit. Die Frauen können noch nicht erkennen, dass sie nur ihr karnevaleskes Selbst imitieren, das sie mit ihren pinkfarbenen Pussy-Mützen während des Massen-*Flow* auf den Straßen erlebten. Auch sie werden Humor und Lachen zum

Mittelpunkt ihres Protests machen – bis es nicht mehr geht. Vielleicht wird irgendwann auch für sie, wie damals für uns, schon ein Lächeln zu einem Akt des Widerstands.

»Nicht zu fassen! Gerade hat der stellvertretende Ministerpräsident gesagt: ›Tugendhaftigkeit ist äußerst wichtig. Frauen sollten in der Öffentlichkeit nicht lachen.‹ Ha, ha!«
Es ist Sommer 2014. Ich bin mit meiner kroatischen Verlegerin und guten Freundin Petra Ljevak an der kroatischen Küste. Seit einer Stunde versucht sie mich mit ihrer sanften Stimme zum Kauf einer Wohnung in Europa, am besten in Zagreb, zu überreden. »Du musst dich in Sicherheit bringen – denk an deine Situation in der Türkei!« Diese meine *Situation* dauert nun schon länger als zwölf Monate und hat mein Leben in eine anhaltende Krise gestürzt. Ein Jahr nach Gezi nimmt die Repression rasant zu. Fast flüsternd erwidere ich, dass ich es als demütigend empfinden würde, einfach wegzulaufen. Da erinnert mich Petra daran, dass meine Bücher bei jüngst erfolgten Verhaftungen als »Beweise« angesehen wurden und in den Gefängnissen, in denen Freunde von mir sitzen, verboten sind. Wie immer, wenn mich ein Gespräch deprimiert, beginne ich mich durch meine Twitter-Timeline zu scrollen und sehe plötzlich den irren Kommentar des stellvertretenden Regierungschefs über lachende Frauen – die perfekte Gelegenheit, das Thema zu wechseln.
Petra fotografiert mich, während ich lache, und ich poste die Aufnahme unter dem eleganten Hashtag #resistlaughter auf Twitter in Anspielung auf die berühmten Resist-Hashtags der Gezi-Proteste. Schon nach wenigen Minuten posten zuerst Türkinnen, dann Europäerinnen und schließlich

Frauen auf der ganzen Welt von Alaska bis Australien Fotos mit ihrem lachenden Konterfei. Einige Stunden später stehen wir auf der BBC-Liste der Top-Trendthemen, und am nächsten Tag veröffentlichen die internationalen Medien zigtausend wunderschöne Fotos glücklich aussehender Frauen. Wir sind stolz auf uns, weil wir »gegen« den Herrscher lachen können, aber in Wahrheit gibt es nichts zu lachen. Die Zahl der in der Türkei getöteten Frauen schießt in die Höhe – es sind die schlimmsten Zahlen in der Geschichte des Landes –, während unser grandioser Erdoğan auf die Zielgerade zur allumfassenden Präsidentschaft einbiegt und einem schon allein deshalb das Lachen vergehen könnte. Doch genau wie die Frauen in New York glaubten wir damals, unsere Niederlage wäre abzuwenden, solange wir noch lachen können. Aber warum lachen, wenn man eigentlich gar nicht lachen will, sondern es nur tut, weil irgendein Politiker es verbietet? Weiterlachen obwohl einem zum Heulen ist, fühlt sich an, als würde man sich ein Joker-Grinsen ins Gesicht fräsen. Warum haben wir es dann getan? Es war der verzweifelte Versuch, den *Spirit* aufrechtzuerhalten und uns einen letzten Rest Würde zu bewahren.

Selbst wenn sie durch die Verbitterung über die Niederlage vergiftet sind, dienen politischer Humor und das durch ihn erzeugte Lachen vor allem dem Wiederaufleben eines Gemeinschaftsgefühls. Sie beschleunigen die Neuformierung der Massen, wenn diese nach der Niederlage mit ihrer kollektiven Schwäche konfrontiert sind. Lachen ist wie ein Licht im Dunkeln, das der Gemeinschaft mit seinem Flackern ein Wirgefühl vermittelt und »die anderen« – den Herrscher und seine Anhänger – weniger schrecklich erscheinen lässt. Doch während der politische Humor einerseits das Selbstvertrauen der Gemeinschaft stärkt, schafft er andererseits eine virtuelle Distanz zur Realität, weil er die Krise auf Abstand hält. Kollektives Lachen führt zu der Illusion, man lasse sich von den Demütigungen des Unterdrückers nicht beirren; es führt in die beruhigende Selbsttäuschung, in einen Schutzraum, in den man sich zurückziehen und wo man sich auf den entscheidenden Kampf, der noch bevorsteht, einstimmen kann. Kritische Witze, die angehäuft werden wie Munition, helfen, die Angst vor der Zukunft zu bannen. Weil sich in Krisenzeiten, wenn jeder gelassener erscheinen will, als er in Wahrheit ist, noch vor dem politischen Humor das Bedürfnis zu lachen einstellt – nicht umgekehrt –, konnten die dreitausend Frauen in New York den nächsten Trump-Witz kaum erwarten. Sie wollten sich wieder und wieder kaputtlachen, so wie wir in der Türkei damals im Sommer 2013 Morgen für Morgen als Erstes unseren Twitter-Account öffneten, um die besten der in der Nacht erfundenen Witze zu lesen und von dieser so dringend benötigten Kraft zu zehren.

Irgendwann aber wird es in diesem Schutzraum zu gemütlich; man hat keine Lust mehr, ihn zu verlassen und sich der Realität zu stellen. Selbst wenn es nichts mehr zu lachen gibt, bleibt der Lachreflex bestehen. Er irrt umher wie ein Waisenkind, das halb blödsinnig von den Erinnerungen an jene glücklichen Zeiten brabbelt, in denen die oppositionellen Stimmen noch an ein Morgen glaubten, das ernst zu werden schien. Es kann aber auch umgekehrt kommen. Dann hat sich das Lachen erschöpft, und nicht einmal die geistreichsten Witze rufen mehr als ein mattes Lächeln hervor. Das ist die letzte Phase vor dem Stadium, in dem der

Sarkasmus fatalistisch wird und den Verstand vergiftet, dem Stadium, in dem jeder über fast alles witzelt, die Unterdrückten aufeinander losgehen und keiner mehr lacht.

»Immerhin macht es uns sexy! Wir wären verdammt gute agents provocateurs*!«*
Unser schallendes Lachen trifft im »Le Pain Quotidien« im Londoner Bezirk Covent Garden auf skeptische Blicke. Meine iranische Journalistenfreundin und ich stoßen dreimal stürmisch an. Prost!!! Ein angemessener Ausdruck der Freude, wären wir wirklich glücklich. Während wir krampfhaft weiterlachen, drehen sich die Leute nach uns um und betrachten diese Sequenz aus einem nahöstlichen *film noir*. Dass wir nach einigen Sekunden abrupt aufhören und mucksmäuschenstill dasitzen, die Köpfe in die Hände gestützt und in unterschiedliche Richtungen blickend, muss ihnen vollkommen unverständlich sein. Der Sommer 2013 neigt sich dem Ende zu, und ich bleibe wieder einmal lieber im Ausland, nachdem mich gut vernetzte Journalistenfreunde in den letzten Tagen der Gezi-Proteste telefonisch vor der Rückkehr gewarnt haben. Meine iranische Freundin wird mittlerweile seit über einem Jahr von ihrer Regierung offen bedroht. Wir sind zum Abschuss freigegeben und tun so, als wäre das Weglaufen ein Riesenspaß. Die iranische Regierung hat meine Freundin als »Auslandsagentin« bezeichnet, und mich nennen die Regierungstrolle in der Türkei einen »Provokateur«. Miteinander verbunden machen uns die beiden Verleumdungen zu einer heißen Dessousmarke, quasi zu einem sexy Pärchen – als das man sich so gar nicht fühlt, wenn man sich nicht nach Hause traut. Eine iranische Erotikwebsite postet angeblich von meiner Freundin verfasste

Sexgeschichten mit frei erfundenen saftigen Details, während einer der prominentesten regierungsnahen türkischen Kolumnisten einen Kommentar über mich verfasst hat, in dem er nicht nur behauptete, ich hätte die Gezi-Proteste »persönlich gelenkt«, sondern auch meine Sitznummer in der Maschine nannte, mit der ich am ersten Tag der Proteste nach Ankara flog. Wir weinen nur deshalb nicht, weil wir kein damenhaftes »Oh, Entschuldigung« zustande bringen, bevor wir uns wie Soap-Opera-Stars die Tränen aus den Augen wischen. Deshalb wird gelacht, bis wir nicht mehr können. Nach ein paar Schlucken Wein sagt meine Freundin: »Und jetzt?« Ich äffe mein Gezi-Lachen nach und erwidere: »Jetzt bleiben wir einfach so sexy!« Ohne zu lachen fragt sie: »Nein, ernsthaft – was jetzt?«

»Und jetzt?«

2001 sitze ich im Flughafen der brasilianischen Stadt Porto Alegre neben einem älteren Mann, der ebenfalls auf den Nachtflug nach Buenos Aires wartet. Als er sich mit »Tom Hayden« vorstellt, sagt mir der Name nichts, und weil googeln zu dieser Zeit noch kein Verb ist, ahne ich nicht, dass es sich um *den* Tom Hayden handelt, den berühmten Aktivisten gegen den Vietnamkrieg, Politiker, Autor und, nicht zu vergessen, früheren Ehemann von Jane Fonda. Wir haben uns ein paar Tage zuvor im Pressesaal des World Social Forum (WSF) kennengelernt und sind uns somit schon zum zweiten Mal über den Weg gelaufen. Die Umstände unserer dritten Begegnung werden düsterer sein, aber jetzt unterhalten wir uns über karnevaleske Oppositionsbewegungen, denn die fröhliche, internationale Atmosphäre in Porto Alegre hat uns beide zutiefst fasziniert – die gut besuchten Foren, die unter dem Motto »Eine andere Welt ist möglich« standen, die wild durchtanzten Nächte, die antikapitalistischen Bewegungen aus aller Welt, die nach einem Jahrzehnt destruktiver Selbstkritik der globalen Linken ihre schiere Existenz feierten, die vielen Menschen auf der Suche nach Möglichkeiten, die neoliberale Welt zu überwinden und hinter sich zu lassen. Die neoliberale Welt selbst, die sich zur gleichen Zeit in Davos versammelt hatte, verfolgte das WSF via Liveübertragung, um nur ja nichts von dem zu verpassen, was sich zeitgleich im Rebellenkarneval abspielte. Nach den Ereignissen in Seattle 1999 wollten die Herren des globalen Kapitals verständlicherweise wissen, was diese neuen Clownfiguren mit ihren Masken als Nächstes planten.

Doch die Idee des karnevalesken Widerstands kam weder in Seattle noch während des WSF auf. Der »Sozialismus mit menschlichem Antlitz« in der Tschechoslowakei von 1968, die »Orange Alternative« mit ihren subversiven »Breslauer Zwergen« im Polen der achtziger Jahre und andere ähnlich spielerisch vorgehende europäische Widerstandsbewegungen ebneten den Weg für neue Formen des politischen Protests und verliehen den linken Bewegungen, deren Image durch die autoritären Regime in der UdSSR und anderen Ländern hinter dem Eisernen Vorhang beschädigt war, ein menschliches Gesicht. Das im Jahr 2000 veröffentlichte Buch *Empire: Die neue Weltordnung* von Michael Hardt und Antonio Negri, in dem es um diese neuen Widerstandsformen geht, wurde ein Bestseller, und das aufrührerische Lachen galt als das nächste große Ding – von Heiterkeit geprägte Rebellion, die die Herrschenden lächerlich macht, um die Unantastbaren des neoliberalen Systems vom Sockel zu stürzen. Nach drei Tagen mit Caipirinha aus Plastikbechern und Bergen von Notizen voller Kaffeeflecken saß ich in der Nacht vor meinem Abflug nach Buenos Aires, wo ich über die Wirtschaftskrise und die Piquetero-Bewegung berichten sollte, in meinem Hotelzimmer und dachte darüber nach, was als Nächstes kommen würde. Was sollten wir tun, wenn der Karneval vorbei war? Das Hotel – das einzige, das ich in der Innenstadt gefunden hatte – vermietete die Zimmer stundenweise, wenn Sie wissen, was ich meine. Weil mich die Geräusche aus den Nachbarzimmern ablenkten, fiel mir das Nachdenken über die Antwort schwer, und so saß ich schon bald neben Tom, dem klugen alten Mann und fragte ihn: »Und jetzt?« Er lächelte nur. Ich war zu jung, um zu wissen, dass so nur lächeln kann, wer wie Tom in den siebziger Jahren den Karneval selbst erlebt hat. Es ist ein Lächeln, das die Antwort bewusst in der Schwebe hält, damit sie nie den Boden berührt, aber auch nie in den Wolken verschwindet.

Am nächsten Tag betrachte ich in Buenos Aires die Mütter der Plaza de Mayo, die wie Grabsteine zu ihren vermissten Kindern gehen. Es sind die Frauen, deren Kinder in der Zeit des Staatsterrorismus der Militärdiktatur zwischen 1976 und 1983 »verschwanden«. 1977 umrundeten sie zum ersten Mal in stummem Protest den größten Platz der Stadt und tun es seit damals ununterbrochen an jedem Donnerstag – alte Frauen, die sich Arm in Arm den Weg zurück in die Geschichte bahnen. Die Fenster des Präsidentenpalasts gehen auf diesen Platz hinaus, und die Mütter erinnern daran, dass sie, auch wenn die Politik sich ändert und Präsidenten kommen und gehen, immer da sein und ihren jahrzehntelangen Weg zurücklegen werden, ohne jemals irgendwohin zu gehen. Sie sind der edle Geist des Schmerzes, sie tragen die Würde des Landes auf ihren kaputten Rücken. Ich betrachte ihre weißen Kopftücher, die aus den siebziger Jahren stammenden sepiabraunen Porträts ihrer Kinder, die ruhigen Bewegungen ihrer Schultern, die in Fleisch und Blut übergegangene Schwesterlichkeit und die würdevolle Verzweiflung in ihren Gesichtern. Sie erinnern mich an die Samstagsmütter in der Türkei, die zwanzig Jahre lang mit der gleichen Haltung in Istanbul standen. Der Widerstand schmerzerfüllter Mütter überall auf der Welt ist das Gegenteil des in Porto Alegre zelebrierten neuen karnevalesken Widerstands. Auf der Plaza de Mayo ist es nicht nur unmöglich zu lächeln; die Atmosphäre dort zwingt politische Touristen wie Tom Hayden und mich, uns zwischen die Frauen einzureihen. Als wir einander an gegenüberliegenden Seiten des Platzes entdecken, verfliegt das Lächeln des Wiedererkennens sofort. Das Ritual will es, dass Besucher die Mütter schweigend begleiten. Obwohl die Frauen einen nicht ansehen und auch meist nichts sagen, wagt man sich zu ihnen auf den Platz. Dann nicken sie und starren weiter geradeaus. Aber ich weiß, dass sogar diese eisern entschlossenen Frauen früher einmal lachen konnten.

»Probier mal das hier. Und das da auch. Und von dem hast du noch gar nichts gegessen!«
Wäre es nach Fatma gegangen, der fünfzigjährigen Bewohnerin eines kleinen Häuschens in den Slums von Ankara, hätte ich an diesem Tag im Winter 1996 den ganzen Tisch leer essen müssen. Ihre beiden Söhne saßen im Gefängnis, und offenbar sollte ich auch die ihnen zugedachten Portionen vertilgen. Obwohl sich Fatmas Jungs, neunzehn bezie-

hungsweise zwanzig Jahre alt, im Hungerstreik befanden, drängte sie mir nicht nur ihr Essen auf, sondern versuchte mich auch ungeniert grinsend mit dem älteren der beiden zu verkuppeln.

Ich, mit meinen zwanzig Jahren eine noch unerfahrene Reporterin, berichtete über den Hungerstreik der politischen Gefangenen, die zum größten Teil in meinem Alter oder sogar jünger waren. Fünfzehnhundert beteiligten sich mit einem unbegrenzten Hungerstreik am Protest gegen die damals neu gebauten Einzelzellen. Fatma war nicht die einzige Mutter, die mir scherzhaft vorschlug, ihren langsam dahinsterbenden Sohn zu heiraten. Dieser Insiderwitz, den sie immer nur machten, wenn kein Mann in der Nähe war, wurde einer der kleinen Haken, die die Frauen davor bewahrten, über die Klippe und in ein Meer aus Schmerz zu stürzen. Von ihnen lernte ich damals, gezwungen zu lachen. Witze über die »zukünftige Braut« wurden sogar dann gemacht, wenn beide Elternteile eines politischen Gefangenen im Menschenrechtszentrum aus Solidarität selbst in den Hungerstreik traten. Ihre hart erarbeitete Meisterschaft in der Kunst dieser Art von Humor lehrte mich viel über das Leben: dass Menschen Humor brauchen, um den Schmerz zu lindern, dass das Lachen der Kitt ist, der ein zerbrochenes Leben zusammenhält. Wenn die Mütter vor dem Justizministerium protestiert hatten und von der Polizei zusammengeschlagen worden waren, hörte man bei ihrer Rückkehr ins Zentrum die besten Witze. Während sie sich noch vor Schmerz wanden, lachten sie über sich selbst. Sie lachten über ihr plötzlich so seltsames Leben, das sie aus den Küchen hinausgetrieben und zu *Altersterroristen* gemacht hatte. Doch als der erste von insgesamt zwölf

Todesfällen aus dem Gefängnis gemeldet wurde, versuchte keiner, den Schmerz zu verwässern. Da ertönte nur der eine, unaufhörliche Schrei aus dem Mund der Mutter des Verstorbenen; alle anderen Frauen schwiegen respektvoll. Es war das gleiche respektvolle Schweigen, das Tom Hayden und mich überkam, als wir fünf Jahre später frisch aus dem Karnevalsgetümmel auf die Plaza de Mayo traten.

Widerstand durch Schmerz ist etwas völlig anderes als die karnevaleske Rebellion. Manche finden ihn sogar langweilig. Doch im Gegensatz zu den Zielen und Forderungen des spielerischen Widerstands auf dem WSF in den Tagen zuvor waren die des Widerstands der argentinischen Mütter konkret und klar formuliert. Für sie war die Antwort auf die Frage »Und jetzt?« ganz eindeutig und unveränderlich, während die Inhalte des WFS und aller späteren karnevalesken Politaktionen im fröhlichen Trubel verschwammen. Heute, viele Jahre nach Porto Alegre, wo wir zu den Verheißungen des Karnevals tanzten und uns vom Lachen der anderen anstecken ließen, ist die Antwort auf die Frage noch immer vage und schwebt hoch oben in den Wolken.

»Und Jeremy Corbyn bringt eine neue Single raus. Die interessiert mich ganz besonders.«

Owen Jones, Jungstar der britischen Labour-Anhänger, gab sich wie ein professioneller Entertainer, als er am 16. Juni 2016 bei Labour Live, dem von der Presse »JezFest« genannten Musikfestival der Labour Party, auf der Bühne stand. Als *Guardian*-Kolumnist und lautstarker Labour-Aktivist hat er natürlich einen Instagram-Account mit hübschen Fotos von seiner Katze und witzigen Videos, die seine Follower auf Parteilinie bringen oder zum Besuch von Parteikundgebungen animieren sollen. Owen gehört einer Generation an, die so viel Spaß in die Politik hineingetragen hat, dass beides irgendwann nicht mehr voneinander zu unterscheiden war. Doch obwohl die Briten – wenn auch auf ein paar Stunden am Wochenende beschränkt – keinem Spaß abgeneigt sind, wurde das eintägige Festival nicht gerade ein Brüller. Presseberichten zufolge hielt sich das Vergnügen der Leute in Grenzen, und die Stimmung war alles andere als karnevalesk. Vielleicht, dachte ich, liegt das daran, dass die Menschen der pausenlosen Unterhaltung überdrüssig sind, die in den letzten Jahrzehnten von der Politik erwartet wird, und es nicht mehr ertragen, Politiker als Darsteller zu erleben. Außerdem lässt sich das Karnevaleske nicht vorschreiben, per Eintrittskarte verkaufen und auf einer Bühne inszenieren, die das Publikum vom Spektakel trennt. Der Spaß, den sich die Politik an diesem Tag aufbürden musste, stand nicht in Einklang mit dem Leben.

Wie es der Zufall wollte, absolvierte am selben Tag in der Türkei Muharrem İnce, sozialdemokratischer Kandidat und letzte Hoffnung für das Land, eine Wahlkampfveranstaltung. Wie Corbyn und Jones fühlte auch er sich bemüßigt, die Leute zu unterhalten und zum Lachen zu bringen, was er, nicht zum ersten Mal, in Form einer Volkstanzdarbietung auf der großen Kundgebungsbühne tat. Angesichts vergleichbarer Szenen in der britischen wie in der türkischen Politik und obwohl ich mich nach der fröhlichen Stimmung in Porto Alegre dafür ausgesprochen hatte, ein bisschen Gelächter in den politischen Diskurs zu bringen, fragte ich mich nun: Treiben wir die Idee des Karnevals vielleicht zu weit und verwandeln alles in Entertainment?

Etwa zu der Zeit, als in Großbritannien und in der Türkei jene reglementierten Festivals der Sozialdemokratie abgehalten wurden, traf sich Präsident Trump in Singapur mit Kim Jong-un zu Atomwaffengesprächen. Obwohl die Lage denkbar ernst war, trieb Trump munter seine Scherze mit den Pressefotografen: »Macht ihr auch schöne Bilder von uns, auf denen wir freundlich und gut und dünn aussehen? Perfekt.« Kim, wahrlich kein Leichtgewicht, wirkte nicht sonderlich begeistert. Obwohl es an diesem Tag um die Vernichtung durch Nuklearwaffen ging, gestaltete Trump internationale Politik wie einen Wrestlingkampf, jene bizarre Unterhaltungsform, die nicht der einzige Beitrag Amerikas zum heute weltweit gültigen Verständnis von Spaß ist. Er kopierte einfach das alte Wrestlingkonzept, wonach man die Leute mit menschlichen Karikaturen unterhält. Trump, »der Absolut Perfekte Präsident«, forderte Jong-un, »den Pummeligen Asiatischen Tiger« zum Kampf heraus. Doch warum versuchen linke Politiker, ihre Gegner mit deren eigenen Waffen zu schlagen, wenn Trump in Sachen Entertainment allen anderen haushoch überlegen ist?

Wie weit lässt sich der Spaß ausdehnen, ohne dass es ans Eingemachte geht? Wie lange lässt sich die eigentliche Politik mit Zuckerguss überdecken, um die unpolitischen Massen zum Karneval zu locken? Und falls es irgendwann doch ans Eingemachte geht, wie viele Festbesucher bleiben dann bei den Aktivisten, wenn es langweilig wird? Oder soll unser Lächeln die Antwort ewig in der Schwebe halten? Und noch wichtiger: Ist die Antwort wirklich so schwer zu finden oder haben wir nur Angst, darüber zu sprechen, weil sich die Tanzfläche dann ziemlich schnell leeren würde? Fürchten wir, was nicht unwahrscheinlich ist, dass diejenigen, die wir gerade erst zur Party gelockt und mit Karnevalsstimmung bei der Stange gehalten haben, durch die Antwort gespalten werden? Genügen zwanzig Jahre Humor, Gelächter, Tanz und Musik immer noch nicht?

Die globale Szene des karnevalesken Widerstands erinnert mich an einen Naturfilm, den ich einmal gesehen habe. In der Dokumentation wurde gezeigt, wie drei kleine Geparden von ihrer Mutter jagen lernten. Zum Unglück der Jungtiere starb die Mutter, nachdem sie ihnen zwar noch hatte beibringen können, wie man die Beute fängt, aber nicht mehr, wie man sie tötet. Ganz auf sich gestellt erkannten die Jungen, dass sie ihr Futter nun selbst heranschaffen mussten, und gingen auf die Jagd. Doch nach jedem Fang umfassten sie die Beute mit den Tatzen, hielten inne, warteten und sahen sich an. Weil sie den nächsten Schritt nicht kannten, begannen sie mit der Beute zu spielen, bis diese schließlich entkam. Letztlich verhungerten alle drei. Mir ist heute noch schleierhaft, wie die Filmer es schafften, den sterbenden Tieren zuzusehen, ohne zu helfen.
Nach dem Widerstandskarneval auf dem Tahrir-Platz, im Gezi-Park und anderswo war uns allen klar, dass Lachen zwar die Throne der Herrscher als lächerliche Kinderhochstühle entlarvt, sie selbst deshalb aber noch lange nicht stürzen. Fröhlichkeit hatte die Menschen auf die Plätze gebracht, ihnen aber keine Richtung gewiesen. Die Antwort lag weder im Lachen noch im Schauplatz des Karnevals. Weil der nächste Schritt nach dem Fang unbestimmt blieb, spielten wir weiter, bis die Beute entkam. Noch immer schmachten wir nach dem saftigen Fleisch einer Antwort.

Die letzten Jahre lieferten allerdings auch Beispiele dafür, dass junge Geparden selbstständig lernen können, ihre Zähne in das amorphe Biest, das Establishment, zu schlagen. In den Vereinigten Staaten gehen neue Politstars aus den demokratischen Sozialisten hervor, die ihre Bewegung in Anlehnung an die politische Kultur der Occupy-Bewegung und unter dem Druck von Trumps Präsidentschaft in Richtung Sichtbarkeit gelenkt haben. Diese jungen Stars und Helden finden jedoch schwer einen Platz innerhalb des Establishments der Demokratischen Partei. Nur in Griechenland und Spanien konnten sich karnevaleske Widerstandsbewegungen bisher an den konventionellen Schauplätzen nationaler Politik etablieren und ein Mitspracherecht in den Entscheidungsprozessen sichern. Unklar bleibt, ob dies eine Entwicklung in Richtung einer neuen Politik ist oder nicht eher eine Art Selbstzähmung durch den Rückzug auf die herkömmlichen Formen der repräsentativen Demokratie. Die Wechselwirkung zwischen konventioneller und neuer Politik, die im Karnevalswiderstand entsteht und es beiden ermöglicht, gleichberechtigt voneinander zu lernen und sich einvernehmlich gegenseitig zu verändern, muss auf höchster Ebene der repräsentativen Demokratie und Parteipolitik erst noch zum Tragen kommen. Wer unter freiem Himmel den Karneval auf der Agora gekostet hat, gibt sich mit biederen Gesprächen im Senat nicht mehr zufrieden, ist aber noch nicht mächtig und präsent genug, um ihn seinen Vorstellungen entsprechend zu verändern.

Ich erinnere mich an die letzten Karnevalstage in Istanbul und Kairo. Der Karneval hatte sich fast erschöpft, aber wir bemühten uns, den Spirit so lebendig zu halten wie in der Anfangszeit. Die Menschen ähnelten schwerfällig agierenden Schauspielern, die in einem Amphitheater mit improvisierten Späßchen die Zeit bis zum Auftritt des Hauptdarstellers zu überbrücken versuchen – eines gnädigen Dokumentarfilmers sozusagen. Was sie tun sollten, falls keine gewaltsamen Angriffe durch Militär und Polizei erfolgten, blieb ein Rätsel. Die Menge schaffte es nicht, den *Flow* in die Realpolitik hineinzutragen. Ich erinnere mich an einen völlig abgekämpften jungen Mann, der auf dem Tahrir ausharrte, als die meisten längst gegangen waren. Ich fragte ihn, warum er blieb. »Ich kann nicht weg«, antwortete er. »Ich weiß nicht, wohin.« Ein junger Tunesier, der seinem ägyptischen Pendant seltsam ähnlich sah, erzählte mir einmal, dass er nach der Vertreibung aus der Kasbah, dem Hauptschauplatz des tunesischen Widerstands, zu trinken begonnen habe. »Weil sich alles so ... Ach, ich weiß nicht ... Weil sich alles so unfertig anfühlt«, sagte er. Und immer wenn ich gemeinsam mit türkischen Freunden trinke, wenn wir uns zum Spaß zwingen, kommen unsere Gezi-Geschichten wieder hoch und mit ihnen unsere Hoffnungslosigkeit in Bezug auf Parteipolitik. Wir sind Landsleute einer formlosen politischen *Multitude* (Menge, Vielheit)*, die sich nach einer Antwort sehnt. Diese Multitude ist noch zu jung, um zu wissen, was sie mit sich anfangen soll, gleichzeitig jedoch zu alt, um nur verträumt im Sandkasten zu spielen. Ihr manchmal unbeholfener, dann wieder höchst beweglicher jugendlicher Körper ist auf der ständigen Suche nach dem

* Vgl. Michael Hardt und Antonio Negri, *Multitude – Krieg und Demokratie im Empire*, Ffm.: Campus 2004.

Flow. Und je mehr er nach der Antwort giert, umso wilder tanzt er – zum Zeitvertreib.

»Weil sie die letzte Phase erreicht haben. Sie sind jetzt so weit, dass sie tanzen.«

In einer anatolischen Volkserzählung hebt ein grausamer Sultan die Steuern an. Bei jedem Besuch des Steuereintreibers im Dorf flehen die Bewohner um Schonung. Stattdessen werden die Steuern weiter erhöht. Die Leute hungern und weinen jedes Mal heftiger, doch der Mann lässt sich nicht erweichen. Als er eines Tages wieder in das Dorf kommt, tanzen dort alle. Da meldet er dem Sultan: »Herr, wir müssen die Erhöhungen beenden.« Der Sultan fragt ihn nach dem Grund. »Weil sie jetzt so weit sind, dass sie tanzen«, lautet die Antwort.

Einer der berühmtesten Social-Media-Sprüche einige Jahre nach dem Gezi-Aufstand lautete: »Werdet verrückt, wenn ihr könnt!« Die Leute posteten Aufnahmen von Verrückten und wünschten sich sehnlich, selbst den Verstand zu verlieren, um nichts mehr fühlen zu müssen. »Ich will jetzt sofort in die Tanzphase«, hieß es. Damit wehrten sie sich weniger gegen die Unterdrückung selbst als vielmehr gegen einen ihrer Begleitumstände: die unfassbaren Absurditäten. Die Qual, dem offen zutage liegenden Bösen ausgeliefert zu sein, ist eine Sache; eine völlig andere ist es, wenn die eigene Unterdrückung als »wahre Demokratie«, als Wille des *Volkes*, ausgegeben wird und man miterleben muss, dass die politische Macht das Gegenteil dessen tut, was sie zu tun behauptet.

Wenn im Wohnheim einer regierungsnahen islamistischen Stiftung in Karaman – einer konservativen Stadt, die 2016 zu den Hochburgen der Regierungspartei zählte – wiederholt Kinder vergewaltigt werden und man nicht die Täter, sondern die Journalisten verhaftet, die darüber berichten; wenn Regierungsmitglieder diese Stiftung dann als größte Wahrerin der Kinderrechte im ganzen Land loben und Fototermine mit Repräsentanten der Stiftung und deren Familien arrangieren – wie soll man darauf reagieren? Der Mund bleibt einem vor Entsetzen offen, man ist sprachlos, reißt die Augen auf und ringt nach Luft. Doch das Gehirn, von den angespannten Gesichtsmuskeln irregeleitet, sendet plötzlich das Signal zum Lachen. Dieses Lachen ertönt, wenn die emotionale Grenze erreicht ist. Wenn der menschliche Verstand dazu gezwungen wird, seine Fähigkeit zur Verarbeitung abstoßender oder unlogischer Dinge zu testen, und wenn diese Aufgabe immer größer wird und immer öfter ansteht und schließlich nicht mehr bewältigt werden kann, ist das Gehirn am Ende so überlastet, dass es zu einer Fehlermeldung kommt. Es ist, als würde diese neuartige Emotion keinen Platz auf der Neuronenkarte finden und sich deshalb nur als Lachen äußern können. Das geschieht, wenn die Wut aufgebraucht ist und auch die Vorräte an Abscheu und Verzweiflung erschöpft sind. Doch im Gegensatz zum Sultan in der Volkserzählung verschiebt der Herrscher die Grenzen immer weiter, bis das Absurde und Abstoßende die neue Normalität ist.

»Die Amerikaner wollen sichere Grenzen. Trump muss hart bleiben und den Aufschrei der liberalen Medien ignorieren«, sagte Nigel Farage am 20. Juni 2018. Es ging um die 2300 Migrantenkinder, die auf Grundlage der »Null-Toleranz«-Politik der Regierung an der mexikanischen Grenze von ihren Eltern getrennt und in »Zentren für Kinder in zartem Alter« gesteckt wurden. Auf Kommentare wie »Sie haben doch selbst Kinder, Mr. President!« reagierte Trump mit dem Hinweis, man dürfe nicht zulassen, dass die Migranten die USA »überschwemmen«.

Jeder Türke, der die Berichte über diese Krise verfolgte, wird sich an einen Satz erinnert haben, der unter Erdoğan Berühmtheit erlangte: »Du bist so böse, als wärst du nie ein Kind gewesen.« Bestimmt ging der MSNBC-Moderatorin Rachel Maddow Ähnliches durch den Kopf, als sie beim Verlesen der Sondermeldung vor Wut und Empörung aufschluchzte. Vielleicht war es ihr damals noch nicht klar, aber sie fuhr in diesem Augenblick an der letzten Ausfahrt vor der Tanzphase vorbei, in der sie, nachdem Abscheu und Entsetzen hinuntergeschluckt waren, zunächst die Häme der Regierungsanhänger über ihre Tränen ertragen musste, um dann mitzuerleben, wie das Weiße Haus erklärte, keine Regierung habe die Kinderrechte so sehr geachtet wie die Trump-Administration. Und jetzt stellen Sie sich vor, so etwas geschieht jahrelang alle zwei Tage. Dann kommt das Ringen nach Luft, gefolgt vom irren Lachen. Das ist kein auf kultiviertem Galgenhumor beruhendes Schmunzeln, wie man es bei den Briten nach dem Brexit-Referendum zu sehen bekam. Zwischen der ersten Reaktion – dem Lachen als Versuch, bei Verstand zu bleiben – und der letzten – dem Produkt einer vom Übermaß an Wut und Verzweiflung beschädigten Seele – liegt eine quälende Leidensphase. Wenn der Wahnsinn dann kommt, wird er als Erleichterung, sozusagen als böser Spaß empfunden. Doch um ihn wirklich genießen zu können, muss man sich der Bruderschaft der Hilflosen und Erschöpften anschließen und von der eigenen

Wut high werden. Dann kann man endlich auch den Tanz des Wahnsinns tanzen, diesen sonderbaren Tanz zwischen Katatonie und Schlaffheit, frei von jedem Spirit, aber mit gefrorenem Grinsen – eine leere Maske, die einst in einem Karneval getragen wurde.

SIEBEN

Erschaffen Sie sich Ihr eigenes Land

»Die Lehrerin hat meiner Tochter Die Enzyklopädie der nichtexistierenden Vögel *von Ece Temelkuran als Ferienlektüre aufgegeben.«*

Am 25. Juni 2018, dem Tag nach der als »letzte Hoffnung« empfundenen türkischen Präsidentenwahl, herrschte eine merkwürdige, noch nie erlebte Stille. Nach den spektakulären Wahlkampfveranstaltungen der Opposition, dem Chor der Unzufriedenheit, gebildet aus allen gegen den Autoritarismus antretenden politischen Parteien, und nachdem ein landesweites Freiwilligennetzwerk akribisch auf mögliche Wahlfälschungen geachtet hatte, erinnerte die Situation plötzlich an die Schlussszene von *Gladiator.* Atemlos verfolgte das Publikum den letzten Kampf zwischen dem verwundeten Maximus und dem psychopathischen Kaiser. Das gesamte politische Gemeinwesen war bereit, beim ersten Anzeichen nur allzu erwartbarer schmutziger Tricks seitens des Kaisers in den Ring zu steigen. Während der Stimmenauszählung wartete alles auf das Zeichen des Helden. Doch Muharrem İnce, der Mann an der Spitze der größten Oppositionspartei und gewissermaßen unser Maximus, der das Land während des Wahlkampfs in eine beispiellose Widerstandsstimmung versetzt hatte, erkannte Erdoğan noch vor Beendigung der Auszählung einen weiteren Sieg zu. »Er hat nun mal gewonnen. So funktioniert Demokratie«, sagte İnce und klang dabei wie ein Fußballspieler, der sich weder über den parteiischen Schiedsrichter noch über sein gebrochenes Bein beschweren will.

In Wahrheit funktioniert Demokratie ganz und gar nicht so, und vielen war seit langem drastisch klar gewesen, dass sie überhaupt nicht mehr funktionierte. Die Freudenschüsse der Regierungsanhänger auf den Straßen zeigten deutlich, was für ein Land alle anderen von nun an zu erwarten hatten. Große Teile der türkischen Bevölkerung waren überzeugt, ihr Land verloren zu haben, und machten sich darauf gefasst, in Zukunft heimatlos zu sein – sei es im Ausland oder innerhalb der eigenen Grenzen. Ich saß derweil in Zagreb und blickte lächelnd auf den dunklen Spielplatz hinter meiner Wohnung.

Weil Schriftsteller seit einiger Zeit mindestens so viel reden wie schreiben müssen, zwingt mich mein Beruf besonders an historischen Tagen wie dem einer als letzte Chance geltenden Wahl, tief in den Topf mit dem Dior-Puder zu greifen und den Computer auf einen Stapel meiner sämtlichen Politologiebücher zu stellen, damit ich Skype-Interviews geben kann. Nachdem ich am Abend des 25. Juni 2018 mit BBC World News, Euronews, Channel 4 News und mehreren internationalen Radiosendern gesprochen sowie für den *Guardian* einen Artikel über die Wahl geschrieben hatte, saß ich mit meinem leicht ramponierten Intellektuellen-Makeup allein in meiner Wohnung in einem Land, das nicht meines war. Wieder einmal galt es, sich an den Rand zurückzuziehen, nachdem ich meine Heimat durch die Linse der »Politkommentatorin« betrachtet hatte. Kriegsfotografen und -kameraleute erzählen manchmal, dass sie auf die Illusion des »Apparats« vertrauen – solange ihr Blick den Sucher fixiert, fühlen sie sich vor jeder Bombe oder Kugel geschützt. Auch das Handwerk des Schreibens kennt einen mentalen Trick, um sich die Realität vom Leib zu halten. Manche nennen es Mut, doch im Grunde ist es die Illusion, uns könne nichts zustoßen, solange wir schreiben – und gelesen werden. Eine Illusion, die verfliegt, sobald die Arbeit getan ist.

So saß ich an diesem Abend da wie der Kleine Prinz auf dem fernen Planeten neben seiner Rose und schmunzelte über einen belanglosen Satz, der auf Twitter auftauchte und offenbar von einer jungen türkischen Mutter stammte. *»Die Lehrerin hat meiner Tochter …«* Ich stellte mir vor, dass die Kleine groß werden und einen Jungen kennenlernen würde – einen Jungen mit einem wunderschönen, kalten Lächeln –, und während sie auf der Suche nach einem gemeinsamen Interesse, nach einem Hinweis darauf, dass sie füreinander bestimmt sind, nervös von sich erzählen würde, käme sie auf *Die Enzyklopädie der nichtexistierenden Vögel* zu sprechen. Und der Junge – er hätte mittlerweile zu dem uralten Trick gegriffen, sich ständig durchs Haar zu fahren – würde daraufhin »Ach ja, das kenne ich auch« sagen, und sie würden über das komische Buch lachen, das sie beide irgendwann gelesen hätten. Eine magische Vorstellung, nicht wahr?

Solche Vorstellungen macht man sich, wenn es in der Heimat richtig schiefläuft. Wenn es kein *Wir* mehr gibt, das für eine gemeinsam erlebte Wirklichkeit steht, bleibt dem *Ich* nichts übrig, als sich auf die Insel der magischen Einbildungskraft zurückzuziehen, in ein Märchenland, über dem nichtexistierende Vögel kreisen.

Während der Arbeit an diesem Buch in den Jahren 2017 und 2018 habe ich mir täglich sehr gewissenhaft die schlimmsten menschlichen und politischen Darbietungen angesehen, um andere warnen zu können, die vielleicht kurz davorstehen, ihr Land zu verlieren. Gleichzeitig musste ich den politischen und emotionalen Aderlass kompensieren, der mich ebenso wie meine Mitbürger seelisch komplett austrocknete. Als im Frühling 2018 das zweite Kapitel abgeschlossen war und ich von allem Hässlichen und Banalen auf der Welt genug hatte, stellte ich mir eines Morgens wie ein Kind, das sofort nach dem Aufwachen nach seinen Buntstiften greift, einen – nichtexistierenden – Vogel vor. In den folgenden Tagen erschuf ich jeden Morgen gleich als Erstes einen neuen Vogel und vertiefte mich ganz in dieses Fantasiebuch. Ich hexte imaginären skandinavischen Vögeln übernatürliche Kräfte an, schrieb für andere Vögel alte mongolische Volkslieder, stellte sogar, inspiriert von einer imaginären Ente, die Regeln einer antiken chinesischen Form des Ringkampfs auf. Aus den Vögeln mit den ausgedachten lateinischen Namen wurde ein Buch, das in meiner Muttersprache Türkisch erscheinen sollte. Wie eine Dichterin, die in Sibirien ihren Namen in Treibholz ritzt, um den Menschen flussabwärts zu sagen, dass sie noch lebt, wollte ich etwas Schönes nach Hause schicken. Das Ganze war so verrückt, als hätte ich während eines Fliegerangriffs einen Drachen steigen lassen, um die Opfer daran zu erinnern, dass der Himmel größer ist als die Bomben. Doch etwas anderes fiel dem zerbrechlichen Pronomen *ich* nun mal nicht ein. In meinem Buch steckt die Angst, mein Land könnte mir eines Tages völlig fremd werden, aber auch die Hoffnung, für die nächste, zwar in meine Sprache, nicht

jedoch in »mein Land« hineingeborene Generation keine völlig Unbekannte zu sein.
Schließlich sah es sehr danach aus, dass unser Herrscher mit der Gegenwart längst fertig war und die Zukunft mit dem Agent Orange des Autoritarismus besprühen würde, um das Land für komische Vögel wie mich über Generationen hinweg kahl und öde zu machen.

»Wie ich diese Leute verfluche!«
Kinder, schätzungsweise zwischen zehn und zwölf Jahre alt, paradieren durch ein Istanbuler Geschäftsviertel. Die Jungs tragen Gebetskappen und gehen voran. Erst dann kommen die Mädchen mit ihren pinkfarbenen Kopftüchern, denn ultrakonservative islamistische Frauen müssen hinter dem Mann gehen. Angeführt wird die Prozession von einer Janitscharenkapelle. Auf dem Plakat, das die Kinder tragen, steht: »Der Sommer-Koranunterricht beginnt!«
Am Tag nach der historischen Wahl kursierte das Video von der Parade in den sozialen Medien. Der Mann, der es mit seinem Smartphone aufgenommen hatte, sprach dazu im leisen Ton der Besiegten: »Seht euch das an. Die armen Kinder!« Dann richtete er das Handy auf die Koranlehrer und -lehrerinnen, von denen die Kinder angeführt wurden – die Mädchen von kopftuchtragenden Frauen, die Jungs von Männern mit Gebetskappen –, und murmelte: »Wie ich diese Leute verfluche!« Die Kinder wirkten so glücklich wie neugeborene Tiger in einem Zirkuskäfig.
Das Video bestätigte in aller Deutlichkeit, dass wir von nun an in einem Land leben würden, in dem die nächste Generation völlig andere Bezugspunkte und gemeinsame Codes haben würde, als wir sie kannten – in einem Land, das

höchstwahrscheinlich jeden ausschließen würde, der aus der Norm fiel. Wie von Präsident Erdoğan ein Jahr zuvor versprochen, wurde bereits an einer neuen Generation gearbeitet, »die an ihrer Religion und an ihrem Zorn festhält«. Einige Wenige gab es noch, die entschlossen sagten: »Dann müssen wir eben ein eigenes Bildungssystem aufbauen, um wenigstens die nächste Generation zu schützen.« Unter dem vorherrschenden Gefühl der Niederlage existierte noch immer die Entschlossenheit, für die Zukunft zu kämpfen. Deshalb hatte ich in meiner Wohnung in Zagreb über den Tweet geschmunzelt und über ein Mädchen, das in meiner Fantasie einmal ein bisschen wie ich sein würde – ein komischer Vogel, der sich vielleicht irgendwann an mich erinnert.

»Das ist nicht mehr mein Land!«
Mit diesem Statement gegenüber einem Reporter brachte eine Amerikanerin Ende Juni 2018 zum Ausdruck, was viele empfanden. In dem Interview ging es um die grausame Trennung zahlreicher Migrantenkinder von ihren Eltern im Rahmen der Null-Toleranz-Politik Präsident Trumps. In mehreren Städten distanzierten sich Tausende von einem Amerika, das Kleinkinder zwang, allein vor Gericht zu erscheinen. Ein Fünfjähriger kletterte auf den Tisch im Verhandlungssaal, und ein Mädchen, das noch zu klein war, um sagen zu können, aus welchem Land es kam, versuchte es für ihren Anwalt mit Buntstiften zu zeichnen. Die Filmschauspielerin Susan Sarandon und fünfhundert weitere Personen wurden festgenommen, weil sie aus Protest gegen die brutalen Maßnahmen ein öffentliches Gebäude besetzt hatten. Trump-Anhänger beschimpften Sarandon als »auf-

merksamkeitsgeile Schlampe«. Amerika war jetzt *ihr* Land, das *sie* sich von der »Elite« zurückholten, während Trump geiferte: »Sie nennen sich Elite, aber wir *sind* die Elite. Wir sind die *Super*-Elite!« Das *Volk*, das sich im Verlauf eines Jahres in die *Super-Elite* verwandelt hatte, fand es völlig in Ordnung, dass man Kinder von ihren Eltern trennte, um Amerika wieder groß zu machen, während ihre Mitbürgerinnen und Mitbürger zumindest versuchten, denen Schutz zu gewähren, die sich nicht selbst schützen konnten. Die zögerliche Frage »Ist das noch mein Land?«, die sie sich schon seit einem Jahr stellten, trat da bereits in den Hintergrund und wurde durch ein verzweifeltes »Das ist nicht mehr mein Land!« ersetzt.

»Was ist ein Land? Auf der Suche nach einer Antwort fiel mir ein großartiger Film von Theo Angelopoulos ein. ›Was ist morgen?‹, fragte dieser Film, und die Antwort war zugleich der Titel: Die Ewigkeit und ein Tag. *Ein Land besteht im Grunde aus einem riesigen Territorium und einem Tisch, sagte ich mir. An dem Tisch sitzen die geliebten Menschen, denen man keinen Witz mehr erklären muss, und ringsum breitet sich das riesige Territorium aus, das zum größten Teil aus der eigenen Fantasie besteht.«*

Dies schrieb ich 2011 an einem Tag, der mir bis heute in lebhafter Erinnerung ist. Ich hatte gerade mit meinem Anwalt telefoniert. »Inzwischen verhaften sie täglich Dutzende Journalisten. Fahren Sie in Urlaub oder hauen Sie sonst wie ab!«, hatte er gesagt. Nun stand ich an einem Gate im Flughafen Tunis, betrachtete eine Weile die Passagiere auf dem Weg ins Flugzeug nach Istanbul; dann senkte ich den Blick auf meine Bordkarte. Während ich meinen Flug von *nach Hause* in *sonst wohin* umzubuchen versuchte, hatte ich zum ersten Mal das Gefühl, dass die Türkei eigentlich nicht mehr mein Land war. *Mein* Land war ein Tisch, nicht das riesige Territorium, das ihn umgab. Ein Tisch, der mir gehörte. Das Territorium darum herum hatte mich enteignet – zumindest vermittelte es mir damals diesen Eindruck.

Das riesige Territorium, dem man anzugehören glaubte, schrumpft nicht über Nacht zum Tisch. Das dauert Jahre. Es liegt nahe, diesen Schrumpfungsprozess auf die Unterdrückung und die daraus resultierende Angst zurückzuführen. Tatsächlich beginnt er jedoch nicht in dem Moment, in dem ein Clown Präsident wird oder ein psychopatischer Herrscher der Nation von seinem Palast aus Befehle entgegenbrüllt. Er beginnt auch dann noch nicht, wenn parteiische Gesetze gegen Andersdenkende durchgedrückt werden, als handelte es sich bei ihnen um Kriegsgefangene, oder dann, wenn sich gesetzliche Strafen nicht mehr wie verständliche Konsequenzen des eigenen Tuns anfühlen, sondern wie die unrechtmäßige Rache eines Feindes. Nicht einmal dann setzt dieser Schrumpfungsprozess ein, wenn man sich bewusst macht, dass bisher undenkbare Gesetzesbrüche Routine geworden sind. Im Rückblick erkennt man, dass er erst in Gang kommt, wenn das grundlegende Rechtsverständnis bereits schwer beschädigt und selbst das Minimum an Moral zerstört ist, von dem man abhängt, ohne sich darüber im Klaren gewesen zu sein. Es ist die grauenhafte, zermürbende Morallosigkeit, die zur Suche nach einem *Anderswo* zwingt. Nicht der Kaiser drängt dich an den Rand der Arena und degradiert dich zum distanzierten Beobachter, sondern seine Untertanen.

»Schnell! Schnell! Wir müssen in das andere Stockwerk!« Botschafter, Parlamentarier, Journalisten – insgesamt mehr als fünfzig Personen laufen im riesigen Istanbuler Justizpalast von einer Etage in die nächste. Das ist jetzt, im Jahr 2010, die neue Methode, mit der sie die Opposition in den Gerichtssälen lächerlich machen: Vor jedem politischen Prozess, der wie dieser von Dissidenten beobachtet wird, werden wir zunächst aufgefordert, außerhalb eines bestimmten Sitzungssaals zu warten; dann erfolgt eine Verlegung in letzter Minute, und alle Anwesenden, viele davon mittleren Alters, müssen in ein anderes Stockwerk laufen. Das geschieht wieder und wieder, und jedes Mal müssen wir rennen. Am Ende sind die meisten außer Atem, und wenn wir den geheimnisvollen Saal endlich gefunden haben, ist es der kleinste im ganzen Gebäude, sodass nicht für alle Platz ist, obwohl wir uns wie Sardinen hineinquetschen. Meistens sehen wir unsere inhaftierten Freunde dann zum ersten Mal seit mehr als einem Jahr, denn in dieser Zeit saß er oder sie ohne Gerichtstermin in der Zelle. Der Staatsanwalt amüsiert sich über die japsenden Beobachter, und manchmal verweist der Richter jeden des Saals, der sich nicht zur Zielscheibe dieses Spotts im sogenannten »Justizpalast« machen lassen will. (Zuerst zerstören sie das System, dann bauen sie daraus Paläste.) Weil die türkischen Mainstreammedien nicht über die Prozesse berichten und daher niemand weiß, was mit zigtausend politischen Gefangenen wirklich passiert, gehört es zu unseren Beobachterpflichten, während des Verfahrens zu twittern und die Tweets ins Englische zu übersetzen, damit auch der Rest der Welt informiert wird.

Nach der Verhandlung treffen wir uns draußen mit den

wenigen, inzwischen erschöpften Vertretern der Oppositionspresse. Wir kennen uns alle – ein einziger Tisch böte uns genug Platz. Sie selbst waren oder sind Angeklagte in ähnlichen Prozessen. Die Polizisten, uns und den Kollegen gegenüber weit in der Überzahl, starren uns an und warten nur darauf, uns wegen irgendeines kleinen Verstoßes in den Presseerklärungen vertreiben zu können. Doch vertrieben oder nicht, gehen wir alle mit dem festen Entschluss nach Hause, die gleiche Prozedur in ein paar Tagen wieder mitzumachen.

Wenn ein Richter gelegentlich auf Entlassung des Beschuldigten urteilt, umarmen sich alle Beobachter und senden Tweets mit immer demselben Wortlaut: »Wir haben unseren Freund / unsere Freundin aus den Fängen des Regimes befreit!« Doch jedes Mal geraten wir ins Grübeln. Stimmt das wirklich? Oder werden einfach in regelmäßigen Abständen Inhaftierte entlassen, um etwas Druck aus der Situation zu nehmen? Und noch während wir uns das fragen, wird nicht selten einer der Freigesprochenen aufgrund einer neuen Anklage beim Verlassen des Gerichtsgebäudes ein weiteres Mal festgenommen. Dann werden die Tweets aktualisiert: »Wir werden unseren Freund / unsere Freundin aus den Fängen des Regimes befreien!« Dafür ernten wir Spott – »Bald laufen sie wieder!« – und fragen uns: Ist das Ganze eine einzige große Verhöhnung? Sind wir Teil eines gigantischen bösen Witzes, dessen Komik aus unserem Leid besteht?

Wir leben nicht mehr in der Welt eines Spartacus, Gandhi, Nelson Mandela oder Bobby Sands, in der die Würde der Leidenden anerkannt wird und die Entschiedenheit des Kampfes den Betrachter eines Tages dazu zwingt, im Namen der Menschlichkeit einzugreifen. In unserer Welt werden die Wehrhaften als »aufmerksamkeitsgeile Schlampen« verspottet. Den hehren Märtyrertod für die Unterdrückten stirbt keiner mehr; stattdessen droht Beschädigung und Verletzung durch Internettrolle. Das Opfer wird nicht einmal mehr als »Feind des Volkes« bezeichnet, was sich in einer Diktatur als Ehrenname verstehen ließe, sondern zur öffentlichen Witzfigur gemacht.

Wir sprechen längst nicht mehr von der klassischen Geschichte des Herrschers, der bekannte Dissidenten mit Hilfe seiner Propagandamaschinerie diskreditiert. Die Lage ist wesentlich trostloser. Jetzt ist es so, als würden die Römer während des Kampfes zwischen dem verwundeten Gladiator und dem grausamen Kaiser über die Fettröllchen des sterbenden Russell Crowe frotzeln. Und als würde einer ein Selfie mit dem gefallenen Krieger machen, ein fröhliches Emoji hinzufügen und das Ganze posten oder ein paar Videomitschnitte mittels *cut and paste* zu einer kurzen Mockumentary à la *Borat* montieren, zu einem kleinen, sofort viral gehenden *Kunstwerk*, in dem das Opfer die Lachnummer ist. Die Zeit, in der man vorgab, das Opfer nicht zu sehen, ist vorbei. Heute werden die Unterdrückten begafft und belacht, ohne dass der Unterdrücker dazu aufrufen muss.

Der Kampf um Freiheit und Würde ist zur Realityshow verkommen und längst kein Schlachtfeld mehr, auf dem die Bestimmungen des Genfer Abkommens über die Behandlung der Kriegsgefangenen gelten. Wohl zum ersten Mal in der Geschichte wird das schmutzige, widerliche Komikmaterial, mit dem man die Unterdrückten in Verruf bringt, nicht vom Herrscher, sondern vom Publikum produziert, und zwar aus vermeintlich freien Stücken. Wer sich die eigene Vernunft und Moral zu bewahren versucht, indem er sich mit den Unterdrückten solidarisiert, muss nicht nur die harten Umstände mit ihnen teilen, sondern auch die Scham über den Spott und das darauf folgende Verstummen. Was wir in unseren karnevalesken Protesten taten – Körper und Handlung miteinander verschmelzen –, erweist sich nicht so sehr wegen der Unterdrückung als zunehmend schwierig, sondern wegen der lähmenden Angst, bloßgestellt und verhöhnt zu werden. Denn das, was wirklich an die Nieren geht, sind nicht die Todes- und Vergewaltigungsdrohungen oder die Tatsache, dass man von Tausenden Menschen zur Zielscheibe gemacht wird, zum »Verräter«, der als Nächstes mit der Festnahme rechnen muss. Was an die Nieren geht, ist die Häme. Ab einem bestimmten Punkt wirken sogar Todesdrohungen stilvoll im Vergleich zu dem Gespött, das einem alle Würde raubt. Irgendwann gelangt man zu der grotesken Erkenntnis, dass man zwar die Todes- und Vergewaltigungsdrohungen stolz präsentieren, die Hohnattacken aber vor lauter Scham nicht einmal den eigenen Freunden zeigen kann, weil immer die Gefahr besteht, dass einer darüber lachen muss, was schlimmer wäre als jede Todesdrohung.

Wenn Sie sich vorstellen können, wie es ist, jahrelang so verhöhnt und verunglimpft zu werden, verstehen Sie vielleicht, warum die Frage »Ist das noch mein Land?« eines Tages (meist insgeheim) an den Punkt führt, an dem man sich sagt: »Gibt es nicht irgendwo – ganz egal, wo – einen Ort, an den ich mich vor all dem flüchten kann?«

Am 7. Juli 2018 wurde aus *irgendwo* ein kleines Dorf an der kroatischen Küste. Am Abend dieses Tages fand das WM-Viertelfinalspiel Kroatien gegen Russland statt, das Kroatien nach Elfmeterschießen gewann. Als das Siegestor gefallen war, ließ der Pfarrer die Glocken läuten – Kroatien stand im Halbfinale. Die Kroaten erinnern mit ihrer kraftvollen Anmut an die Elben in *Herr der Ringe.* Weil ihnen stets bewusst ist, wie viel Raum sie einnehmen, und weil sie noch im größten Freudentaumel vernünftig bleiben, wurde es eine friedliche Siegesnacht. Als am nächsten Morgen ein, zwei Autos hupend auf der Küstenstraße vorbeifuhren, hielten die Schwimmer im Meer kurz inne, winkten und grüßten mit der geballten Faust. Ihr Land hatte gewonnen, und an diesem 8. Juli 2018 schienen sich alle zu kennen, obwohl sie einander nie zuvor begegnet waren. Für sie war das riesige Territorium an diesem Tag wie ein endloser Tisch, an dem man sich nicht kennen musste, um miteinander zu lachen.

Zwei Menschen im Dorf konnten die Freude allerdings nicht teilen. Ein englisches Ehepaar, das nach dem Brexit an die kroatische Küste ausgewandert war, mied die zwei einzigen Cafés am Ort fast krampfhaft. Die beiden hatten über Nacht eine prekäre Berühmtheit erlangt, denn England war Kroatiens Halbfinalgegner. Immer wenn sie an dem großen Café auf dem Marktplatz vorbeikamen, wurden sie von den Einheimischen in gebrochenem Englisch angesprochen – »Na, dann bis Mittwoch! Das Spiel! Das Spiel!« –, und jedes Mal mussten sie versichern, dass sie sich die Partie mit der gesamten Dorfbevölkerung im Café ansehen würden. Obwohl ihre blasse Haut bereits den Bräunungsgrad von Mitte Juli aufwies, liefen sie ständig rot an und konnten ihre sehr britische Verschämtheit nicht verbergen. Sie waren nur zwei von Tausenden Briten, die ihre Heimat verlassen und sich auf das »Dies ist nicht mehr mein Land«-Territorium begeben hatten, jenen sich ständig verändernden, unspezifischen Ort mit seiner zunehmend gemischten Bewohnerschaft unterschiedlicher Nationalität. Wie schon Generationen vor ihnen machten sie damals im Sommer die Erfahrung, dass »Mein Land« eine noch größere Last sein kann, wenn man sich nicht dort aufhält, sondern Fremder auf dem Territorium anderer ist.

Am Abend des Halbfinalspiels setzte ich mich in das Café. Es ging mir mehr darum, das englische Paar zu beobachten, als das Match zu verfolgen. Doch die beiden erschienen nicht; ihr reservierter Tisch inmitten eines fremden Territoriums blieb leer. Vielleicht war ihnen klar geworden, dass sie über Englands Niederlage genauso hätten lachen müssen wie über Englands Sieg, denn als Fremder lernt man schnell, immer schön das typische entschuldigende Touristenlächeln aufzusetzen. Ich hatte dieses Lächeln 2016 an mir bemerkt, als ich nach Zagreb umgezogen war; jetzt würden sich die beiden an schmerzende Wangenmuskeln gewöhnen müssen.

England verlor das Spiel gegen Kroatien. Die Dorfbewohner waren so glücklich, dass niemand weiter an das englische Ehepaar dachte. Die beiden waren keinen Witz mehr wert, taugten in ihrer Bedeutungslosigkeit nicht einmal mehr als Gegenstand des allgemeinen Spotts.

Mittlerweile ertappen sich viele bei dem Gedanken »Das ist nicht mehr mein Land« – in den USA, in Ungarn, Polen, Deutschland, Großbritannien und anderswo. Sie haben das

Gefühl stillzustehen, während sich das Territorium unter ihren Füßen bewegt, als wäre das Gesamtkonzept des eigenen Landes über Nacht verändert worden und man selbst bei der Realisierung entbehrlich. Aber nur wenigen ist klar, dass der Satz »Das ist nicht mehr mein Land«, einmal ausgesprochen, nicht nur den Menschen verändert, der ihn äußert, sondern auch das Land selbst. Die Geschichte derer, die ihre Heimat verlassen und in der Fremde zu Fremden werden, wurde oft (vielleicht zu oft) erzählt, doch was mit einem *Land* geschieht, wenn seine Bürger gehen, darüber spricht keiner. Offenbar gelten Länder nur dann als verletzlich, wenn das Staatsgebiet selbst auseinandergerissen wird. Vor einigen Jahrzehnten beschäftigte diese so schwierige Frage die Iraner, Afghanen und Iraker; heute betrifft sie Nationen wie Großbritannien, die USA und Deutschland, die sich einst vor dem Irrsinn geschützt glaubten.

Ende Oktober 2015 stellte der *Tagesspiegel*-Journalist Helmut Schümann in einem Artikel die Frage: »Ist das noch unser Land?« Er reagierte damit auf ein Ausmaß an Fremdenhass, wie es Deutschland in jüngerer Zeit nicht erlebt hatte. Als er einige Tage später in Berlin unterwegs war, näherte sich ihm jemand von hinten mit den Worten »Du bist doch der Schümann vom Tagesspiegel, du linke Drecksau« und schlug auf ihn ein. Aus Entsetzen über diesen Vorfall und ähnliche Zeichen politischen Wahnsinns wiederholte der Koordinator für Meinungsfragen beim *Spiegel*, Markus Feldenkirchen, einen Monat später die Frage in einem Kommentar. So wie sich die beiden deutschen Journalisten fühlten, fühlen wir türkische Journalisten uns seit zwanzig Jahren.

Wenn sich ein Land feindselig gegen seine eigenen Kinder wendet, ist der Preis, den der Einzelne zahlt – egal, ob er geht oder bleibt –, die blutige Lektion, die die Menschheit im Lauf der Jahrhunderte und vor allem in der Zeit nach dem Zweiten Weltkrieg gelernt hat. Der Preis, den das Land zahlt, wenn es verlassen wird, ist dagegen unkalkulierbar. Oft wird die Antwort von den Schriftstellern gesucht; sie können zum »Schiebetüren-Trick« greifen und unterschiedliche Folgen historischer Ereignisse erfinden. Doch auch ohne die Hilfe der Literatur steht fest, dass sich das Narrativ und damit die Seele eines Landes unumkehrbar verändern, sobald es mit den eigenen Bürgern nichts mehr zu tun haben will.

»Du sprichst von Sıvas, als wäre es Paris. Ist es aber nicht – um es höflich auszudrücken.«

2007 unterhalte ich mich mit einem armenischen Doktoranden in einem Café in der Harvard University. Der junge Mann ist sehr gebildet, selbstverständlich immer auf dem neuesten Stand des Weltgeschehens und kennt sich in der Geschichte aus. Als er auf Sıvas zu sprechen kommt, die Heimatstadt seiner Vorfahren, in der er noch nie war, und hemmungslos ins Schwärmen gerät, kann ich mich nicht mehr zurückhalten und unterbreche ihn: »Du weißt aber schon, dass dort ein berüchtigtes Massaker stattgefunden hat?«

Sıvas ist eine konservative Provinzstadt in Zentralanatolien, die auf Google gemeinsam mit dem Wort »Massaker« beziehungsweise »Brandanschlag« erscheint. Im Juli 1993 starben dort fünfunddreißig Schriftsteller und Musiker – angebliche »Häretiker« –, nachdem Ultrakonservative ein Hotel in Brand gesteckt hatten. Da später neben dem

Hotel ein Kebabimbiss eröffnet worden war, mussten die jährlichen Gedenkveranstaltungen im Rauch von gebratenem Fleisch stattfinden. Die Anwälte der Täter wurden Jahre später AKP-Funktionäre. Sie hatten ihre Mandanten als empfindsame religiöse Menschen dargestellt, die provoziert worden waren. Als der junge Doktorand die Stadt zu glorifizieren begann, konnte ich mir meinen Sarkasmus und die Bemerkung »Sıvas ist nicht Paris – um es höflich auszudrücken« einfach nicht verkneifen. Trotz seines lässigen amerikanischen Akzents setzte er daraufhin ganz unerwartet ein sehr anatolisch wirkendes spöttisches Grinsen auf und erwiderte: »Wenn ihr die Armenier 1915 beschützt hättet, anstatt sie im Stich zu lassen, wäre es vielleicht nie zu diesem Massaker gekommen. Und wer weiß – wenn wir Armenier noch in der Türkei leben würden, *wäre* Sıvas vielleicht inzwischen Paris.«

Eine Mutmaßung, die ich nicht anzuzweifeln, geschweige denn zu bestreiten wage.

Was würde passieren, wenn die Menschen, die ihr Land verlassen haben, dorthin zurückkehrten? Die Frage erschien ziemlich abwegig, bis sie am 25. Juni 2018 von Tausenden irischen Staatsbürgern beantwortet wurde, die an diesem Tag aus der ganzen Welt nach Hause kamen, um abzustimmen. Das Referendum über die Liberalisierung des irischen Abtreibungsgesetzes bot einer ganzen Generation Irinnen erstmals die Möglichkeit, über ihr Recht am eigenen Körper mitzubestimmen. Lauryn Canny, die aus Los Angeles angereist war, erklärte am Tag nach der Abstimmung gegenüber der BBC, nun sei Irland viel »mitfühlender« geworden. Bestimmt hatten an diesem Morgen viele Iren überall auf der

Welt zum ersten Mal im Leben das Gefühl, sich zu kennen – als säßen sie am selben großen Tisch. Vielleicht sagten sich viele sogar: »*Das* ist mein Land!«

Doch »mein Land« ist ebenso sehr die Illusion von Mitgefühl wie »nicht mein Land« das Trugbild von Hartherzigkeit. In seiner besten Stunde weitet sich das Land, um an seinem dunkelsten Tag zu schrumpfen. »Land« ist die eigene Realität wie der eigene Traum, ganz gleich, ob man es als die Last empfindet, die man in fremde Gegenden mitschleppen muss, oder als die Bürde des Gefühls, in der Heimat ein Fremder zu sein. Es ist die Historie, die man gelernt hat, aber auch die Vergangenheit, die es nicht immer in die Geschichtsbücher schafft, und es beinhaltet alle möglichen und unmöglichen Zukünfte, die man sich ausmalen darf oder nicht. Ein Land ist zu groß und zu unförmig, um vollständig in Besitz genommen oder entrissen zu werden. Eines aber steht außer Zweifel: Mit jedem Bürger, der es verlässt, verschwinden Vergangenheit und Zukunft dieses einen Menschen aus dem Narrativ, und der Bereich, in den die *Gangster* eindringen können, wird größer – bis es am Ende ganz *ihr* Land ist.

Während ich an diesem letzten Kapitel schreibe, bricht Steve Bannon, der ehemalige Chefstratege von Donald Trump, zu einem ehrgeizigen und gefährlichen Kreuzzug gegen Europa nach Europa auf. Bannon hat in mehreren Interviews gesagt, er sei entschlossen, die neue extreme Rechte auf dem alten Kontinent zu vereinen und eine weltweite Bewegung ins Leben zu rufen, deren Ziel die Spaltung der EU sein solle. Viele fragen sich, was ein einzelner kleiner, anmaßender Mensch gegen die Machtfülle Europas ausrichten sollte;

doch angesichts ihrer Geschichte im zwanzigsten Jahrhundert sind sich gleichzeitig fast alle darin einig, dass dieser Ein-Mann-Kreuzzug durchaus gefährlich werden könnte, sollte amerikanisches Geld in die extreme Rechte Europas fließen. Die unheilvollen Meldungen über Bannon und sein verlockendes Cash-Angebot erinnern mich an das in Anatolien von Erdoğan und seinen Anhängern so umsichtig gewobene Netz aus politischem Geld. Außerdem sehe ich in Bannon, wann immer er in einem Interview *dude* oder andere Wörter aus dem Hollywood-Jargon verwendet, den neuen Michael Corleone der Politik (Entschuldigung, Mr. Pacino!), der alle Mafiabosse zu einem noch größeren und effizienteren Geheimnetzwerk verknüpft, in dem sie gemeinsam wirken, bis sie in ihrem Hunger nach immer mehr Macht eines Tages unweigerlich damit beginnen, sich gegenseitig umzulegen.

Dieser deprimierende Tagtraum – denn mehr ist es natürlich nicht – könnte sich, wie die letzten Jahre gezeigt haben, durchaus als Realität entpuppen. Auch andere scheinbar düstere Fantasien haben sich ganz ohne Rückgriff auf dystopische literarische Kunstgriffe als real erwiesen. Unsere Generation sieht sich der – so die Hoffnung – letzten Krise des Neoliberalismus gegenüber, der das herrschende System zur Verwandlung in ein mafiöses globales Netzwerk zwang. So wie frühere Generationen mit den diversen Tricks des Systems umgehen mussten, haben wir es mit der Tatsache zu tun, dass seine wankenden Werte nur dann unanfechtbar bleiben, wenn sie mit den virtuellen und realen Waffen des Autoritarismus und der systematischen, häufig auf das Entstehen von Feindseligkeit zielenden Manipulation der

Massen abgesichert werden. Das Ergebnis sind riesige Territorien der Unmoral.
Heute lebt fast die halbe Welt unter politischen Anführern, die Mafiabossen ähneln und von vielen Menschen ehrlichen Herzens unterstützt und gewählt werden, ganz so wie in jedem Stadtviertel, in dem keine Hoffnung mehr besteht, vom zerbröckelnden Establishment Gerechtigkeit zu erfahren. Weil diese Anführer – »unsere Leute« – für eine gewisse – verzerrte – Gerechtigkeit sorgen, befolgen die Bewohner die Regeln, ohne sie zu hinterfragen. Deshalb sind all die protzigen Paläste, die Vetternwirtschaft, die Verbrechen und die Skrupellosigkeit, die man persönlich als empörend empfindet und deretwegen man »Das ist nicht mehr mein Land« sagt, im Grunde nur die Kulisse für das Schauspiel, das eigentlich aufgeführt werden soll. Diese Anführer sind Straßenkinder, die die Hofetikette verinnerlicht haben. In den Augen des *Volkes* ist jeder von ihnen »unser Mann in der Hauptstadt«, und wenn man die Leute fragt, heißt es, diese Herrscher seien auch nicht schlimmer als die anderen Machthaber, die sich als seriöse und verantwortungsbewusste Staatsmänner ausgäben, in Wahrheit aber wie Mafiosi handelten. Viele betrachten die neuen starken Männer als ihre Michael Corleones, die tun, was getan werden muss, um in einer korrupten Welt zu überleben und sie zu verbessern – jedenfalls sollen das die Leute in ihrem Viertel glauben. Und so werden immer mehr Menschen gefügige Untertanen eines Palasts, eines starken Mannes, eines Paten.

Wieder einmal stecken wir in einer historischen Phase, in der die Massen ihre *traurigen Leidenschaften* hinausbrüllen und *für ihre Knechtschaft kämpfen, als wäre sie ihre Erlösung*, wie es bei Spinoza heißt. Diese Menschen sind weder komplette Idioten noch Abgehängte, sondern, wie viele kluge Leute im Lauf der Geschichte herausgefunden haben, ganz normale Bürger, die sich unter bestimmten Umständen – die dieses Buch aufzuzeigen versucht hat – autoritäre Herrscher herbeiwünschen und damit das, was einmal sehr altmodisch klang: den Faschismus.

Leider besteht die sichtbarste Hinterlassenschaft, die unsere Generation aus den Trümmern des 20. Jahrhunderts in die Gegenwart hinübergerettet hat, aus Führermodellen, wie Wladimir Putin, Marine Le Pen und Tayyip Erdoğan sie verkörpern und somit aus Politikern, die täglich dafür sorgen, dass Tausende »Das ist nicht mehr mein Land« sagen, wobei die einen ihr Land verlassen können, die anderen nicht. Der Rest der Welt sieht ohnmächtig zu und sagt: »Das können die doch nicht machen! Warum machen die so was? Das ist ja Wahnsinn!« Und die Machthaber machen weiter und brüsten sich auch noch: »Selbstverständlich können wir das machen. Und wir tun es, weil wir es können.«

So das gängige Bild, wie es auch diejenigen zeichnen, die es gern anders hätten. Doch in dem Mafiaplot, den man der Welt aufgedrängt hat, gilt es, noch einige lose Handlungsstränge zu Ende zu führen. Sie sind bereits dabei, sich zu verändern.

Der Islam – auf der rechten Seite der Weltkarte –, der bereits Millionen von »Das ist nicht mehr mein Land«-Sager dazu brachte, sich über den ganzen Planeten zu verteilen, hat sein Ansehen eingebüßt und sich als Hochstapler mit beschränkter Fantasie und noch geringerer Tauglichkeit für das 21. Jahrhundert erwiesen. In keinem Land, in dem sie die Macht erlangten, konnten die politischen Islamisten darüber hinwegtäuschen, dass sie nicht nur unfähig, sondern auch unwillig waren, die verheißene himmlische Gerechtigkeit zu installieren, weshalb die vorgebliche moralische Überlegenheit des politischen Islam rasant dahinschwindet.

In der Mitte der Weltkarte haben der Neoliberalismus und seine verfallenden Kulissen Nationalstaat und repräsentative Demokratie ihre ganze Coolness verloren, als Millionen Syrer und andere Migranten auf den alten Kontinent strömten, um die Werte und Grenzen dieser *dekorativen Demokratie* zu testen. Die Europäische Union, Wirtschaftsgigant ohne entsprechenden politischen Einfluss, wird sich allmählich darüber klar, dass eine internationale Organisation ohne aktiv verteidigte moralische Werte und ohne ein größeres politisches Ziel als das eigene Überleben eine reine Freakshow ist. Die Vereinigten Staaten wiederum gelten im Rest der Welt nicht mehr als das unangreifbare allmächtige Phantom, das im Hintergrund die Strippen der globalen Politik zieht. Nach wiederholten Fehlschlägen erinnert jeder Versuch der USA, im Nahen Osten vorschnell demokratische Verhältnisse durchzusetzen, an die unbeholfenen Aktionen eines Halbwüchsigen. Politische Gleichgewichte wurden zerstört und ließen sich kaum je bis zum Beginn des 21. Jahrhunderts aufrechterhalten. Gott hat es schon hinter sich, jetzt ist Superman tot! Dann wäre natürlich noch der Brexit zu nennen. Wegen eines aus Jux und Tollerei veranstalteten Referendums (ja, komplexer war es leider nicht) mutierten die drei Löwen auf dem englischen Trikot zu drei völlig orientierungslosen Katzenjungen. Eine jahrhundertealte Arroganz überzeugt noch immer viele Briten, dass es ihr Land im Alleingang schaffen kann, auch wenn die Selbstgefälligkeit inzwischen nach und nach abnimmt und Großbritannien seine Stellung in der Welt allmählich realistischer einschätzt.

Obwohl die Situation völlig chaotisch erscheint, gibt es bestimmte Punkte, die zur Klärung beitragen und den vielen Menschen helfen können, die noch widerstehen und sich ein menschenfreundlicheres Drehbuch als das eines Mafiafilms schreiben wollen. Dazu müssten sie sich nur zusammenreißen, ihr überschüssiges emotionales Gepäck abwerfen und dafür sorgen, dass sie ihr Land nicht verlieren. Wer seines bereits verloren hat, kennt den Ausweg genau. Unser Versagen besteht nicht darin, nicht unser Möglichstes getan zu haben; der Fehler war, nicht zu wissen, dass wir es früher hätten tun müssen, und die Zeit mit *Pseudoverständnis* zu verschwenden.

Wir Türken haben unsere Rettung im Verweilen am *Rand der Arena* gesucht, und dasselbe tun heute viele Menschen in vielen Ländern. Sie verfolgen den erbitterten Kampf, fühlen sich aber nie aufgefordert, selbst Gladiator zu werden. Unser Drang zu *verstehen*, warum die Leute »Sklaven sein wollen«, fesselt uns an die Smartphones und Computerbildschirme, von denen wir uns Antworten erhoffen. Diese Beschäftigung ist so zeitaufwendig und erfüllend geworden, dass wir mittlerweile das Gefühl haben, selbst gar nicht betroffen zu sein. Wir verwechseln den Versuch, die Skrupellosigkeit der Massen zu verstehen, mit der Faszination für eben diese Skrupellosigkeit und übersehen, dass handeln muss, wer verstehen will. Ohne politisches Handeln oder Reagieren verkümmert Verständnis zum bloßen Ausdruck und Austausch emotionaler Reflexe. Die fallen mit der Zeit immer schwächer aus, bis sie nur noch ein trauriges Cabaret abgeben. Dann ersetzt die schriftliche oder mündliche Äußerung von Angst und Wut nicht nur das wirkliche Verstehen und das engagierte Reden, sondern auch das politische Handeln. Und mit der Zeit wird aus *ich*, diesem hochkompetenten Gebilde, ein untaugliches Pronomen, das nur noch tagträumen und in Märchen Trost suchen kann, während sich das neue politische *Wir* – das *Volk* – weiter ausbreitet und ihm immer mehr Hass und Manipulationskraft zugeführt werden. Irgendwann ist es dann nicht mehr unsere *Entscheidung*, am Rand zu stehen, sondern es bleibt uns nichts anderes mehr übrig.

Die Möglichkeiten sind überschaubar. Entweder geraten wir in die lähmende emotionale Endlosschleife des Gedankens »Ist das noch mein Land? – Nein, ist es nicht«, in einen Teufelskreis ohne jeden politischen Belang, oder wir verstehen, während wir handeln, und handeln, während wir verstehen. Das Wichtigste ist die Erkenntnis, dass Verstehen ohne Handeln unmöglich ist. Sehen wir das nicht ein, gibt es bald nirgends auf der Welt mehr unbelastete Ränder, an die man sich zum Tagträumen zurückziehen kann.

Das Leben des Einzelnen steht in tragischem Missverhältnis zu den Bestrebungen der Menschheit. Es ist kürzer als das des Seeigels und der Schildkröte, die jedoch beide offenbar weder unseren Weltverbesserungsdrang noch unsere Fähigkeit kennen, über zerplatzte Träume enttäuscht zu sein. Wahrscheinlich fallen einem deshalb Samuel Becketts Worte ein, wenn wieder einmal irgendwo die Opposition den Kürzeren gezogen hat. »Immer versucht. Immer gescheitert. Einerlei. Wieder versuchen. Wieder scheitern. Besser scheitern.« Vielleicht ließ er sich von den Seeigeln und den Schildkröten dazu inspirieren. Wir aber sind wohl kaum in der Lage des Sisyphos: den Felsblock immer noch einmal den Berg hinaufzuwälzen oder *besser* zu scheitern, ist keine Option. Anders als für frühere Generationen ist die Welt, sind Luft, Meer und Erde inzwischen zu alt, als dass wir von vorn beginnen könnten. Unsere und die nächste Generation werden, vielleicht zum allerletzten Mal, die Frage beantworten müssen, wie man als Einzelner leben und wie sich die Menschheit als Ganzes benehmen soll.

Wie immer die Antwort ausfällt – den Luxus, nicht aktiv, insbesondere nicht politisch aktiv zu werden, enthält sie garantiert nicht. Würden wir Freude neu definieren, könnten wir erkennen, dass kollektives Handeln nicht nur die Welt besser macht, sondern auch den Einzelnen erfüllt. Die spontanen karnevalesken Widerstandsbewegungen haben uns daran erinnert, dass der, der seinen Kampf kämpft, keine Zeit für kräftezehrende Melancholie hat. Unsere Generation und wahrscheinlich auch die nächste werden dafür sorgen müssen, dass die Freude an der Gemeinsamkeit bestehen bleibt. Denn sonst …

»Darüber unterhalten wir uns auf der Insel«, sagte meine Freundin Ayşe. Sie hat eine fünfjährige Tochter, eine Gleichgesinnte namens Zeyno. Seit Ayşe Mutter ist, erzählt sie mir von ihrem Gefühl, zum ersten Mal im Leben wirklich etwas zu leisten. »Ich muss ein besserer Mensch sein als früher, immerhin präge ich jetzt ein Kind«, hat sie mehrmals gesagt, und während unseres Skype-Gesprächs über die *Situation* geriet sie ins Grübeln. »Was antworte ich meiner Tochter später einmal, wenn sie mich fragt, was wir damals eigentlich die ganze Zeit gemacht haben?« Aus ihren Worten spricht ehrliche Scham. »Soll ich dann vielleicht sagen ›Getwittert wie die Weltmeister‹?« Weil mir nichts Besseres einfiel, erwiderte ich: »Vielleicht fragt sie ja nie.« In diesem Moment stellten wir uns vor, wie Zeyno groß wurde und sich zu einer jungen Frau entwickelte, die keine ernsten Fragen stellte, und weder mir noch ihrer Mutter gefiel das. Wir sahen uns skeptisch an und sagten: »Bis bald auf der Insel.«

In wenigen Stunden mache ich mich auf den Weg zu der griechischen Insel, die der Türkei am nächsten liegt und von der aus meine Heimatstadt Izmir zu sehen ist. Näher als auf dieser Insel kann ich meinem Land nicht sein und zugleich nicht ferner, denn der tagtägliche Blick erinnert mich an die Unmöglichkeit der Rückkehr. Ich treffe dort meine Verwandten und Freunde und bereite mir meinen Tisch ohne das Territorium, das ihn umgibt. Wie in den Jahren zuvor wird die Zusammenkunft mit ihnen auch diesmal großartig sein, eine Gefühlssafari in meiner Savanne. Weit weg von daheim habe ich gelernt, meine inneren Vögel zusammenzuhalten, sie scheinbar zu bändigen und zu beruhigen. Doch wenn meine Leute mit all ihren Fragen und offen gezeigten Gefühlen, Freude wie Trauer, meine innere Landschaft betreten, erwachen die Tierchen in mir, flattern ängstlich herum und verstecken sich. Ich weiß inzwischen, warum Menschen, die in der Ferne leben, oft so leer und erstarrt wirken, wenn sie mit Freunden und Verwandten aus der Heimat zusammenkommen. *Ich*, das untaugliche Pronomen, muss die wilden Vögel ja nach dem Wiedersehen wieder einfangen, beruhigen und heiter stimmen. Die Rückkehr in das wortlose Savannenleben braucht Zeit; nur dort haben die Vögel ihre Ruhe, dort, am Ende der Welt.

Dieses Buch ist die Antwort auf die Frage, die ich 2016 in London stellte: »Wie kann ich *Ihnen* helfen?« Es ist, was ich zu sagen habe, um Ihnen das Erkennen der Anzeichen zu erleichtern, die darauf hindeuten, dass Sie Ihr Land verlieren könnten, und um zu zeigen, was dann mit dem *Ich* passiert. Eigentlich aber sollte es das, was ich zurückgelassen habe, beurteilen und schließlich heilen können. Es muss eine bessere Methode geben, als dämliche Vögel zu erfinden! Doch diese Worte werden nicht vom *Ich* kommen, das allein *am Rand* steht, sondern vom *Wir*, das mitten in der Arena agiert und sie zu einer Agora macht so groß wie die Erde.

DANKSAGUNG

Während ich an diesem Buch schrieb, knüpften einige Frauen ein Netz, das mich auffing, als ich in den Abgrund meines Stummseins zu stürzen drohte. Annelies Beck, Mika Buljevic, Petra Ljevak, Mireille Bermann, Merita und Suzanne Arslani, Burçak Ünver, Ayşe Akkızoğlu, Ayşegül Şenarslan, Selen Uçer, Aylin, Aslım, Tina Brown, Anna Hall, Kalypso Nicolaidis, Işıl Öz, Şebnem Arsu, Çağıl Kasapoğlu, Hande Yaşargil, meine Mutter Lale Temelkuran, Baroness Beatrice von Rezzori … Viele weitere Frauen in mehreren Ländern haben mich aufgemuntert, manchmal ohne sich dessen bewusst zu sein, und mir geholfen, die letzten beiden schwierigen Jahre zu überstehen – an erster Stelle die Kellnerinnen der Cafés, in denen ich schrieb. Ihnen allen bin ich sehr dankbar.

Jethro Soutar sei gedankt für die Geduld, mit der er mir auf dem endlosen Plateau der englischen Sprache die Hand hielt.

Besonderer Dank gilt meinem Agenten Robert Caskie, der mich gehört, und meiner Lektorin Helen Garnons-Williams, die mich gesehen hat.

Die Empfehlung *Kill your darlings* habe ich beim Schreiben dieses Buchs zwar meines Wissens nicht befolgt, doch einer meiner Lieblinge musste lange unter dem Alleinsein leiden.

Meine Mentorin Demet Börtücene wird immer die unersetzliche *grande dame* meines Lebens sein.